친절한 트렌드 뒷담화 2023

마케팅 전문가들이 주목한
라이프스타일 인사이트

친절한 트렌드 뒷담화 2023

이노션 인사이트그룹
김나연 김태원 이상길 류현준 황선영 천민철 전준석 정승철 윤현중
정다운 김효상 김유영 박창기 신채영 김우리 이우빈 손애린 정원선 지음

싱긋

추천사

사회적 거리두기 해제와 함께 달라지고 있는 생활 속에서 미래 사회상을 예측하다

2022년 9월 말, 대한민국에서도 실내 마스크 의무 착용을 제외한 모든 사회적 거리두기 제한 조치가 해제되었다. 위드 코로나 시대가 되면서 사람들은 이전처럼 코로나19를 두려워하지 않고 자연스럽게 생활하고 있다. 야외 마스크 의무 착용 규제마저 풀렸으니 금세 이전과 같은 일상으로 돌아갈 것처럼 보인다.

물가가 폭등하는 등 여전히 진행중인 러시아와 우크라이나의 전쟁으로 경제 상황이 점점 더 어려워지고 있지만, 기업들은 그동안 코로나19로 움츠렸던 마케팅활동에 다시 힘을 쏟고 있다. 온라인이 일상이 된 고객들과 소통하기 위해 시작한 메타버스에서의 마케팅은 이제 디지털 캠페인의 필수 요소로 자리매김하였고, NFT를 발행하는 기업도 점차 증가하고 있다. 그뿐만 아니라 그동안 참아왔던 야외활동이 늘어나면서, 소비자들의 발길을 유인하고 적극적으로 고객들과 대면 커뮤니케이션을 할 수 있는 브랜드 공간에 대한 관심도 고조되고 있다.

이러한 환경적 변화에 발빠르게 대응하기 위해 2022년 초반부터 이노션은 메타버스랩의 역할을 강화하고, AR과 VR은 물론 버추얼 휴먼이나 NFT를 제작할 수 있는 시각적 특수효과(VFX) 전문 기업인 스튜디오 레논을 인수하는 등 고객 경험 강화를 위해 디지털 비즈니스 영역을 확장해왔다. 실제로 지난 한 해 동안 인기 있는 NFT 캐릭터인 메타콩즈와 협업하여 현대차의 NFT를 발행하였고, 무신사의 브랜드 뮤즈로 활동할 가상인간 무아인을 제작하는 등 그동안 전통적인 광고 대행사의 영역에서는 하지 않았던 새로운 시도를 했을 뿐만 아니라 온라인과 오프라인을 넘나드는 다양한 콘텐츠로 고객의 마음을 사로잡았다.

오랜 기간 전통 매체가 주도한 미디어 환경을 소셜미디어가 바꿔놓았고, 온라인 게임의 또다른 유형처럼 보이던 메타버스가 고객과 관계를 맺는 새로운 공간이 된 것처럼, 하루가 다르게 발전하는 기술은 마케팅 환경 변화에 지대한 영향을 미친다. 그렇기에 소비자들의 생각과 행동의 변화를 파악하고 그 변화의 방향성을 예측하는 것은 마케터에게는 매우 중요한 과제다.

이노션의 전략 특화 조직인 인사이트그룹은 다양한 데이터를 시계열적으로 분석하여 이러한 변화의 흐름을 연구하고 앞으로의 방향을 예측해왔다. 자동차부터 생활용품, 식음료, 패션, 게임 등에 이르는 다양한 산업 카테고리의 브랜드 전략을 클라이언트와 함께 고민하며 연구한 결과물을 기초로 올해도 『친절한 트렌드 뒷담화 2023』을 준비했다. 이번 책에서는 2022년에 눈에 띄기 시작한 다양하고 주목할 만한 트렌드의 원인을 분석하고, 2023년 우리 앞에 펼쳐질 각양각색의 라이프스타일을 전망해보았다. 트렌드가 어느 날 갑자기 탄생하는 것이 아니라 일상에 스며들어 자연스럽게 사회적 현상으로 부상하는 것인 만큼, 이 책이 마케팅 관련 업계에 종사하거나 사회의 변화 흐름에 관심이 많은 독자들에게 유의미한 이정표가 되어줄 수 있기를 기대한다.

이노션 국내비즈니스부문장

부사장 김 태 용

프롤로그

위드 코로나 시대에 다시 주목받고 있는 고객 경험 설계, 사회문화적 변화의 흐름으로부터 그 방향성을 탐색하다

최근 마케팅업계에서 자주 회자되는 '고객 경험'이라는 키워드는 새롭게 등장한 것이 아니다. 이미 1999년에 출간된 『경험 경제』를 통해 주목받았고, 미국 컬럼비아대학교 번트 슈미트(Bernd Schmitt) 교수의 저서 『체험 마케팅』으로 인해 오감을 자극하는 체험 마케팅이 업계에서 엄청난 화두가 되었다. 불과 몇 년 전까지만 하더라도 기업의 마케팅 전략은 소비자의 구매의사결정과정(CDJ, Consumer Decision Journey)을 연구하고 각 단계마다 효율적으로 접근하여 최종 구매까지 이어지는 성과를 거두는 것에 모든 관심이 쏠려 있었지만, 최근에는 '경험'이라는 키워드를 빼고는 이야기하기 힘들 정도로 모두가 고객 경험 설계에 집중하고 있다.

이처럼 고객 경험이 다시 주목받는 데에는, 기업이 발신하는 메시지를 소비자들이 점점 더 외면하고 스스로 정보를 찾아내는 시대가 된 것도 한몫한다. 코로나19로 인해 집에 있는 시간이 많아지다보니 자연스럽게 온라인으로 이전보다 더 다양한 활동을 하게 되었고, 소비자 스스로 필요한 정보를 취사선택하면서, 기업들은 이제 광고 캠페인만으로 소비자에게 다가가기는 어려워졌다. 따라서 기업들은 고객이 무엇을 원하는지, 어떠한 경험에 관심을 기울이는지를 고민하고 소비자 스스로 찾아보고 경험하고 싶게 만드는 콘텐츠를 창출해내야 한다.

오늘날의 고객 경험은 과거의 오감 체험과는 차원이 다르다. 과거에는 시각적 자극과 함께 후각적, 청각적, 촉각적 자극 등을 통해 총체적인 감각 경험을 제공하는 것이 핵심이었다면, 지금은 온라인과 오프라인을 넘나들고 산업의 경계를 초월하여 고객이 브랜드를 자연스럽게 접하고 즐길 수 있도록 하는 것에 중점을 둔다.

이러한 맥락에서 2022년의 마케팅 화두는 팝업스토어라 해도 과언이 아니다. 사회적 거리두기 해제와 함께 기업들은 성수, 청담, 여의도, 잠실, 이태원 등 젊은 세대가 모이는 장소에 브랜드를 경험할 수 있는 팝업스토어를 앞다투어 오픈했다. 지난해 발간한 『친절한 트렌드 뒷담화 2022』에서 우리는 "코로나19로 인해 소비자들이 굳이 방문하지 않아도 될 곳과 방문해야 할 곳을 적극적으로 구분하고 있기 때문에 오프라인 공간에서는 고객들을 유인하기 위해 특별한 경험을 제공해야 한다"고 강조한 바 있다. 2023년을 앞두고 사회적 거리두기는 해제되었지만, 2년이 넘는 시간 동안 거리두기를 경험하며 오프라인활동의 소중한 가치를 새삼스럽게 깨달은 소비자들은 여전히 자신들이 방문하려는 공간이 어떠한 혜택과 가치를 줄 것인지를 먼저 고민하고, 예약 앱이나 대기 앱을 통해 핫플레이스에 대한 정보를 검색하는 등 기존과는 다른 방식으로 방문할 장소를 탐색한다. 이 과정에서 특별한 경험을 제공하는 곳들만이 선택받는다. 우후죽순처럼 팝업스토어가 생겨나지만 모든 팝업스토어가 핫플레이스로 주목받지는 못하는 것은 바로 이 때문이다.

2022년, 소비자들에게 많은 관심과 사랑을 받은 팝업스토어는 아마 시몬스 그로서리 스토어일 것이다. 청담동에 오픈한 이 공간은 본업과 전혀 연관이 없는 식료품점 컨셉으로, 침대나 매트리스 같은 자사 상품의 전시는 하나도 없이 젊은 세대가 좋아할 법한 감각적인 소품들로만 매장을 꾸미고 부산의 수제버거집을 입점시키는 등 다른 공간에서는 누릴 수 없는 이색적이고 차별화된 브랜드 경험을 제공하는 것에 집중했다. TV 광고에서도 상품에 대한 소개 하나 없이 컬러풀한 오브제만으로 '흔들리지 않는 편안함'의 메시지를 감각적으로 전달했다. 이러한 마케팅활동의 결과로 시몬스는 MZ세대의 전폭적인 사랑을 받는 것은 물론, 매출 측면에서도 업계 1위를 바짝 추격하고 있다. 그뿐만 아니라 시몬스 테라스부터 이어온 소비자들의 마음을 사로잡는 브랜드 경험 설계는 많은 마케터들의 벤치마킹 대상이 되었다.

2023년의 생활상을 예측하면서 준비한 『친절한 트렌드 뒷담화 2023』에서는 팝업스토어를 마케팅 관점이 아닌 소비자들이 일상에서 즐기는 하나의 놀이로 바라보고 맨 앞의 주제로 다루었다. 사회적 거리두기 해제에 이은 야외 마스크 착용 의무 해제까지, 이제 서서히 일상으로 돌아가고 있는 시점에서 각종 팝업스토어는 소비자들에게 브랜드 체험 공간 이상의 새로운 놀이터로 인식될 수 있기 때문이다.

계속되는 변이 바이러스의 등장 속에 본격적인 위드 코로나 시대가 열릴 2023년, 우리 앞에 펼쳐질 일상의 모습은 과거와는 다른 형태일 수 있다. 갑작스러운 코로나19의 등장으로 인한 변화에 적응하며 스스로의 심신을 관리하던 자기 관리의 단계를 넘어 앞으로는 소소한 일상생활까지도 관리하면서 자신만의 삶의 규칙을 만들어갈 것이며, 익숙해진 재택근무 환경에서의 자투리 시간을 활용하여 자신만의 성취를 이루기 위한 사이드 프로젝트를 진행하는 사람이 더 늘어날지도 모른다. 이 모든 것은 이전에는 쉽게 눈에 띄지 않았던 활동이다.

지난 2022년, 우리는 다양한 프로젝트를 수행하는 과정에서 위드 코로나 시대라는 가까운 미래상은 물론, 지금은 상상할 수 없는 수십 년 후 우리 사회의 모습까지도 그려볼 수 있었다. 정답이 없는 예측이지만 그 과정에서 우리 사회가 어떻게 변화해왔고 앞으로 어떻게 변화할 것인가에 대한 인사이트를 얻을 수 있었고, 올해도 그 고민의 흔적을 『친절한 트렌드 뒷담화 2023』에 담았다. 인사이트그룹의 이름으로 발행하는 두번째 책인 이번 책에서는 빅데이터 분석을 강화한 것이 특징이다. 단순히 우리 주변에서 볼 수 있는 사례에 기반한 예측이 아니라 거시적 관점에서 세상이 어떻게 바뀌어왔는지를 살펴보았고, 이를 기반으로 앞으로의 변화 방향을 내다보았다. 2022년 한 해 동안 이노션과 함께하는 수많은 클라이언트의 브랜드 마케팅 과제를 함께 고민하며 도출해낸 사회 변화에 대한 따끈한 인사이트인 만큼, 변화의 흐름을 읽고 선제적으로 대처해나가기를 바라는 많은 사람에게 작게나마 도움이 될 수 있기를 기대해본다.

이노션 인사이트그룹

그룹장 김 나 연

CONTENTS

004 추천사

007 프롤로그

Part 1 놀이

018 Chapter 1 **팝플레이스:** 시간제한 놀이터
새로운 핫플레이스가 된 팝업스토어 / 팝업스토어가 새로운 핫플이 된 이유 / 앞으로의 팝업스토어 진화 방향

036 Chapter 2 **핫플 내비게이션:** 요즘 찐핫플 탐색법
달라진 정보 탐색 트렌드 / 찐핫플을 찾는 방법

052 Chapter 3 **컨행일치:** Z세대의 컨셉 놀이
Z세대의 일상은 컨셉 / 내 삶의 완벽한 주인공으로 변신 / 앞으로의 컨셉 잡기

070 Chapter 4 **MZ의 주류 사회:** 취향에 취하다
이전과는 다른 주(酒)인공, MZ세대의 등장 / MZ세대의 주(酒)류 문화 / MZ세대가 만드는 주류 문화에 대응하는 시장과 브랜드

Part 2 ______ 일상

088 Chapter 1 **두번째 지구생활:** 그래도 삶은 계속된다
팬데믹 시대의 새로운 일상 / 변화한 일상을 대하는 브랜드의 태도 / 위드 코로나 이후 시대 엿보기

104 Chapter 2 **나의 갓생일지:** 일상의 작은 노력 응원하기
갓생은 어디에서 왔는가? / 기존의 자기계발과 다른 갓생 살기 / 갓생 열풍이 꾸준하게 확산되는 원인 / 갓생 트렌드를 반영한 마케팅 사례

122 Chapter 3 **오히려 좋아!:** 웰컴 투 셀프 라이프
일상이 된 셀프사회 / 셀프가 대세가 되어가는 이유 / 셀프시대를 향한 기업의 대응

140 Chapter 4 **위대한 딴짓:** 사이드 프로젝트
사이드 프로젝트란? / 직장인의 각양각색 사이드 프로젝트 도전기

Part 3 세상

158 Chapter 1 **쓰면 뭐하니?:** 돈짠돈짠 절약 챌린지

짠테크의 정의와 방법 / 소소한 수입 만들기 / 짠테크는 어쩌다 대세가 되었나?

174 Chapter 2 **버추얼 유튜버:** 디지털 가면을 쓰는 사람들

버튜버의 등장 / 버튜버의 특징 / MZ세대는 왜 버튜버에 열광하나? / 버튜버 비즈니스의 전망

192 Chapter 3 **패셔너블 X:** 여전히 기분이 조크든요

패션의 주인공이 되고 있는 X세대 / 패션에서 X세대를 주목해야 하는 이유 / X세대만의 패션 소비 행태 / X세대 취향을 고려한 패션 플랫폼

212 Chapter 4 **미술관 옆 거래소:** 예술에 투자하는 개미들

변화하고 있는 미술 시장 / 디지털 아트의 새로운 가능성: NFT / 아트테크에 열광하는 MZ세대 / 아트테크: 해결해야 할 과제

Part 4 마케팅

234 Chapter 1 **미미(美味)를 찾아서:** 테이스팅 럭셔리
명품 브랜드, F&B 비즈니스로의 확장 /
명품 브랜드 F&B, 왜 주목받는가?

252 Chapter 2 **혜택이 머니?:** 멤버십 구독 서비스
구매 대상이 된 멤버십 / 멤버십 구독 서비스가 주목받는 이유 /
멤버십 구독 서비스 설계를 위한 체크리스트

268 Chapter 3 **퍼포먼스 마케팅 2.0:** 브랜딩과 만나다
마케팅 주류로 부상한 퍼포먼스 마케팅 /
퍼포먼스 마케팅 2.0으로의 진화

286 Chapter 4 **에코 시프트:** 착함은 기본, 힙하게 달라지다
친환경 마케팅의 변신 / 친환경 마케팅의 변화 배경 /
ESG 2.0 시대의 친환경 마케팅 방향성

스페셜 리포트

304 **So Far So Cool 2023:** 쿨함에 대하여
'쿨하다'는 것은 어떤 의미일까? /
쿨한 브랜드는 무엇이며, 어떤 특징이 있을까?

Part 1 놀이

비즈니스 현장의 마케팅 전문가들이 주목한
라이프스타일 인사이트

팝플레이스:

시간제한 놀이터

1

요즘은 어디가 핫해? 트렌드를 이야기할 때 절대 빠질 수 없는 것이 있다. 바로 핫플레이스다. 지금까지 우리는 핫플레이스 하면 주로 성수동, 삼각지 등 특정 지역이나 동네, 카페, 맛집, 쇼핑몰 등을 이야기해왔다. 그런데 이제 또하나의 핫플레이스 카테고리가 생겼다. 바로 팝업스토어다.

시몬스 그로서리 스토어, 디올 성수, 29CM의 29맨션, 가나 초콜릿 하우스, 젠틀몬스터와 블랙핑크 제니의 젠틀가든 등 코로나19로 인한 사회적 거리두기가 해제되고 일상이 점차 회복되면서 팝업스토어가 새로운 핫플레이스로 부상하고 있다.

예전에도 팝업스토어는 많았다. 하지만 요즘의 팝업스토어는 이전과 다르다. 기존에 판매하던 제품을 전혀 찾아볼 수 없거나 심지어는 어떤 브랜드의 팝업스토어인지 경험해보지 않고는 쉽게 알기 어려운 경우도 있다. 팝업스토어를 진행하는 브랜드도 보다 다양해졌으며, 팝업스토어의 위치와 공간, 운영 방식과 제공하는 경험 및 콘텐츠 등 많은 것이 달라졌다. 코로나19로 억눌려 있던 오프라인 경험에 대한 욕구가 급증하는 요즘, 한정된 기간 동안 특별한 브랜드 경험을 제공하는 팝업스토어의 새로운 변화에 주목해야 한다.

©charlesdeluvio, Unsplash

새로운 핫플레이스가 된 팝업스토어

팝업스토어도 다시 일상 속으로

이노션 인사이트그룹은 2011~2022년 11개년 동안 팝업스토어의 소셜 버즈량이 어떻게 변화했는지 분석했다. 팝업스토어의 소셜 버즈량은 2011~2012년에는 9,801건이었으나 이후 지속적으로 증가하여 2018~2019년 154,666건으로 최고치를 보였다. 그러나 2020년 1월 코로나19가 급속도로 확산되는 시기부터 팝업스토어의 소셜 버즈량은 급감하여 2020~2021년에는 71,241건까지 줄어들었다. 이후 사회적 거리두기가 점차 완화되는 시기부터 팝업스토어의 소셜 버즈량은 115,801건으로 다시 증가했다. 5개년 동안의 검색량 분석 결과 또한 유사한 패턴을 보였다. 2017~2018년 143,478건에서 2018~2019년 156,048건으로 증가했다가 2020~2021년 103,750건까지 감소한 이후 2021~2022년에는 226,306건으로 다시 증가했다.

팝업스토어는 미국의 유통가를 중심으로 2000년대 초반부터 유행하기 시작했다. 팝업스토어라는 개념은 2002년 미국의 대형할인점 '타겟(TARGET)'이 성공적으로 진행했던 단기간의 임시 매장을 다른 기업들이 벤치마킹하면서 생겨났고, 국내에서는 2009년부터 점차 확산되기 시작해 패션, 뷰티, IT, 식품, 백화점업계를 중심으로 코로나19 전까지 지속적으로 성장했다. 그러나 팝업스토어는 오프라인 공간을 기반으로 하기 때문에 여행업계처럼 코로나19의 영향을 크게 받아 급격한 하락 현상을 겪었고, 이후 일상 회복 단계로 전환되면서 다시 부상한 것이다.

'팝업스토어' 키워드 언급량 추이 (출처: 이노션 인사이트그룹)

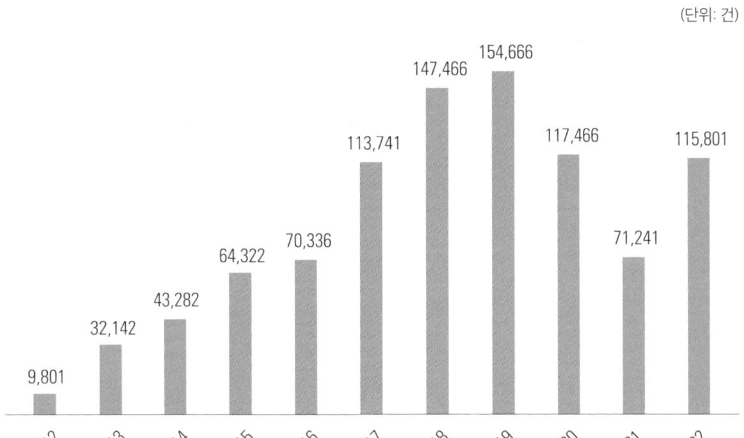

인스타그래머블 공간으로 부상한 팝업스토어

2017~2022년 5개년 동안의 팝업스토어에 대한 연령대별 검색량 추이를 살펴보면, 10~30대의 검색량이 급격히 증가했다. 특히 20~24세, 25~29세, 13~19세, 30~34세 순으로 2021~2022년의 검색량이 높게 나타났다. 2021~2022년의 성별 검색량 비중은 여성이 69.0%, 남성이 31.0%로 여성이 남성보다 2배 이상 높은 것으로 나타났다. 즉, 10~30대, 특히 20대 여성이 팝업스토어에 관심이 가장 많은 것이다.

'팝업스토어' 연령대별 검색량 (출처: 이노션 인사이트그룹)

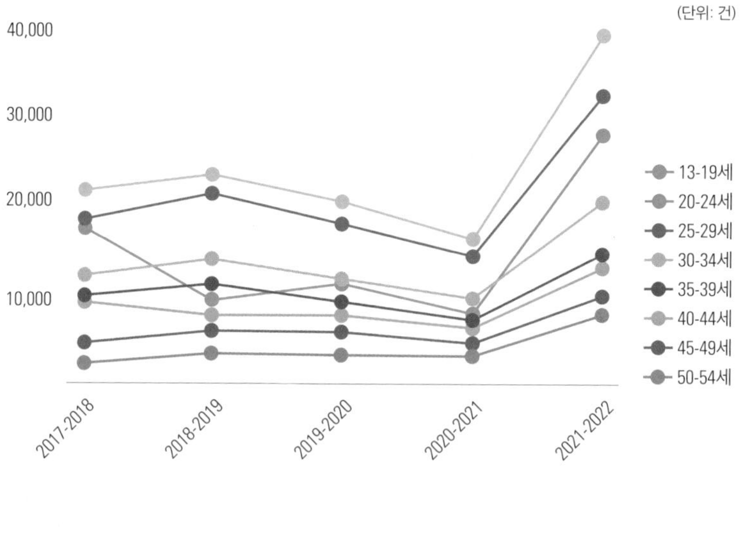

그들이 팝업스토어에 더 많은 관심을 갖는 이유는 무엇일까? 팝업스토어에 대한 소셜 버즈량 상위 20위 내 연관어를 분석한 결과, 과거와 달리 2021~2022년에는 '사진', '공간', '카페', '경험', '전시', '포토존', '굿즈' 등의 키워드가 새롭게 부상한 것으로 나타났다. 최근에 방문한 팝업스토어에서의 다양한 체험이나 포토존, 굿즈 등의 사진을 찍어 소셜미디어에 많이 업로드하기 때문이다.

'팝업스토어' 상위 20위 내 연관어 (출처: 이노션 인사이트그룹)

(단위: 건)

2011-2012(10년 전)			2016-2017(5년 전)			2018-2019(3년 전)			2021-2022(최근 1년)		
순위	연관어	언급량	순위	연관어	언급량	순위	연관어	언급량	순위	연관어	언급량
1	가로수길	1,966	1	현대백화점	16,052	1	브랜드	14,847	1	서울	16,499
2	브랜드	1,934	2	브랜드	10,483	2	행사	12,889	2	브랜드	14,352
3	이벤트	1,590	3	백화점	10,290	3	현대백화점	12,330	3	사진	10,604
4	패션	1,546	4	이벤트	8,348	4	이벤트	12,068	4	제품	10,192
5	매장	1,375	5	매장	7,604	5	서울	11,869	5	공간	9,670
6	제품	1,201	6	롯데백화점	6,654	6	백화점	11,669	6	이벤트	9,257
7	신사동	1,091	7	행사	6,646	7	제품	10,462	7	매장	8,922
8	행사	920	8	제품	6,433	8	롯데백화점	9,340	8	카페	8,191
9	화장품	746	9	오버액션토끼	5,991	9	매장	9,035	9	더현대서울	6,561
10	홍대	702	10	서울	5,685	10	선물	7,580	10	구매	6,456
11	고객	627	11	패션	5,383	11	신세계백화점	6,219	11	행사	6,208
12	선물	556	12	신세계백화점	5,349	12	공간	5,835	12	백화점	5,988
13	서울	516	13	가로수길	5,310	13	구매	5,747	13	성수동	5,927
14	백화점	478	14	아이템	4,728	14	상품	5,579	14	현대백화점	5,754
15	디자이너	415	15	지하	4,718	15	지하	5,514	15	지하	5,676
16	상품	369	16	디자이너	4,620	16	패션	5,264	16	경험	4,866
17	판매	317	17	판교	4,375	17	잠실	5,124	17	전시	4,765
18	명동	258	18	선물	4,371	18	판매	5,082	18	포토존	4,338
19	쇼핑	256	19	상품	3,956	19	가로수길	4,972	19	굿즈	4,294
20	구매	254	20	홍대	3,782	20	디자이너	4,548	20	상품	3,969

장소 관련 하락 키워드

패션·뷰티 관련 하락 키워드

2021-2022 급상승 키워드

대표적인 소셜미디어인 인스타그램에 팝업스토어를 해시태그한 게시물은 2022년 8월 말 기준으로 33만 9천 개에 달하며, 팝업스토어를 전문으로 하는 인스타그램 계정인 '팝업스토어가자 팝가(@popupstorego)', '팝업스토어 신상핫플 플투고 PLTOGO(@hotpltogo)'도 생겨났다. 더 나아가 2022년 7월 기준 20대 여성 사용자수 비중이 54.2%에 달하는 '팝스(POPS)'라는 팝업스토어 전문 플랫폼 또한 새롭게 떠오르고 있다.

이는 요즘 10~30대, 특히 20대 여성들에게 팝업스토어라는 카테고리 자체가 또하나의 인스타그래머블* 공간이 되었다는 점을 시사한다. 실제로 핫플레이스를 이야기할 때 팝업스토어가 함께 언급된 소셜 버즈량을 분석해보면, 2011~2012년에는 44건 수준으로 아주 미미했으나 2016~2017년에는 1,572건으로, 2021~2022년에는 7,576건으로 급증했다. 또한 2021~2022년에 장소 관련 연관어로 카페, 성수동, 맛집 다음으로 팝업스토어가 4위를 차지했다. 팝업스토어가 새로운 핫플레이스가 된 것이다.

★

인스타그래머블(Instagrammable) 인스타그램(Instagram)과 '할 수 있는, 가능한'이라는 의미인 '-able'의 합성어로, '인스타그램에 올릴 만한'이라는 뜻을 지닌 신조어

팝업스토어가 새로운 핫플이 된 이유

임시 매장이 아닌 한정판 브랜드 경험 공간

팝업스토어가 어떻게 변화했기에 새로운 핫플레이스가 되었을까? 팝업스토어의 가장 큰 변화는 특정 기간 동안 제품을 판매하는 임시 매장이라는 개념을 넘어 한정된 기간 동안 특별한 브랜드 경험을 제공하는 공간으로 진화했다는 것이다.

최근에 진행된 여러 팝업스토어 사례를 살펴보면, 기존 제품을 판매하기보다는 브랜드의 지향 가치와 컨셉을 대변하는 경험이나 굿즈만을 선보이는 팝업스토어가 많아졌다. 그중 '시몬스 그로서리 스토어'가 가장 대표적인 사례다. 시몬스 그로서리 스토어는 '침대 없는 침대 광고'로도 유명한 시몬스가 2022년 2월 11일부터 서울 청담동에 연 팝업스토어다. 시몬스는 침대 브랜드가 아닌 라이프스타일 브랜드로 자리잡기 위해 식료품점 컨셉으로 팝업스토어를 열었다. 시몬스 그로서리 스토어는 해당 팝업스토어 어느 곳에서도 침대를 판매하거나 진열하지 않았고, 오직 '흔들림 없는 편안함'이라는 지향 가치를 전달하는 브랜드 캠페인인 'Oddly Satisfying Video'를 연계한 디지털 아트 전시와 함께 식료품점 컨셉의 생활잡화 굿즈만을 판매했다.

시몬스 그로서리 스토어 외에도 하이트진로의 '두껍상회', 오뚜기의 'OTTOGI Y100' 또한 제품이 아닌 브랜드 경험을 중심으로 다양한 체험과 함께 굿즈를 판매한 팝업스토어 사례다. 두껍상회는 하이트진로가 2020년 8월 서울 성수동을 시작으로 부산, 대구, 광주 등 전국 주요 도시를 거쳐 2022년 1월 서울 강남을 마지막으로 총 10개 도시에서 진행한 팝업스토어다. 두껍상회는 진로의 캐릭터인 두꺼비를 앞세워 '두꺼비 하우스'라는 포토존 등의 체험 공간과 140여 종의 하이트진로 굿즈를 판매하는 공간을 구성했다. OTTOGI Y100은 오뚜기가 2022년 3월 성수동의 복합문화공간 'LCDC SEOUL'을 시작으로 강남의 LG 유플러스 복합문화공간인 '일상비일상의틈'에서 진행한 팝업스토어다. OTTOGI Y100은 오뚜기의 기존 제품보다는 오뚜기의 브랜드 컬러인 노랑을 중점적으로 활용해 특별 제작한 머그잔, 트레이 등의 한정판 굿즈 10종을 다양한 브랜드 체험과 함께 전시하고 판매했다.

홍보해야 할 신제품이 있는 경우에도 상품 자체만을 알리기보다는 브랜드가 지향하는 가치를 함께 경험할 수 있는 팝업스토어를 운영한다. LG전자의 '금성오락실'과 현대자동차의 '팰리세이드 하우스'가 그 예다. 금성오락실은 LG전자의 신제품을 체험할 수 있는 팝업스토어로, 2021년 4월부터 6월까지 부산 광안리에서, 10월부터 12월까지 성수동에서 진행됐다. LG전자는 올레드 TV와 스탠바이미 등 LG전자의 신제품을 오락실이라는 뉴트로 컨셉을 통해 자연스럽게 체험하게 했다. 즉 LG전자가 지향하는 혁신과 새로운 경험이라는 가치를 오락실 게임의 형태로 체험시키고, 그 매개체로 LG전자의 신제품을 활용한 것이다. 플래그십 SUV '더 뉴 팰리세이드'를 출시한 현대자동차는 프리미엄 라이프스타일을 주제로 팰리세이드 하우스 팝업 전시를 진행했다. 해당 팝업 전시는 3개 동으로 구성되었으며, 첫번째 동에는 새로 출시한 더 뉴 팰리세이드의 프리미엄 가치를 직접 체험할 수 있는 '팰리세이드 갤러리' 공간이 구성되었다. 갤러리동 옆 2개 동에는 팰리세이드가 추구하는 여유롭고 짙은 취향의 라이프를 즐기는 '페르소나룸'이 구성되었다. 갤러리에서는 조형 작품 및 미디어 아트와 함께 팰리세이드 신형을 전시하여 팰리세이드의 디자인 철학을 간접적으로 체험할 수 있도록 했으며, 페르소나룸은 취향을 미리 엿볼 수 있는 컨시어지에서 시작하여, 맥시멀리스트 가족의 리빙룸, 자녀들과 즐기는 패밀리 가든, 소셜 다이닝룸, 프라이빗 리스닝룸 등 5개의 컨셉 공간을 구성하여 신차 체험만이 아닌 팰리세이드가 제안하는 라이프스타일을 함께 경험할 수 있도록 했다.

시몬스 그로서리 스토어 청담, OTTOGI Y100 LCDC,
진로의 두껍상회 강남, LG전자의 금성오락실 성수,
현대자동차의 팰리세이드 하우스 (출처: 각 브랜드 인스타그램)

보다 확장된 브랜드 경험 공간

팝업스토어의 또다른 변화는 공간의 제약을 받지 않고 브랜드를 온전하게 경험할 수 있는 보다 확장된 브랜드 경험 공간으로 진화했다는 것이다. 즉, 브랜드가 추구하는 가치를 소비자들이 다양하게 경험할 수 있도록 발전한 것이다.

그 예로 먼저 '디올 성수'를 들 수 있다. 디올 성수는 디올이 2022년 5월 성수동에 오픈한 팝업스토어다. 디올은 '도심 속 온실'이라는 컨셉으로 약 210평 규모의 브랜드 경험 공간을 만들었다. 팝업스토어 외관은 컨셉에 맞게 정원에 세워진 멋지고 화려한 온실처럼 만들어졌으며, 내부에도 꽃과 나무가 있는 정원이 곳곳에 배치되었다. 팝업스토어의 메인 공간에서는 새로운 시즌의 컬렉션 제품과 디올의 대표 제품, 디올 성수에서만 구매할 수 있는 한정판 제품 등을 경험할 수 있도록 했다. 각 제품 공간마다 인테리어를 다르게 하여 각각 새로운 전시회에 온 것 같은 느낌이 들도록 만들었다. 또한 디올은 제품 전시 공간 외에 카페 공간도 구성했는데, 해당 공간에서는 새벽부터 저녁까지 시간의 흐름에 따라 변화하는 정원의 모습을 미디어 아트로 볼 수 있도록 했다. 이를 통해 디올은 팝업스토어 방문객들이 디올의 브랜드 아이덴티티를 보다 감각적으로 느낄 수 있도록 만들었다.

또다른 사례는 성수동에 이어 새로운 핫플레이스로 떠오르고 있는 지역인 삼각지에 오픈한 '29맨션'이다. 29맨션은 29CM가 2022년 5월 14일부터 22일까지 9일간 진행했던 팝업스토어다. 29맨션은 29CM라는 브랜드를 경험시키는 것에 초점을 맞춘 팝업스토어로, 여러 브랜드가 입점해 있는 커머스 플랫폼이 입점 브랜드가 아닌 자체 브랜드 경험에 주안점을 둔 팝업스토어를 운영한 보기 드문 사례라 할 수 있다. 29CM는 4층 건물 전체를 임대해 '당신2 9하던 삶'이라는 브랜드 캠페인을 연계한 맨션 컨셉의 삶의 공간을 만들었다. 29맨션은 실제로 사람들이 사는 맨션처럼 설계되었다. 1층에는 팝업스토어를 안내하는 팸플릿이 들어 있는 우편함이 있고, 바로 옆에는 한정판 굿즈를 살 수 있는 굿즈숍이 있다. 2~4층은 타인의 삶을 관찰하는 컨셉의 공간들로 구성되었는데, 2층은 캠핑을 테마로 싱어송라이터 죠지의 여행 같은 삶을, 3층은 작업실을 테마로 포토그래퍼 하시시박의 감각적인 삶을, 마지막 4층은 정원을 테마로 페인터 연경의 나를 사랑하는 삶을 관찰할 수 있도록 했다.

디올 성수와 29맨션
(출처: 각 브랜드 홈페이지)

앞으로의 팝업스토어 진화 방향

팝업스토어 플랫폼

팝업스토어는 앞으로 또 어떻게 진화할까? 한 가지 방향은 특정 브랜드가 아니라 팝업스토어를 전문으로 하는 플랫폼에 의해 운영되는 것이다. 대표적인 사례로는 오프라인 플랫폼에 기반을 둔 '프로젝트렌트(Project Rent)'와 온라인 플랫폼에 기반을 둔 '스위트스팟(SweetSpot)'을 들 수 있다.

프로젝트렌트는 브랜드가 일정 기간 대관할 수 있는 팝업스토어 플랫폼이자 오프라인 마케팅 플랫폼이다. 2022년 8월 말 기준으로 R Space 1~6호점, R OLDTOWN, R X GS까지 확장했다. 이화여대 근처에 있는 R Space 04, 롯데백화점 영등포점에 있는 R Space 05, GS강남타워에 있는 R X GS를 제외하고 모두 성수동을 기반으로 하고 있다. 프로젝트렌트에서 브랜드는 최소 2주에서 최대 3개월 내외로 팝업스토어를 운영할 수 있다. 그동안 수많은 브랜드가 프로젝트렌트를 통해 팝업스토어를 열었는데, 그중 가장 주목받은 브랜드는 R OLDTOWN에서 열린 롯데제과의 가나 초콜릿 하우스다. 가나 초콜릿 하우스는 2022년 4월 19일부터 5월 12일까지 24일간 팝업스토어를 진행할 계획이었으나, 굉장한 인기를 끌며 방문객이 몰려들자 운영 기간을 5월 29일까지 연장했다. 이 외에도 로컬 브랜드, 스몰 브랜드, 대기업 브랜드 등 여러 브랜드가 프로젝트렌트를 통해 브랜드를 스토리텔링하고 있다.

스위트스팟은 온라인에 기반을 둔 팝업스토어 중개 플랫폼이다. 리테일업계의 에어비앤비라고도 불리는 영국의 팝업스토어 공간 공유 플랫폼 '어피어 히어(Appear Here)'를 벤치마킹하여 국내에 있는 수많은 건물의 유휴 공간을 DB로 만들어 온라인 플랫폼을 구축했다. 이를 통해 건물주와 브랜드 사이에서 팝업스토어 공간을 중개하고 수수료를 받는다. 특히 스위트스팟은 브랜드 파워가 약하고 자본력과 노하우가 부족한 소형 브랜드도 쉽게 팝업스토어를 열 수 있도록 공간 중개뿐만 아니라 전반적인 컨설팅 및 마케팅까지도 지원하고 있다.

프로젝트렌트 1호점과 가나 초콜릿 하우스
(출처: 프로젝트렌트 인스타그램)

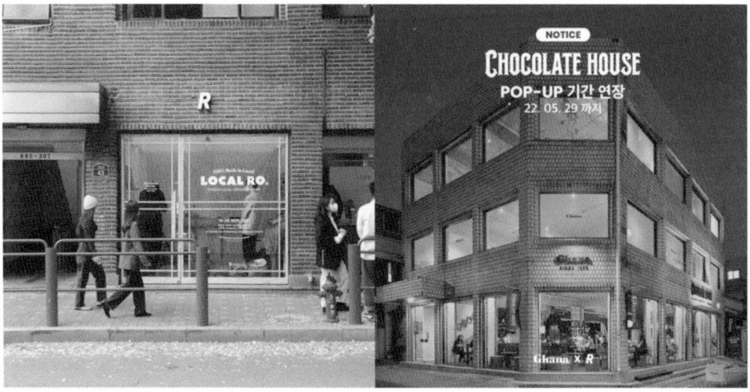

커넥티드 팝업스토어

팝업스토어의 또다른 진화 방향은 디지털 연결성의 증대다. 팝업스토어도 디지털 트랜스포메이션을 함으로써 데이터 드리븐* 팝업스토어가 되고, 메타버스와도 연결되는 등 보다 진화할 것이다. 그 예로 삼성전자의 '커넥티드 스페이스'와 아이웨어 브랜드 젠틀몬스터와 블랙핑크 제니의 콜라보레이션 팝업스토어 '젠틀가든'을 들 수 있다.

삼성전자의 커넥티드 스페이스는 데이터 드리븐 팝업스토어의 대표적인 사례로, 팝업스토어에 설치된 카메라를 통해 방문 고객수, 밀집도, 머무는 시간 등 실시간 데이터 수집 및 분석이 가능하다. 자율주행 자동차가 주행중 카메라 및 센서 등을 통해 실시간으로 데이터를 수집하는 원리와 유사하다. 커넥티드 스페이스 기술은 소비자의 개인 정보를 코드화해 보호하고 비식별화된 데이터를 이용하여 행동 패턴을 분석한다. 그리고 팝업스토어의 수집 정보를 실시간 집계하여 점주나 관리자가 방문객들의 팝업스토어 경험 여정을 수시로 관리하고 개선할 수 있도록 해준다.

젠틀가든은 젠틀몬스터와 제니의 두번째 협업 프로젝트로, 콜라보 컬렉션 제품을 론칭하기 위해 2022년 3월 서울 압구정동에 있는 젠틀몬스터의 자사 복합문화공간이자 플래그십스토어인 하우스 도산에 오픈한 팝업스토어다. 재미있는 점은 팝업스토어를 오픈하기 전에 2월 22일부터 한 달간 모바일 게임으로 젠틀가든을 먼저 론칭했다는 점이다. 즉 젠틀가든의 메타버스를 먼저 보여준 것이다. 정해진 기간 내 앱을 다운받아 실행하면 팝업스토어가 열리는 5개의 국제적인 대도시를 볼 수 있으며, 유저가 자신만의 정원을 직접 꾸미는 게임을 할 수 있도

데이터 드리븐(Data-Driven) 데이터를 중심으로 의사결정하는 방식

록 했다. 해당 앱은 글로벌 셀럽인 제니와의 콜라보레이션 덕분에 론칭 하루 만에 애플 앱스토어 인기 차트 1위에 올랐다.

그로부터 한 달여 뒤 팝업스토어가 오픈했다. 팝업스토어 공간은 젠틀가든의 메타버스를 그대로 재현한 것처럼 꾸며졌다. 팝업스토어에서는 제니의 친필 사인이 들어간 한정판 제품을 판매했으며, 해당 제품을 구매한 고객에게는 꽃 선물도 증정했다. 젠틀가든이 보다 특별한 브랜드 경험을 제공하기 위해 메타버스를 활용한 것처럼, 앞으로 메타버스와 연계한 팝업스토어가 많아질 것으로 전망된다.

젠틀가든 게임 속 메타버스를 그대로 재현한 팝업스토어
(출처: 젠틀몬스터 홈페이지, 인스타그램)

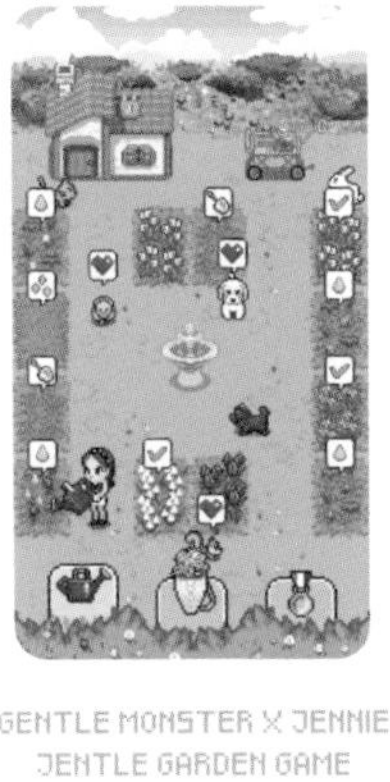

핫플레이스는 몸소 체감할 수 있는 트렌드의 바로미터다. 지금 가장 트렌디한 공간인 핫플레이스에서 사람들은 세상이 어떻게 변화하고 있는지, 어떤 것들이 새롭게 생겨나고 있는지를 관찰하고 경험한다. 사람들은 이제 팝업스토어도 핫플레이스라고 이야기한다. 팝업스토어가 새로운 핫플레이스가 된 것이다. 하지만 팝업스토어는 기존의 핫플레이스와는 다르다. 팝업스토어는 정해진 기간 내 방문하지 않으면 이후에는 가기 어려운 특별한 공간이다. 그래서 팝업스토어는 한정판 제품처럼 희소한 가치가 있는 핫플레이스인 것이다.

팝업스토어는 과거처럼 세일즈 프로모션 차원에서 무료로 샘플을 나눠주고 지나가는 소비자를 붙잡으며 호객행위를 하는 가판대 같은 공간이 아니라, 브랜드가 지향하는 가치를 중심으로 더 재미있고 다채로운 브랜드 경험을 제공하는 공간으로 변화했다. 그래서 이제는 오히려 반대로 소비자들이 그 장소에서만 할 수 있는 특별한 브랜드 경험을 위해 오픈런을 하거나 몇 시간 동안 웨이팅을 하는 새로운 핫플레이스가 되었다. 앞으로 팝업스토어는 문화와 기술의 발전으로 보다 진화할 것이다. 다양한 브랜드가 거쳐가는 플랫폼화된 팝업스토어는 더 많아질 것이며, 디지털 연결성이 증대된 팝업스토어로 발전할 것으로 예상된다.

“

팝업스토어는 과거처럼 세일즈 프로모션
차원에서 무료로 샘플을 나눠주고
지나가는 소비자를 붙잡으며
호객행위를 하는 가판대 같은 공간이 아니라,
브랜드가 지향하는 가치를 중심으로
더 재미있고 다채로운 브랜드 경험을
제공하는 공간으로 변화했다.

”

핫플 내비게이션:

요즘 찐핫플 탐색법

2

줄 서서 몇 시간씩 대기해야 들어갈 수 있는 음식점들이 눈길을 끌고, 도넛에서 소금빵까지 트렌디한 디저트가 매달 새롭게 등장하는 듯하다. 2022년, 사회적 거리두기 조치가 전면 해제되며 일상이 점차 회복되고 있다. 위축되었던 여가활동이 재개되며 전국 곳곳에 사람들이 북적대고 활기를 띠기 시작했다. 트렌드 변화 주기는 더욱 빨라졌고 자신이 트렌디한 사람임을 증명하는 인증샷을 남기는 것이 중요해지면서 사람들은 계속해서 새로운 곳을 찾아다닌다. 이런 니즈에 맞춰 핫플레이스가 계속해서 생기고 있고, 새로운 형태의 공간이 형성되어 새로운 상권으로까지 이어지기도 한다. 계속하여 새롭게 등장하는 핫플레이스들을 사람들은 어디서 찾고 어떻게 선택하며 방문을 결심할까?

브랜드에서 만들어낸 공간이나 화려한 디자인과 컨셉을 갖춘 식당과 카페라고 해서 모든 곳이 핫플레이스로 MZ세대의 선택을 받는 것은 아니다. 다양한 SNS의 등장으로 정보 탐색 채널은 몇 년 새 훨씬 다양해졌고, 이는 핫플레이스를 찾는 방법에도 영향을 미쳤다. 아직도 주말에 놀러갈 곳을 정할 때 포털 검색창에 '○○○(지역명) 맛집'을 검색해 블로그 후기를 읽으면서 갈 곳을 정하는가? 핫플레이스 후기로 넘쳐나는 정보의 홍수 속에 MZ세대의 진짜 핫플레이스를 찾는 방법은 다르다. 바이럴 광고를 통해 만들어진 허상의 핫플레이스가 아닌, 진짜로 트렌디한 핫플레이스를 찾기 위해 소비자의 정보 탐색 과정도 진화하고 있다.

©Darya Sannikova, Pexels

달라진 정보 탐색 트렌드

구글도 위기에 빠뜨린 Z세대의 점심 메뉴 검색법

소셜미디어의 등장은 사람들의 검색 방식에 큰 영향을 끼쳤다. 젊은 네티즌들은 정보를 검색할 때 검색 포털에 키워드를 입력하기보다는 몰입도 있는 콘텐츠를 통한 정보 습득을 선호한다. 소셜미디어는 더이상 소통만을 위한 채널이 아니라, 사람들이 정보를 알아가는 창구로 자리 잡고 있다.

구글의 수석 부사장 프라바카르 라그하반(Prabhakar Raghavan)은 2022년 포춘 브레인스톰 테크(Fortune Brainstorm Tech) 콘퍼런스에서 18~24세 미국인의 약 40%가 점심 먹을 곳을 찾을 때 구글 검색엔진이나 구글 지도에서 검색하기보다는 틱톡이나 인스타그램에서 검색한다는 연구 결과를 공유했다. 영상 기반 소셜미디어인 틱톡은 구글의 영상 서비스인 유튜브뿐만 아니라 세계 최대 검색엔진인 구글마저도 흔들고 있다. 미국의 마케팅 대행사 MGH의 2021년 설문조사에서 틱톡 이용자의 36%는 해당 음식점에 대한 틱톡 영상을 본 후 음식점을 방문하거나 주문한 경험이 있는 것으로 나타났다.

미국과 마찬가지로 국내 MZ세대의 핫플레이스 검색 방법도 기성세대와 다르다. 수십 년간 국내 검색 시장을 장악해온 네이버도 흔들리고 있다. 1세대 SNS인 네이버 블로그는 오랫동안 핫플레이스 관련 정보의 중요한 제공처 역할을 했다. 하지만 블로그활동이 수익으로 직결

되면서 협찬이 성행하고, 진실된 정보 전달보다는 홍보를 위한 왜곡된 정보를 담는 경우가 많아지며 네이버 블로그의 신뢰도는 급격히 떨어졌다. 네티즌 사이에서 광고를 거르고 진짜 핫플레이스를 찾기 위한 방법으로 '○○○(지역명) 존맛'을 검색하는 방법이 화제가 되기도 했다. 비속어를 광고에 쓰지 않는다는 허점을 노린 것이다. 또한 더 솔직한 콘텐츠를 접할 수 있는 SNS의 등장으로 블로그를 이탈하는 이용자가 늘어나고 있다.

미국 Z세대들이 구글에서 틱톡으로 검색 채널의 전환을 보인다면, 국내 젊은 세대는 네이버에서 유튜브로의 변화를 보이고 있다. 나스미디어에서 공개한 '2022년 인터넷 이용자 조사'에서 2021년과 2022년 사이에 1~3순위로 이용하는 정보 검색 플랫폼 점유율을 비교해보면, 네이버(86.7%)와 유튜브(60.3%)의 격차가 크게 줄었다. 특히 젊은 연령층일수록 유튜브를 정보 검색에 사용하는 비율이 높은 것으로 나타났다.

이전에는 포털 사이트에서 강남역 맛집, 홍대 데이트 코스를 검색했다면 이제는 소셜미디어의 알고리즘, 팔로우하는 지인들의 인증 사진, 해시태그 검색을 통해 장소를 추천받고 후기를 읽는다. 대학내일20대연구소가 전국 17개 시도 만 15~41세 남녀 900명을 대상으로 2022년 5월 여가 관련 설문조사를 진행한 결과, 핫플레이스 정보를 얻는 채널

핫플레이스 정보를 얻는 채널 (출처: 대학내일20대연구소)

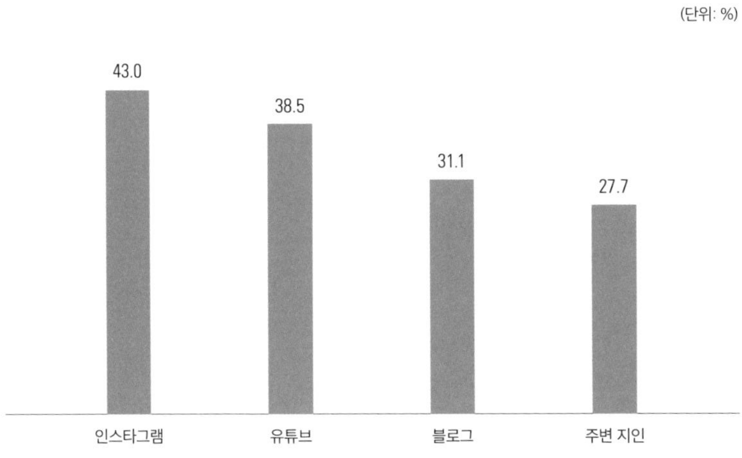

로는 '인스타그램'이 가장 많이 꼽혔고, 이어서 '유튜브', '블로그', '주변 지인' 순으로 나타났다.

신뢰도 높은 리뷰를 찾아서

정보 탐색 채널이 다양해지고 후기 콘텐츠도 많아진 상황에서 솔직한 리뷰는 더 영향력 있는 콘텐츠가 된다. 실제로 작성자가 직접 돈을 지불하고 경험한 #내돈내산 #한달사용기와 같은 키워드를 보유한 콘텐츠들이 네티즌의 이목을 더 끈다. 틱톡에서 정보를 얻고 소비한 물건을 공유하는 해시태그인 #TikTokMadeMeBuyIt(#틱톡보고삼)은 2021년에 전 세계적으로 136억 회 이상의 조회수를 기록하며 인기 콘텐츠로 부상했다. 해당 해시태그를 사용한 콘텐츠에서 보여진 제품들이 유명해지며 품절되거나 브랜드의 매출 증가로 이어지는 사례를 자주 볼 수 있다. 다른 사람이 직접 경험해보고 자발적으로 올린 솔직한 후기가 MZ세대가 어디에 돈을 쓸 것인지 선택하는 데에 큰 영향을 끼치는 것이다.

MZ세대는 오프라인 장소를 방문할 때도 온라인으로 다양한 플랫폼을 돌아다니며 정보를 비교해 실패 확률을 줄이고 최선의 선택을 하고자 노력한다. 바이럴 광고와 허위 리뷰, 뒷광고 이슈가 생기면서 소비자들은 소셜미디어에 올라오는 정보를 더욱 꼼꼼히 확인하고 있다. 한 곳에서 얻은 정보를 바로 믿고 찾아가지 않는 것이다. 앞서 언급한 대학내일20대연구소의 조사에 따르면, MZ세대는 핫플레이스 콘텐츠를 먼저 찾기보다 본인 SNS 피드나 커뮤니티에서 우연히 노출될 때 보는 경우가 많다고 한다. 과거처럼 정보를 검색해 인기 있는 장소의 후기를 읽기보다는 인스타그램, 유튜브를 통해 일상에서 핫플레이스 콘텐츠를 접하며 손쉽게 정보를 모은 후, 포털 또는 리뷰 앱을 통해 검증하는 양상을 보인다.

더 치열하게 핫플을 찾는 MZ세대

핫플레이스에 대한 MZ세대의 열정은 신흥 상권 등장에 영향을 미칠 정도로 한국 사회 전반에 큰 영향력을 지니고 있다. 다양한 플랫폼에서 정보를 모으고, 비교하고, 예약까지 진행하는 MZ세대는 왜 놀러 갈 곳을 정하는 데 많은 노력을 들이는 걸까? 많은 이유 중 하나는 어느 핫플레이스를 방문했는지가 자신의 정체성을 나타내는 방법의 하나로 자리잡았다는 것이다. 젊은층일수록 핫플레이스에서 사진을 찍고 SNS에 업로드하는 경향이 훨씬 뚜렷하게 나타난다. 어디에서 인증샷을 남기는지가 자신을 표현하는 수단이 되는 것이다. 어떤 이들은 고급 식당 및 명품 매장에서 사진을 남겨 고급스러운 페르소나를 형성하기 위해 노력하고, 어떤 이들은 힙한 클럽 또는 스트릿웨어 팝업스토어를 방문하여 힙한 페르소나를 형성한다. 자신의 개성과 취향을 뚜렷하게 드러내려는 성향을 보이는 MZ세대는 이러한 이유로 계속해서 다음에 방문할 핫플레이스를 찾아 나선다. 핫플레이스를 즐기는 것이 하나의 문화로 자리잡은 상황에서 신뢰도 높은 핫플레이스 정보에 대한 MZ세대의 니즈가 증가하며 등장하게 된 다양한 핫플레이스 정보 제공 서비스와 방식이 눈에 띈다.

찐핫플을 찾는 방법

데이터로 검증된 맛집 추천 지도와 내비게이션 앱

국내 지도 서비스를 운영하는 대기업들은 데이터를 기반으로 신뢰도 높은 핫플레이스 정보를 제공하고 있다. 이용자들이 지도 서비스를 사용하면서 쌓이는 위치 데이터는 장소 방문의 증거가 되어 믿을 수 있는 핫플레이스 데이터베이스가 된다.

국내 대표적인 내비게이션 서비스 티맵의 'T지금' 기능을 통해 실시간 인기 장소를 확인할 수 있다. T지금을 활용하면 현재 위치 주변에서 가장 많은 차량이 향하는 목적지 순위, 해당 장소로 향하는 차량 대수, 많은 사용자가 향하고 있는 위치 순으로 50위까지의 인기 장소 확인이 가능하다. 또한 티맵은 2022년 8월, 푸드테크 기업 '식신'과의 제휴를 발표했다. 식신은 사용자 리뷰를 기반으로 인기 맛집 정보와 테마별 추천 맛집을 알려주는 서비스로, 이 제휴를 통해 티맵에서 더욱 양질의 맛집 정보 확인이 가능해졌다.

네이버 또한 지도 플랫폼을 활용하여 네티즌에게 신뢰도 높은 핫플레이스 데이터를 제공하고 있다. 2022년 상반기에 집계된 '네이버 지도' 데이터를 분석하여 '맛집여지도' 캠페인을 진행했다. 연령별 인기 가게, 내비게이션 인기 검색 키워드, 리뷰어들이 픽한 가게 관련 데이터를 기반으로 6월에는 서울, 8월에는 제주 지역의 맛집 순위를 공개하며 큰 화제를 모았다.

네이버 지도를 기반으로 한 로컬 정보 플랫폼 'MY플레이스' 또한 큰 두각을 보였다. 장소 리뷰를 핵심 콘텐츠로 하는 MY플레이스는 영수증 리뷰 서비스를 도입했다. 영수증이라는 장치를 이용해 MY플레이스의 리뷰는 마케팅이 아니라 실제 소비자가 자기 돈을 주고 경험한 후기임을 증명할 수 있게 했다. 출시 3년 만인 2022년, MY플레이스의 영수증 기반 누적 리뷰수는 4억 2,700만 건을 넘어섰다. 직접 방문했다는 증빙자료를 활용하여 신뢰도를 얻는 MY플레이스는 SNS 요소를 접목시키면서 더 몰입하여 재미있게 즐길 수 있는 서비스로 발전하고 있다.

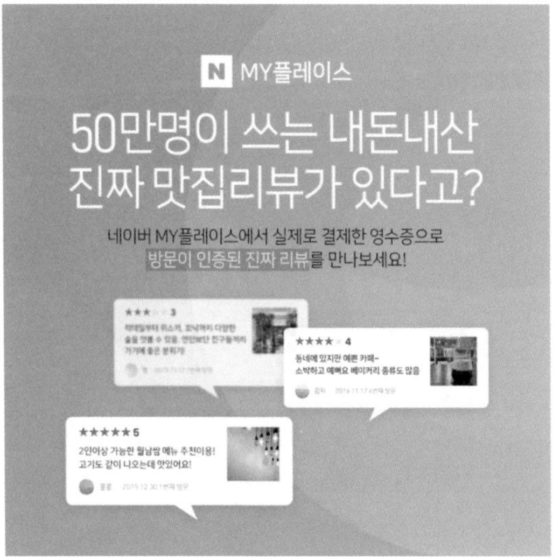

네이버 MY플레이스
(출처: MY플레이스팀 블로그)

지도 기능을 활성화하는 소셜미디어 플랫폼

최근 다양한 소셜미디어 플랫폼 기업에서도 신뢰도 높은 리뷰를 제공하기 위해 지도 기능을 강화하는 모습이 나타나고 있다. 인스타그램은 더 역동적인 지도 경험을 제공하기 위해 새로운 '지도 검색' 기능을 출시했다. 새로운 지도 기능은 2021년 8월 한국을 포함한 몇몇 국가에서 선공개된 후, 2022년 7월 글로벌 론칭했다. 인스타그램의 지도를 통해 원하는 위치에서 가장 인기 있는 장소를 찾을 수 있으며, 카페, 미용실, 레스토랑, 극장 등 카테고리 목록에서 선호하는 장소를 골라 선택적으로 찾아볼 수 있다. 이전에는 인스타그램 지도에서 위치 태그가 달린 게시물만 보였다면, 이제는 게시물뿐만 아니라 스토리 및 가이드와 같은 콘텐츠를 다양하게 탐색할 수 있다.

인스타그램 지도
(출처: 인스타그램 트위터)

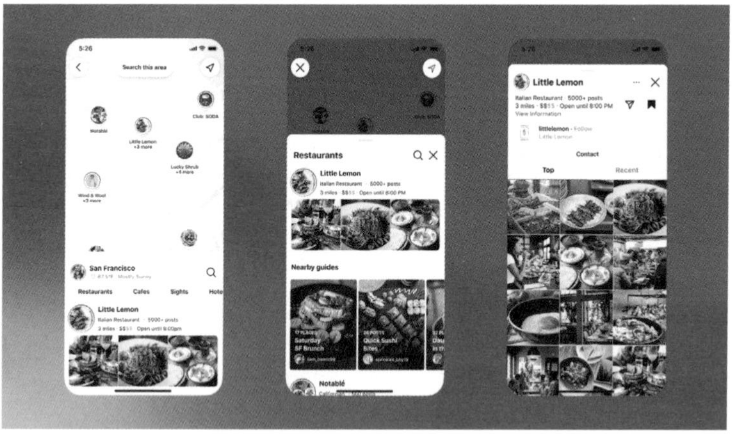

2022년 8월, 틱톡도 '근처(Nearby)' 피드를 도입하여 특정 지역의 콘텐츠를 볼 수 있는 피드를 소개했다. 이 새로운 피드 기능은 동남아시아의 선별된 사용자들에게 우선적으로 도입되어 실험중이다. 기능이 도입된 사용자는 현재 틱톡의 팔로잉 피드, 추천 피드와 함께 근처 피드가 추가된다. 근처 피드에서 사용자는 위치상으로 더 연관성 있는 비디오를 찾을 수 있으며, 사용자 주변의 흥미로운 이벤트와 장소를 찾을 수도 있다. 틱톡의 정교화된 추천 알고리즘은 이미 사용자들 사이에서 유명하다. 앞으로 사용자들은 근처 피드에서 지역적으로 관련성이 높고 훨씬 더 개인화된 콘텐츠를 접할 수 있게 될 것으로 기대된다.

이 밖에도 아예 지도가 중심이 되는 SNS도 인기를 끌고 있다. '젠리'는 사용자의 위치 정보를 팔로워들에게 실시간으로 공유하는 지도 기반 SNS이다. 프랑스 스타트업 젠리가 2015년 개발·출시한 앱으로, 국내 10대 사이에서 인기를 끌고 있다. 2022년 4월 젠리는 앱 리디자인을 거치며 기존에 사용하던 지도 앱을 삭제하고 대신 젠리를 사용하라고 적극적으로 홍보했다. 젠리는 리디자인 후 지역 검색이 가능해졌고, 가고 싶었던 핫플레이스가 실제 핫플레이스인지 검증하고, 친구 중 누가 갔는지 확인하거나 어떤 후기를 남겼는지 확인할 수 있도록 했다.

젠리의 새로운 지도 검색 기능 업데이트 안내
(출처: 젠리 트위터)

핫플레이스 소개를 중심으로 한 계정과 앱

몇 년 사이 인스타그래머블 공간을 찾는 사람들이 증가했다. 팔로우하는 연예인이나 인플루언서를 통해 정보를 접할 때도 있지만, 핫플레이스에 대한 사람들의 니즈가 증가하면서 기업이 직접 운영하며 정보를 제공하는 계정도 증가했다.

예를 들어 핫플레이스 공간을 소개하는 것이 주목적인 기업들이 있다. 이들은 공간을 추천하는 콘텐츠를 만들어 SNS에서 팔로워를 모으고, 자연스럽게 앱 다운로드로 연결되도록 유도한다. 맛집 지도 앱인 '푸딘코'는 2018년 11월 인스타그램에 계정을 생성하여 첫 게시물을 업로드하는 것으로 비즈니스를 시작했고, '내돈내산' 콘텐츠로 사람들의 신뢰를 얻었다. 그 결과 2022년 10월 기준 약 49만 명의 팔로워를 모을 수 있었다. 푸딘코는 이러한 팬들을 기반으로 앱을 출시해 출시 5일 만에 5만 명이 다운로드하는 기록을 세웠다. 푸딘코는 인스타그램 계정을 통해 쌓은 신뢰도 높은 콘텐츠를 매개로 친구를 더 가깝게 이어주는 플랫폼 회사가 되는 것을 목표로 하고 있다.

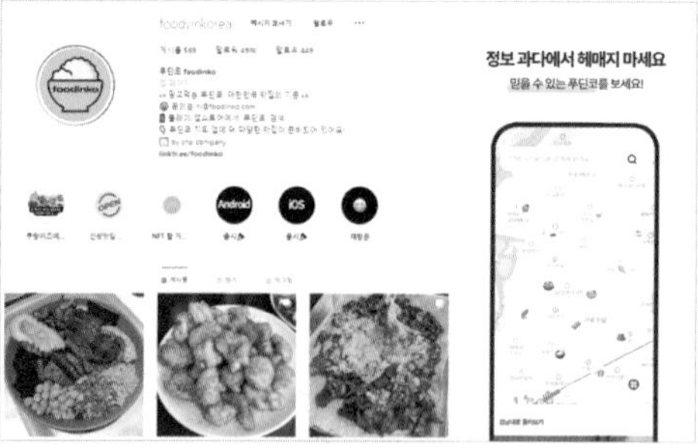

푸딘코
(출처: 푸딘코 인스타그램, 앱스토어)

푸딘코가 인스타그램에서 시작하여 맛집 지도 앱을 출시했다면, '데이트립'은 앱을 홍보하기 위해 인스타그램을 운영하고 있다. 데이트립은 전문 큐레이터가 다양한 공간을 독특한 시각으로 해석하고 소개하는 콘텐츠를 업로드하는 앱이다. 전문 큐레이터의 감각적이고 퀄리티 높은 사진과 글로 팔로워들의 신뢰를 얻었고, 양질의 콘텐츠로 앱 다운로드까지 유도하고 있다. 2021년 기준 13만여 명이 앱을 다운로드했으며, 2022년 10월 기준 34만여 명의 인스타그램 팔로워를 보유하고 있다.

공간을 소개하는 것이 주목적은 아니지만 소비자에게 친근하게 다가가기 위해서 핫플레이스를 소개하는 계정을 운영하는 기업도 있다. '고메부산'은 BNK부산은행이 운영하는 계정이다. 인스타그램 프로필에 "부산은 부산은행이 제일 잘 압니다"라고 계정을 소개하고 있다. BNK부산은행에 재직중인 은행원이 계정을 운영하면서 다른 채널 대비 높은 신뢰도를 얻고 있다. 고메부산의 팔로워수는 3만 명을 넘었으며, 부산은행 스마트뱅킹 앱 내 핵심 라이프 콘텐츠로 탑재하는 방안을 검토중이라고 부산은행이 밝혔다.

데이트립
(출처: 데이트립 인스타그램, 앱스토어)

고메부산
(출처: 고메부산 인스타그램)

검증된 핫플레이스 정보 모음집이 된 대기·예약 앱

다양한 채널을 통해 놀러갈 핫플레이스를 정했다면 방문시 좀더 편리한 경험을 위해 또다른 앱을 사용하기도 한다. 예를 들면 원격 줄서기 앱 '테이블링'과 레스토랑 예약 앱 '캐치테이블'은 거리두기 해제로 사람들이 바깥으로 나가기 시작하면서 사용자수가 급증했다. 앱 분석 서비스 '모바일인덱스'가 발표한 리포트에 따르면 사회적 거리두기 조치 해제 이후 테이블링과 캐치테이블의 월간 활성 사용자수는 거리두기 조치 해제 이전보다 각각 61.7%, 26.6%가량 증가했다고 한다.

테이블링
(출처: 테이블링 페이스북)

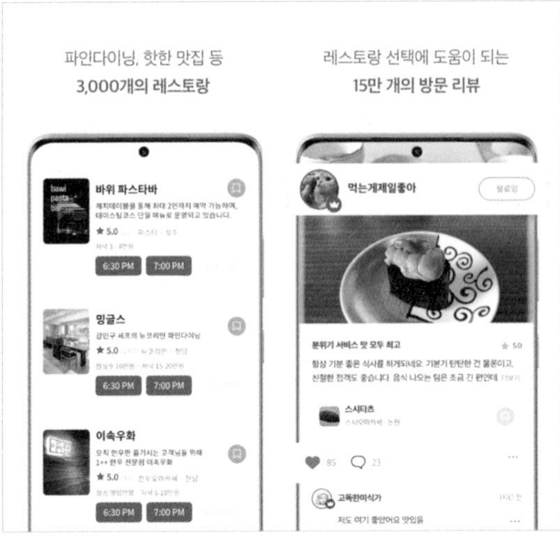

캐치테이블
(출처: 캐치테이블 앱스토어)

예약 전문 앱들은 손쉬운 예약과 대기로 핫플레이스에 방문하는 것만 편리하게 바꾼 것이 아니라 정보 탐색 과정에도 영향을 끼쳤다. 해당 앱들에는 실제로 매장을 방문한 사람들만 후기를 남길 수 있어 콘텐츠의 신뢰성이 높다. 테이블링은 앞에 대기가 몇 팀이 있는지를 알려주기 때문에 어느 음식점이 진짜 핫플레이스인지 확인이 가능하다. 평균적으로 웨이팅이 몇 팀인지는 핫플레이스의 척도가 된다. 캐치테이블에서는 미슐랭 스타를 받은 33개의 레스토랑 중 26곳의 레스토랑을 예약할 수 있기 때문에 소비자들 사이에서 하이엔드 레스토랑과 트렌디한 레스토랑들이 모두 입점해 있다는 인식이 있다. 따라서 해당 앱에 올라와 있는 다른 음식점도 핫플레이스일 것이라는 기대를 받기도 한다. 이제는 모임 장소가 정해지면 캐치테이블에서 핫플레이스인지 확인하기 위해 바로 검색해보는 소비자들도 생기고 있다.

팬심으로 쌓인 맛집 데이터

해시태그는 SNS에서 편리하게 검색하는 툴로 널리 쓰인다. 최근 MZ세대의 아이돌 팬들 사이에서도 새로운 핫플레이스 검색 방법이 떠오르고 있다. 트위터에 아이돌 그룹 멤버의 이름과 지역명을 검색하여 맛집을 찾는 것이다. 2017년, 아이돌 그룹 '엑소'의 멤버 백현의 버킷리스트에 맛집 투어가 오르자 팬들은 #백현이를_위한_맛집투어 해시태그를 사용하여 자신들이 좋아하는 아이돌을 위해 상세한 맛집 후기를 올리기 시작했다. 해당 해시태그는 실패 없는 맛집 찾는 방법으로 사용되고 있다. 이러한 움직임이 시작된 지 5년이나 지난 2022년 상반기에도, 해당 해시태그는 트위터에서 약 600번 넘게 사용되며 꾸준히 업데이트되고 있다. 이를 시작으로 다른 아이돌 팬덤도 자신의 아이돌을 위해 해시태그를 만들어 맛집 데이터를 아카이빙하고 공유하고 있다. 팬들이 순수한 애정으로 정성스러운 후기를 남기면서 아이돌을 위한 해시태그는 검증된 핫플레이스를 찾는 방법으로 자리잡고 있다.

팬덤 내에서의 맛집 추천을 위해 해시태그를 제작한 팬덤도 있다. 아이돌 그룹 '몬스타엑스'의 팬덤 '몬베베'는 #몬베베가_몬베베에게_추천하는_맛집 해시태그를 사용하며 신뢰도 높은 핫플레이스를 공유하고 있다.

해시태그를 사용하며 핫플레이스 정보를 공유하는 아이돌 팬덤
(출처: 트위터)

한 번쯤은 인스타그램을 통해 발견한 핫플레이스에 방문했다가 실망한 경험이 있을 것이다. 특별하게 보내고 싶었던 주말을 망친 것 같은 기분이 들면서도 인증샷을 올리니 또 기분이 좋아진다. MZ세대에게 핫플레이스는 유행에 뒤처지지 않는다는 것을 보여주는 수단이면서 자기 자신을 표현하는 방식이기도 하다. 최근 MZ세대에게 핫플레이스로 선택받기 위해 수많은 공간이 생겨나고 있다. 디지털 네이티브인 MZ세대는 뒷광고, 협찬글, 바이럴 마케팅 콘텐츠를 자주 접했고, 이제는 예전보다 더 경각심을 갖고 콘텐츠를 소비한다. 어떻게 시간을 보낼지가 중요한 이들은 가장 트렌디한 핫플레이스를 찾기 위해 다양한 플랫폼에서 탐색한다. 이러한 니즈를 포착하여 새로운 소셜미디어가 생겨나고 있고, 기존 소셜미디어도 믿을 수 있는 콘텐츠의 장으로 거듭나기 위해 노력하고 있다.

정보 탐색 채널이 포털에서 소셜미디어로 확대되었고, 네티즌들이 접하는 리뷰 콘텐츠는 블로그의 글, 인스타그램의 사진을 거쳐 틱톡의 숏폼 영상으로 진화했다. 틱톡 이후에는 지도 플랫폼 또는 메타버스 플랫폼이 핫한 플랫폼으로 성장할 수도 있고, 아니면 지금은 상상조차 할 수 없는 기술과 결합하여 새로운 형태의 정보 제공 플랫폼이 등장할 수도 있을 것이다. 분명한 것은 소비자들이 더 다양한 채널을 통해 정보를 접하게 될 것이라는 점이다. 소비자들이 똑똑해지면서 억지로 바이럴이 되려고 하는 콘텐츠의 자리는 점차 사라지고, 신뢰도 높은 콘텐츠를 제공하는 플랫폼만이 진화하며, 더욱더 창의적이고 진정성 있는 콘텐츠가 빛을 발하기를 기대한다.

컨행일치:

Z세대의 컨셉 놀이

3

최근 튀지 않거나 존재감이 없으면 살기 힘든 세상이라는 말을 많이 한다. 평범해 보이는 사람들에게 저마다의 특징을 정의해주는 MBTI는 일반적인 대화 소재가 되었고, 유튜브에 올라오는 일상 브이로그를 보면 하루에 일뿐 아니라 운동, 취미생활 등 여러 가지 일을 다 해내며 특별한 삶을 사는 사람이 많은 것처럼 느껴진다.

누구에게나 빛나는 이상향과 목표하는 삶의 방식이 있다. 이를 위해 마음을 다잡고 행동하는 것은 결코 새로운 일이 아니다. 시간이 흐르며 행동 방식과 목표하는 대상이 변했을 뿐 여전히 특별한 삶을 살고, 동경하는 대상과 가까워지고, 무엇인가를 이뤄내고자 한다.

Z세대라고 정의된 이들 역시 마찬가지로 삶의 지향점이 있으며, 이를 위해 노력한다. 하지만 Z세대의 목표는 멀리 있는 것 같지 않다. 당장 맞닿은 문제들을 자신만의 방식으로 해결하는 것이 더 중요하기에, 우선 단기적인 목표에 도전하고 이를 성취함으로써 앞으로 나아가고자 한다. 새로운 장소, 새로운 만남이 있는 새로운 시작점에서 자신만의 방식인 '컨셉'을 잡고 행동하는 '컨셉질'은 최근에 등장한 개념은 아니다. 몇 년 전부터 여러 방식으로 컨셉을 잡는 현상이 있었으며, 이제는 많은 사람에게서 관찰 가능하고, 따라 하기 쉬운 트렌드가 되었다.

최근 컨셉질을 주제로 한 콘텐츠들이 제작되기도 하고, 컨셉질을 돕는 여러 연계 상품도 판매되고 있다. 따라서 미래 주요 소비층이 될 Z세대의 컨셉 대상은 누구인지, 어떤 루틴을 만들고 살아가는지 이해하는 것은 중요하다. Z세대가 직접 컨셉질을 하고 후기를 쓰기도 하고, 관련된 다양한 종류의 콘텐츠를 만들어내기도 하기 때문이다. 앞으로도 이러한 행동을 기반으로 컨셉질을 위한 제품과 서비스는 계속 진화할 것으로 예상된다.

©Pexels, Pixabay

Z세대의 일상은 컨셉

관심이 증가하는 컨셉 잡기

새로운 곳에서 새로운 시작을 할 때에는 두근거리기 마련이다. 지금까지 해낸 것처럼 잘 해내고 싶거나, 이전과는 달라진 새로운 모습을 보여주고 싶어서 마음가짐을 다잡곤 한다. 1990년대 중반과 2010년대 초반 사이에 출생한, 2022년 현재 13세에서 27세까지의 흔히 Z세대라 불리는 이들에게 새로운 시작은 보통 새로운 학교에 진학하거나 새 학기를 맞는 것, 또는 처음 사회에 발을 내딛는 것이다.

Z세대의 새로운 시작에서는 나만의 '컨셉'을 잡는 것이 중요하다. 연예인은 아니지만 스스로 컨셉이라는 말을 사용하며 어떤 컨셉을 하면 좋을지 진지하게 고민한다. 어떤 컨셉을 정하고 새로운 장소에 들어설 것인지, 새로운 친구나 동료들을 어떻게 대할 것인지, 한 학기 혹은 1년을 어떠한 마음가짐으로 지낼 것인지를 생각한다.

컨셉을 잡는 것은 MBTI와 같이 현재 자신의 성격 유형을 그대로 드러내는 것과는 다르다. MBTI의 다양한 성격 유형을 파악하고 서로 공감하는 것은 이미 흔한 일이 되었다. 첫 만남에서 먼저 "혹시 MBTI가 어떻게 되세요?"라고 말하며 어색함을 덜어내고 서로를 알아가는 것은 이상한 일이 아니다. MBTI는 서로를 이해하는 데 도움을 줄 수 있는 가볍고 편리한 도구이다.

반면, 컨셉을 잡는 것은 현재 자신의 모습을 보여주는 것이 아니다. 동경하는 모습, 즉 이상향에 다가가기 위한 도구이다. 컨셉은 본래 모습과 성격이나 행동이 같을 수도 있지만 완전히 다를 수도 있어 미래 지향적인 동시에 과시적이고 비현실적이기도 하다. 그래서 컨셉을 잡고 하는 행동을 낮추어 '컨셉질'이라고 일컫는다.

실제로 이들은 여러 가지 다양한 컨셉을 온라인에서 언급하고, 컨셉을 서로 추천·공유하거나 후기를 검색해서 똑같이 실천에 옮겨보기도 한다. 컨셉질 키워드의 온라인상 언급량 변화를 보면, 2019년 이

'컨셉질' 키워드 언급량 추이 (출처: 이노션 인사이트그룹)

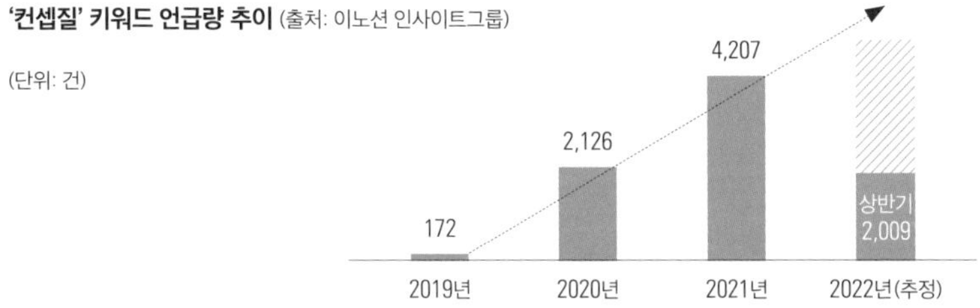

'컨셉 추천' 및 '새 학기 컨셉' 온라인 검색량 연령대별 비중 (출처: 이노션 인사이트그룹)

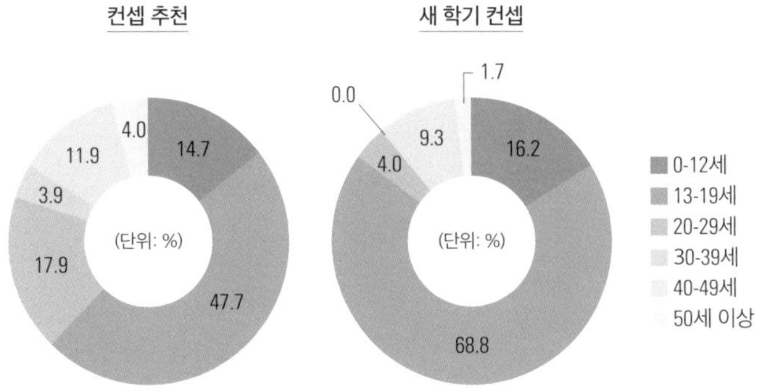

후 버즈량이 크게 증가하는 추세를 보인다. 또한 최근 1년간 '컨셉 추천' 검색에 대한 연령대별 비중을 보면 12세 이하 초등학생이 14.7%를, 13~19세의 중고등학생이 47.7%를 차지하고 있으며, 20대 대학생 및 사회초년생도 17.9%로 비중이 상당하다. 특히 '새 학기 컨셉' 검색에 대한 연령대별 비중의 경우 12세 이하가 16.2%를, 13~19세가 68.8%를 차지하고 있어 Z세대의 관심이 매우 높다는 것을 알 수 있다.

컨셉 잡기에 대한 관심은 지속적으로 높아지고 있으며, 각종 커뮤니티와 유튜브, 틱톡 등의 플랫폼에서도 컨셉을 잡는 것과 관련된 콘텐츠가 많아지고 있어 주목이 필요하다.

컨셉 관련 유튜브 콘텐츠
(출처: 루디고GO 유튜브)

왜 컨셉이 필요할까?

'컨셉(Concept)'은 본래 '개념'을 뜻하는 영단어이나, 연예인들이 방송에서 외적으로 드러내는 설정을 뜻하거나 작품의 구성, 캐릭터의 설정 등을 의미하기도 한다. 그런데 연예인이 새로운 작품의 컨셉을 정하는 것처럼 실제 본인과는 다른 자신의 이상향을 설정하고, 설정한 캐릭터가 현실에서 존재한다면 할 법한 행동과 말투, 모습을 생각해서 그대로 행동하는 사람들이 늘어나고 있다.

사실 자신의 이상향을 설정하고 실천에 옮기고자 하는 모습은 Z세대 이전 세대부터 있었다. 다만, 과거에는 닮고 싶은 사람이나 이상적인 인물의 모습과 행동을 따라 하기보다는 이상향 그 자체로 존재했다. 통상적으로 '학생으로서', '사회초년생으로서' 해야만 하는 것들을 잘 실천하는 것이 열심히 사는 것이었다. 현재 컨셉질을 하는 Z세대가 사회가 요구하는 모습을 외면한다는 것이 아니다. 그들은 남들이 정해준 방식이 아닌 자신만의 컨셉으로 본인에게 주어진 의무를 수행하고 이상적인 위치에 다가서는 것이다.

Z세대가 컨셉질을 통해 활약하는 이유는 스스로 자신이 누구인지를 발견하고 '나다움'을 찾기 위해 노력하는 세대적 특징이 두드러지기 때문이다. Z세대는 온라인 커뮤니티를 중심으로 현실을 비관하면서도 어려운 현실 속 작은 행복을 찾고자 색다른 경험을 시도한다. 또한 자신의 일상에서 루틴을 만들어 주어진 하루를 보다 주체적으로 관리하고자 한다. 자신이 원하는 대로 보이기 위해 자신에게 더욱 집중하고, 우울하고 어려운 현실에서 벗어나 작은 것에서 성취를 찾기를 원한다.

또, 과거의 세대가 만든 기준에 맞추기 위해서가 아니라 현실의 문제를 해결하는 자신만의 방식을 탐구하기 위해 컨셉을 활용한다. 과거와 달리 경쟁에서 이기는 것만이 성공의 방식이 아님을 Z세대는 잘 알고 있다. 학교와 사회에서 요구하는 목표에만 매달리기보다는 각자의 다양한 능력과 스타일을 존중받고 싶어하며, 디지털 세상 속에서 다양한 사람들과 공존한다. 그래서 사회가 정한 모습을 따르거나 한 분야의 전문가가 되기보다는 독특한 자신만의 개성을 살리고 다양한 능력을 갖추고 싶어한다.

이는 수많은 사람들 속에서 평범한 모습으로 살고 싶어하지 않는 성향과도 연결된다. '부캐'는 본래의 캐릭터를 벗어난 부가적인 캐릭터라는 뜻이다. 부캐로 활동하는 것은 평범하지 않은 또다른 자신의 모습을 드러내는 것이다. 자신의 SNS에서 성격을 이야기하며 '인친(인스타그램 친구)'과 '트친(트위터 친구)'을 사귀고 함께 대화하며 노는 것 또한 독특한 자신을 만드는 활동이다. Z세대는 이와 같이 실제와는 다른 자신의 세계를 창조하고 충분히 몰입하여 평범한 일상을 새롭게 살아간다.

자신의 컨셉을 소개하고
컨셉을 잡는 이유에 대해 설명하는 영상
(출처: 캐릿 Careet 유튜브)

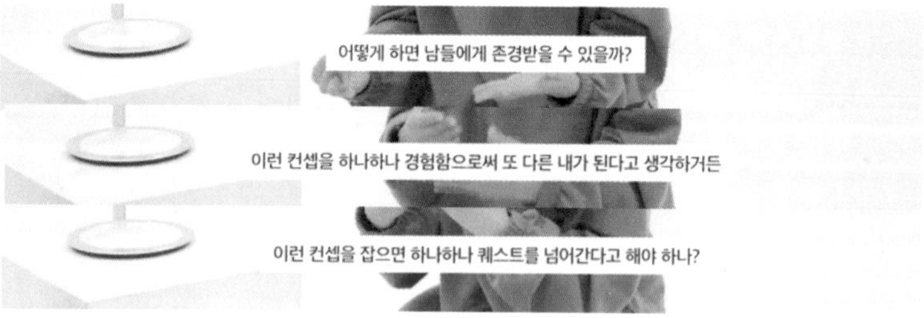

컨셉을 갖고 행동하는 것은 본래의 자신을 두고 '또다른 자신', 즉 부캐를 만드는 것이 아니라 본모습을 자신이 원하는 모습으로 일종의 이미지 메이킹을 하는 것이다. 예를 들면, 현재 학생인 본인에게 주어진 학업, 친구와의 원만한 관계와 같은 요구 사항을 자신이 설정한 컨셉의 모습으로 대처하는 것이다. 설정한 컨셉이 실제 본인의 성격이라고 생각하며 인생이라는 한 작품의 주인공을 연기하듯이 살아간다. 가볍게는 주변 사람들에게 자신이 원하는 인상을 단편적으로 주는 것부터, 한 학기나 1년 혹은 그 이상의 기간 동안 생활 태도를 완전히 바꾸는 것까지 컨셉의 깊이는 다양하다.

설정했던 컨셉은 자신만의 습관과 행동으로 굳기도 한다. 온라인상 컨셉질 후기를 살펴보면, '매일 책을 읽는 지적인 컨셉을 했더니, 완전히 습관이 되었다', '친구들에게 원하는 모습으로 보이기 위해 더 노력하게 된다', '모든 일에 무던한 성격의 컨셉을 잡았더니 긍정적으로 생각하게 되었다'와 같은 이야기를 다수 확인할 수 있다. 컨셉질은 스스로가 원하는 자신의 모습에 다가서고, 자신의 의무와 기대에 맞서기 위한 Z세대의 재미있는 해결책이다.

내 삶의 완벽한 주인공으로 변신

컨셉은 삶을 살아가는 나만의 방식

'컨셉을 잡는다'는 것은 과거부터 여러 상황에서 사용하던 말이다. 가령, 특별한 여행을 하고 싶어하는 사람들이라면 친구나 가족과 여행을 계획할 때 '무조건 현지 음식만 먹는 컨셉이다', '앞뒤 생각 안 하고 돈 쓰는 컨셉이다'와 같이 컨셉을 고민해봤을 것이다. 지향하는 SNS 컨셉에 맞게 사진을 업로드하거나 계정을 다양화하는 행동도 컨셉을 잡는 행동 중 하나이다. 온라인 게임에서 길드를 조직해 활동할 때, 본인이 소속된 길드의 컨셉에 맞춰 게임 캐릭터의 의상을 설정하거나 길드원끼리 서열을 정리하고 각자의 역할을 지정해 게임을 플레이하는 것도 그렇다.

또, 국내 아이돌 그룹과 팬클럽활동이 성장하면서 아이돌 그룹 멤버인 척 컨셉을 잡고 그들의 말투를 흉내내서 채팅하며 노는 '멤놀(멤버놀이)' 역시 꽤나 오래전부터 있었던 컨셉활동이다. 트위터, 커뮤니티 중심으로 함께 멤놀할 사람을 모집하여 활동하고, 카카오톡 메신저 내 멤놀 오픈채팅방에서는 자신의 팬을 대하듯 참여자들과 대화한다.

몇 년 전 유명 연예인의 독특한 패션이나 사소한 행동을 따라 하는 것을 '아이유병', '츄병'과 같이 '병에 걸렸다'고 비하하는 말이 유행하기도 했다. 특정 연예인을 이유 없이 따라 해서 '꼴불견이다', '당황스럽다'는 반응이 많았다. 사실 과거에 무언가를 흉내내는 것은 개인에게 생산적인 활동으로 받아들여지지 않았다. 맥락 없는 따라 하기와 놀이활동의 일부로 간혹 주변인들을 당황스럽게 해서 조롱과 비난을 받기 일쑤였다.

요즘 시대의 컨셉질은 과거처럼 특수한 상황에서만 하는 행동이나 이유 없는 따라 하기가 아니다. 일상에서 주어진 과제를 컨셉이라는 이미지 메이킹을 통해 마치 게임의 퀘스트를 깨듯 수행하는 것이다. 이러한 성격의 컨셉질은 2018년 이후 웹툰과 웹드라마 속 등장인물의 성격과 행동이 인기를 얻고, 이들을 따라 공부를 하는 등 생활 습관을 바꿔본 후기들이 온라인에서 화제를 얻으며 대두되었다.

어떤 컨셉을 잡아야 남들에게 자신이 원하는 모습으로 보이면서도 목표를 이뤄낼 수 있을까? Z세대의 컨셉 대상은 대개 실존 인물이 아니다. 유명인의 모습을 단순히 따라 하는 것은 사실 자신에게 도움이 되지 않는다는 것을 알기 때문이다. 컨셉 대상은 여러 콘텐츠 속 주인공이나 인상 깊었던 인물일 수도 있고, 스스로가 여러 이상향을 조합

컨셉질을 주제로 한 웹드라마
(출처: 플레이리스트 오리지널 유튜브)

해서 만든 완전히 창작된 인물일 수도 있다. 실존하지 않는 인물이지만, 여러 콘텐츠를 통해 인물의 중요한 행동과 선택, 온라인에서 공유된 컨셉 실천 후기 등을 통해 아이러니하게도 실존 인물보다 더 구체적으로 접할 수 있다.

Z세대가 컨셉을 잡고 하는 행동은 자신만의 이상향을 설정하고 일상화된 패턴을 만들어 성취를 돕는다는 점에서 긍정적이나, 과거부터 형성된 컨셉의 부정적인 인식 때문에 이 역시 비난받기도 한다. 컨셉질이라는 단어 자체가 컨셉을 잡는 행동을 비하하여 일컫는 말인 만큼 '남을 속이는 것이다', '흉내만 낸다'는 비판이 있어, 적어도 오프라인에서는 자신이 컨셉질을 한다는 사실을 들키고 싶어하지 않는다.

웹툰·웹드라마의 주인공 따라 하기

컨셉을 잡는 깊이감과 컨셉의 대상이 되는 인물은 매우 다양하지만, 그중에서도 웹툰과 웹드라마의 주인공을 대상으로 하는 컨셉질이 온라인상에서 더 많이 보이는 이유가 있다. 웹툰과 웹드라마의 경우 주로 자신과 비슷한 연령의 인물들이 주인공으로 등장하고 학교를 배경으로 하는 등 Z세대의 생활 배경과 비슷하기 때문이다. 또한 여느 드라마나 영화의 주인공처럼 대단하고 큰 성취를 이루거나 엄청난 갈등과 문제를 마주하지 않는다. 대신에 각 인물들은 뚜렷한 생각, 성격, 가치관과 습관을 갖고 있다. 그들은 매 회차마다 소소하지만 확실하게 갈등을 풀어내고 작은 성취를 이뤄낸다.

하지만 웹툰과 웹드라마의 인물들이 마냥 평범한 것은 아니다. 소소하지만 누구나 한 번은 꿈꿔본, 너무나 욕심나는 것들을 갖추고 있다. 모든 상황에서 늘 함께하는 친구, 나를 지지해주는 부모님, 엄격하지만 정의로운 담임 선생님, 열심히 노력한 만큼 나오는 학업 성적 또는 운명처럼 이루어지는 풋풋한 첫사랑 등 현실적이면서도 지극히 비현실적인 것들이 등장한다.

배경과 주변 인물 구성까지 너무나 현실적이기에 주인공의 외모, 말투, 생활 습관을 비슷하게 따라 하면 유사한 결과를 얻을 수 있을 것 같은 생각이 들기도 한다. 일상에서 흔히 일어날 수 있는 이야기들이기 때문에 무언가를 성취하겠다는 스스로의 다짐이나 결심보다 인과관계가 명확하다. 이러한 이유에서 웹툰과 웹드라마의 인물들을 컨셉으로 그들의 행동과 습관을 자신의 것으로 만드는 과정을 쉽게 시도할 수 있는 것이다.

웹툰과 웹드라마 주인공의 컨셉을 잡고 따라 하는 것을 설명하는 영상
(출처: 램찌툰 유튜브)

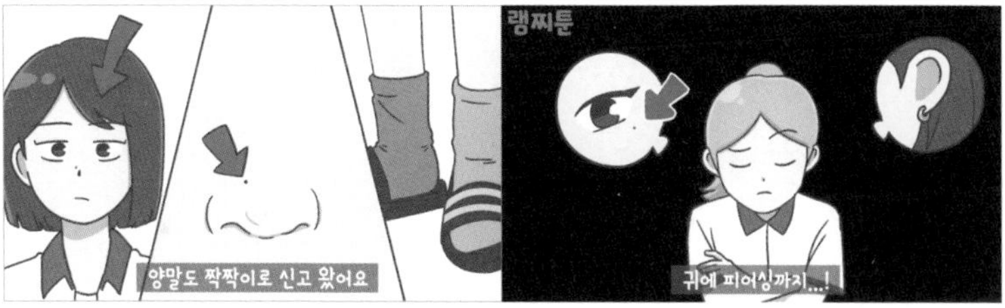

컨셉러의 체크 목록

가벼운 마음으로 대충 어떤 컨셉을 정하는 것은 간단하지만, 제대로 자신의 것으로 만드는 컨셉질을 하는 것은 꽤나 디테일한 노력이 필요하다. 상상하는 인물의 중요한 행동에 더해 생활 습관, 사용하는 물건, 주변 사람들을 대하는 태도와 말투, 헤어스타일, 패션스타일 등 외적인 부분까지 고려해서 컨셉을 구성하기 때문이다.

먼저, 컨셉에 맞도록 기상 시간과 취침 시간을 설정하고 라이프스타일 습관을 만든다. 컨셉 대상에 따라 아침 일찍 일어나 스트레칭으로 하루를 시작하고 책을 읽으며 학교에 가는 계획형 인간이 되기도 하고, 기상 후 체지방률과 혈압을 체크하고 영양제를 시간에 맞춰 챙겨 먹는 건강 관리형 인간이 되기도 한다. 다음으로 공부 또는 업무 패턴을 만들고 이에 맞춰 생활한다. 가령, 방과후에 늘 독서실에서 공부하는 인물을 컨셉으로 잡았다면 동일하게 하교 후 독서실로 가고, 그 인물이 공부할 때 쓰는 필기구를 쓰며, 필기하는 방식을 따라 하고, 공부할 때 먹는 음료나 간식도 똑같이 구입한다. 그 외 작은 습관들도 마찬가지이다. 늘 바른 자세로 앉기, 매일 손톱 정리하기, 책상 위에 꺼낸 물건은 바로 치우기 등 누군가가 시켜서 하는 것이 아니라 스스로 컨셉을 지키기 위해 이러한 행동을 습관으로 만든다.

외모와 스타일을 따라 하는 것도 반드시 포함된다. 컨셉 대상이 주로 입는 스타일과 같은 옷을 구입하고 유사한 옷을 판매하는 쇼핑몰 정보를 공유한다. 실제로 온라인에 웹툰이나 웹드라마 속 인물이 착용한 옷과 가방, 신발을 묻는 게시글이 다수 있으며, 비슷한 패션 아이템의 사진과 구매할 수 있는 링크를 업로드하는 SNS 계정도 있다. 컨셉 대상처럼 보일 수 있는 메이크업 방법 역시 큰 인기를 끌고 있는데, 이러한 방법들을 찾아보고 이때 사용할 수 있는 화장품을 구비하기도 한다. 이처럼 외모와 생활 습관, 공부 습관을 컨셉에 맞추기 위해서는 스스로의 결심과 행동만으로는 부족하다. 컨셉을 지지하고 도와줄 수 있는 여러 정보와 제품이 필요하다.

웹툰 주인공처럼 살아보는 브이로그
(출처: 뭐혜연WAYD 유튜브)

컨셉을 돕는 아이템

최근 콘텐츠 속 가상인물들의 성격이나 행동과 연계한 상품들이 출시되고 있다. 연계 상품들은 이야기나 등장인물의 성격과 어긋나는 난데없는 PPL이 아니라, '늘 수수하고 단정하게 자기 관리를 하는 주인공의 하나뿐인 애착 화장품'과 같이 등장한다. 따라서 실제로 컨셉을 잡고 따라 하는 사람들이라면 PPL 제품까지 사용해야 완벽하게 따라 할 수 있을 것 같은 기분이 들게 한다.

광고 제품이나 서비스를 소개하기 위한 특별편 콘텐츠를 공개하는 방식도 있다. 웹드라마와 웹툰의 주요 스토리에서 벗어난 이야기로 번외편을 만들어 일종의 재미있는 광고 형태로 제공하는 것이다. 웹드라마 전문 유튜브 채널 플레이리스트 오리지널은 웹드라마 〈트웬티 트웬티〉에서 친구와 함께 쇼핑하며 서로에게 가방을 골라주는 특별편 영상을 공개했으며, 웹드라마 〈연플리〉에서는 배려심 넘치는 여자친구가 일회용품 없이 음식 배달 어플을 이용하는 특별편 영상을 공개했다. 그 외에도 향수, 화장품, 진통제, 드러그스토어, 통신사 등 다양한 제품과 서비스를 등장인물의 성격과 행동에 자연스럽게 녹여 콘텐츠 형식으로 제공했다.

특별편 콘텐츠는 웹드라마 채널에서만 공개되는 것이 아니라 실제 상품 광고로도 사용된다. tvN의 웹콘텐츠 전문 유튜브 채널 tvN D STUDIO의 웹드라마 〈소녀의 세계〉의 등장인물이 주로 사용하는 헤어 기기 브랜드는 웹드라마의 일부 내용을 활용하여 광고 영상을 제작했다. 그리고 영상 하단에 '소녀의 세계 속 바로 그 무선 고데기'로 판매 링크를 함께 게재하여 판매와 바로 연계될 수 있도록 했으며, 온라인 판매 페이지 내 상세 내용에도 영상을 함께 게시했다.

본래 콘텐츠와 연계된 상품은 아니었으나, 콘텐츠가 인기를 얻으며 등장인물의 성격과 습관을 담은 새로운 상품을 출시하는 경우도 있다. 뷰티 플랫폼 파우더룸은 웹툰 〈여신강림〉을 활용한 제품 라인업을 출시했다. 메이크업을 통해 외모 콤플렉스를 이겨내고 성장하는 웹툰 주인공의 이미지를 단순히 활용한 것이 아니라, 주인공이 사용할 법한 제품들을 구현해 상품화했으며 주인공의 특징을 잘 살릴 수 있는 화장법도 공개했다. 원작의 웹툰 작가가 제품 개발 과정을 소개하는 콘텐츠도 함께 제작하여 웹툰과의 연관성을 적극적으로 알렸으며, 출시 후 3개월 만에 목표 대비 300% 이상의 매출액 성과를 달성했다고 한다.

소비자들의 요구로 펀딩을 통해 출시된 제품도 있다. 웹툰 〈바른연애 길잡이〉의 주인공인 '정바름'이 사용하는, 웹툰에 등장하는 것과 동일한 스터디 플래너가 크라우드펀딩 사이트 텀블벅에서 펀딩을 통해 출시되었다. 이 펀딩은 약 3주의 기간 동안 8,700여 명의 후원을 받았으며, 목표액의 20배 이상의 금액이 모였다. 그 외 비공식적으로 제작과 판매가 진행된 건도 다수 있어, '정바름 스터디플래너'는 정바름 컨셉을 시도하는 이들에게 필수적인 아이템으로 인지되었다.

웹드라마 〈소녀의 세계〉 특별편 영상
(출처: tvN D STUDIO 유튜브)

웹툰 주인공의 컨셉을 담은
스터디플래너 펀딩
(출처: 텀블벅 홈페이지)

앞으로의 컨셉 잡기

더 구체적으로 변하는 컨셉들

실존하지는 않지만 현실적인 가상의 인물을 컨셉으로 잡는 행동은 구체적이고 단기적인 목표를 확실하게 이루는 데 도움을 준다. 새로운 시작이 있는 곳에서 컨셉을 잡는 것은 꽤나 효과적이어서, 자신의 모습을 컨셉 대상과 똑같도록 완전히 바꾸거나 특정 상황에서만 컨셉을 잡고 행동하는 경우도 있다. 앞으로 컨셉질은 보다 더 구체적인 상황에서 어떻게 하면 될지를 알려주는 답안지가 될 것이다.

유튜브, 틱톡 등에서는 가상의 상황을 제시하며 대화하는 것처럼 이야기를 전개하는 상황극 콘텐츠가 인기이다. 학교에서 일어날 것 같은 상황을 제시하고 그 상황에 대처하는 이야기를 해주는 것이다. '전학생이 처음 왔을 때 소개하는 상황', '어색한 친구한테 책 빌리는 상황' 등과 같이 현실에서 마주칠 수 있는 상황을 던지고 이에 대응하는 이야기를 만들어낸다. 이러한 상황들을 해결해주는 콘텐츠는 주 시청자에게 어떠한 대단한 조언보다 더 강렬하고 직접적인 도움이 된다.

앞으로의 세대는 가까운 미래에 일어날 것처럼 보이는 상황에서 무엇을 어떻게 하면 좋을지 제안해주는 콘텐츠들을 주목할 것이다. 콘텐츠에서 제시하는 상황과 그 상황을 풀어나가는 방식 자체가 미래 세대에게 일상의 가이드가 되어줄 것이다.

새 학기 컨셉을 추천해주는 내용에 대한 영상
(출처: B-PLAY 비플레이 유튜브)

Z세대의 중요한 특징은 디지털 콘텐츠의 소비와 제작 기회가 많아졌다는 것이다. 이들은 이전 세대와는 달리 실시간으로 이슈가 되는 것들을 즉시 구체적인 시각적 콘텐츠로 보며 성장해왔다. 그래서 이들에게는 "대학에 가면 다 할 수 있어", "사회생활 시작하면 이해하게 된다"와 같이 지금이 아닌 나중을 이야기하는 말들이 통하지 않는다.

이들은 지금 당장 내가 부딪친 문제를 어떻게 멋지게 해결할 수 있는지가 중요하며, 현재를 어떤 모습으로 살아갈 것인지에 대해 스스로 고민한다. 어릴 때부터 현재를 살아가는 자신의 이미지를 만드는 것에 관심을 갖고, 여러 디지털 콘텐츠를 접하면서 자신이 관심 있는 이미지와 컨셉에 대해 찾아본다. 그리고 컨셉을 잡는 과정과 결과를 온라인 커뮤니티, 유튜브, SNS 등에 전기·중기·후기로 나누어 활발하게 공유한다. Z세대에게 컨셉은 겉모습을 바꾸는 것이 아니라, 내가 원하는 대로 스스로를 성장시켜나가는 것이다.

앞으로 기업은 이러한 미래 세대가 닮고 싶어하는 이미지 및 컨셉에 제품과 서비스를 어떻게 연결할 것인지를 중요하게 생각해야 한다. 메인 소비자로 부상한 Z세대가 접할 수 있는 콘텐츠를 기획하거나, 이들이 공감할 수 있는 컨셉 대상이 무엇인지 고민해야 하는 것이다. 또 기업의 제품과 서비스는 그 컨셉 대상이 그려내는 라이프스타일과 잘 어울릴 수 있도록 구성해야 한다. 그러한 제품과 서비스라면 Z세대는 이상적인 자신의 모습을 꿈꾸며 주저 없이 선택할 것이다.

MZ의 주류 사회:

취향에 취하다

4

'술자리'라는 단어를 떠올려보면 생각나는 대표적인 이미지들이 있다. 술기운이 오른 사람들의 고성으로 시끌벅적한 술집, 끊임없이 연기가 나는 고기 불판과 그 위로 오가는 작은 소주잔, 섞어 마신 초록색 소주병과 맥주병으로 가득찬 테이블. 바로 '회식'이라는 형태로 대표되는 술자리 문화이다. 이 술자리가 사회적 거리두기 때문에 축소된 것을 발판 삼아 MZ세대는 자신들의 술자리 문화를 새롭게 변화시키고 있다. 이들의 술자리는 시끄럽고 사람 많은 장소가 아닌 조용하고 프라이빗한 공간에서 일어나고, 소주와 맥주를 넘어 위스키, 와인, 전통주까지 다양한 주종을 즐긴다. 심지어 술을 마시면서 건강까지 챙기려고 하는 모습도 보인다. 이들의 술자리 변화에 맞춰 시장도 변하고 있다. 편의점은 주류 편집숍으로 바뀌고, 전통주는 힙한 술로 이미지 변신을 하며, 프리미엄 주류가 일상으로 들어오고 있다.

MZ세대를 설명하는 수많은 수식어는 경험 소비, 힙, 취향, 개성, 자기 관리, 건강 추구 등 매우 다양하다. 복잡미묘한 MZ세대를 설명하는 이 단어들이 이들의 술자리에도 영향을 미치며 새로운 주류 문화를 형성하고 있다. 경험을 중시하고 힙한 문화를 좋아하는 MZ세대. 이들은 기성세대와 어떻게 다르기에 새로운 주류 문화를 만들고 있는 걸까? MZ세대의 특성이 어떤 술자리 문화를 만드는지, 그리고 시장은 이들의 문화에 어떻게 대응하고 있는지, MZ세대의 술자리를 조금 더 살펴볼 필요가 있다.

©Chastity Cortijo, Unsplash

이전과는 다른 주(酒)인공, MZ세대의 등장

코로나19로 인한 사회적 거리두기는 술자리 문화를 바꾸는 데 결정적인 역할을 했다. 여럿이 모여 늦게까지 부어라 마셔라 하던 술자리 문화에 공권력이 개입해 제한을 가한 것이다. 2022년 4월 사회적 거리두기가 완전히 해제되기 전까지 약 2년이 넘는 기간 동안 사람들은 여럿이 모여 늦게까지 술을 마시지 못했다. 이 단순하지만 강력한 조치는 술자리에 대한 사람들의 인식을 바꾸는 것을 넘어 새롭고 변화된 주류 문화를 탄생시키는 배경이 되었다.

이를 계기로 MZ세대의 술자리도 변화하고 있다. 사회적 거리두기로 술을 마시고 즐길 수 있는 시간이 양적으로 줄어들면서 MZ세대는 높은 질의 술자리를 선호하기 시작했다. 밀레니얼세대는 양질의 술자리를 위해 프라이빗하고 소수가 모여 즐길 수 있는 술자리에 시간과 돈을 지불하기 시작했고, 이는 곧 새로운 술자리 트렌드로 자리매김했다. Z세대는 성인이 되어 처음 술을 접한 시기와 사회적 거리두기가 겹친 세대이다. 그래서 이들은 처음 술자리를 접할 때, 늦게까지 값싼 술을 마시던 기성세대와는 다른 분위기의 술자리를 경험했다.

MZ세대가 가지고 있는 성향과 인식도 이들의 주류 문화를 변화시키고 있다. 이들은 '경험'을 소비하는 것을 선호하기 때문에 소비 자체

보다 소비의 과정을 더 중요시한다. 소비하는 과정에서 겪는 일들이 재미있고 값어치 있을 때 좋은 소비를 했다고 생각한다. 그래서 좋은 경험을 할 수 있는 술자리를 위해 시간과 돈을 지불하는 데 망설이지 않는다. 그리고 자신의 경험을 #술자리 #술스타그램 #한잔 #안주 같은 해시태그와 함께 SNS에 공유하며 타인에게 과시하기도 한다.

MZ세대는 자신만의 취향과 니즈가 명확하고, 이를 라이프스타일 전반에 적용해 '나다운' 것을 추구하는 세대이다. 소주와 맥주에 국한하지 않고 위스키나 와인 등 다양한 주종을 즐기며 자신의 취향을 만족시킨다. 그리고 끊임없이 '힙한' 콘텐츠를 찾아다니는 MZ세대답게, 새로 생긴 힙한 와인바에 가거나 전통주에 한식을 페어링한 코리안 펍을 찾아가기도 한다.

MZ세대는 '헬시 플레저*'라는 가치관을 추구한다. 건강을 위해서 즐거움을 포기하지 않고 두 마리 토끼를 다 잡고 싶어한다. 그래서 이들은 취할 때까지, 죽을 때까지 마시는 가혹한 술자리에 관심이 없다. 건강을 해치지 않고 술을 마시면서 술자리의 분위기를 즐기려 한다. 술자리에서 얻을 수 있는 즐거움은 모두 누리고, 술이 주는 부담감은 최소화하겠다는 것이다.

기성세대와는 달리 경험과 건강을 중시하는 MZ세대의 이러한 라이프스타일은 이들의 술자리 문화에 영향을 미치고 있다. 취하기 위해서 술을 마시지 않고 좋은 경험을 하기 위한 수단으로 술을 소비하는 것이다. 1차에서 삼겹살에 소맥을 먹고 2차는 호프집이나 노래방을 가던 가성비(價性比) 좋고 획일적인 술자리를 거부하고, 가심비(價心比) 좋은 술자리를 선호한다. 그리고 술을 하나의 콘텐츠로 여겨 힙하고 취향을 저격하는 술을 찾아다닌다.

★

헬시 플레저(Healthy Pleasure) 건강하다는 뜻의 '헬시(Healthy)'와 '기쁨, 즐거움'의 '플레저(Pleasure)'가 결합한 단어로, 엄격하고 괴로움을 동반하는 건강 관리 방식이 아니라 효율적이면서 즐거움도 동시에 추구하는 MZ세대의 신체·정신건강 관리 트렌드

MZ세대의 주(酒)류 문화

경험을 위한 프리미엄 소비

경험을 중시하는 MZ세대의 성향이 가장 잘 반영된 주류 문화는 바로 위스키, 와인과 같은 프리미엄 주류 소비이다. 대중적인 소주, 맥주를 마시는 것과 달리 위스키, 와인과 같은 프리미엄 주류를 구매해서 마시는 것이 이들에게는 더 특별한 경험으로 작용한다. 프리미엄 주류를 마시기 위해 어떤 위스키나 와인을 마실지, 브랜드나 원산지별로 어떤 특성이 있는지, 어떤 음식과 함께해야 더 잘 어울리는지 등을 파악해 마시고 싶은 상황에 가장 적합한 술을 선택한다. 그래서 위스키 스터디와 와인 소모임을 하기도 하고, 주류 편집숍과 와인 보틀숍을 방문해 다양한 프리미엄 주류를 탐색한 후 구매하기도 한다. 이런 일련의 과정은 단순히 술자리에서만 소비되는 소주나 맥주와 달리 술을 구매하는 단계부터 마시고 타인과 공유하는 순간까지 재미있는 경험이 된다. 한번 즐길 때 제대로 된 경험을 즐기려는 이들은 프리미엄 주류를 즐기는 자신의 모습을 SNS에서 마음껏 뽐내며 경험을 마무리짓는다.

기성세대와 달리 프리미엄 주류를 통해 경험을 소비하는 주류 문화는 최근 MZ세대에게 상당히 보편화되고 있는 현상이다. 이노션 인사이트그룹의 검색 데이터 분석 결과, 2021년 8월부터 2022년 7월까지 1년 동안 위스키와 와인을 가장 활발하게 검색한 연령대는 20~30대로 나타났다. 이들의 프리미엄 주류에 대한 열정은 면세점, 편의점, 대형마트 등에서 활발한 구매로 이어지고 있다. '아재'라고 불리는 40~50대에게 인기 있던, 유흥주점에서 판매되던 위스키가 MZ세대의 최애*주로 완전히 탈바꿈한 것이다. 프리미엄 주류는 한번 사면 조금씩 마시며 오랫동안 즐길 수 있고 고급스러운 분위기를 낼 수 있으며 높은 가격이 마치 명품과 같아 프리미엄한 경험을 선호하는 MZ세대에게 더 관심받고 있다. 희소성과 소장 가치가 높아져 비싼 가격임에도 없어서 못 구하는 품귀현상도 나타나고 있다. 인기가 많은 위스키인 '맥켈란', '리차드 헤네시' 같은 위스키는 공병이 10만 원 이상의 비싼 가격에 거래되기도 한다. 패션·의류계에서나 보던 명품 소비 현상이 MZ세대의 주류 소비에서도 나타나고 있다.

연령별 '위스키' 및 '와인' 검색량 (출처: 이노션 인사이트그룹 / 2021년 8월~2022년 7월)

(단위: 건)

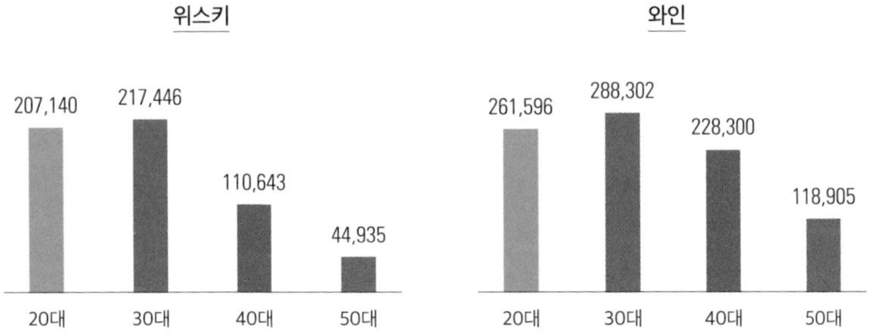

최애 가장 애정을 가지고 있거나 좋아하며 아끼는 대상을 뜻하는 신조어

술에서도 포기할 수 없는 '힙'

MZ세대에게 힙한 술을 마시는 것은 곧 멋있는 술을 마시는 것이다. 최근 MZ세대가 주목하고 있는 힙한 콘텐츠가 있다. 바로 '로컬 힙'이다. 이들에게 로컬스러운 것은 더이상 촌스러운 지역 특산품이나 옛날 것이 아니다. 남들이 잘 찾지 않으면서 특정 지역의 개성도 갖춘 로컬 문화는 힙한 문화이다. MZ세대에게 이 로컬 힙이 새로운 트렌드로 떠오르며 로컬 전통주도 이들의 사랑을 받고 있다. 지역 특산물 등 다양한 재료를 활용하고 패키지까지 맥주나 위스키 못지않게 트렌디하게 바꾸니, 다양한 취향을 가지고 있는 MZ세대가 개성 있고 힙한 술로 인식하는 것이다.

게다가 전통주의 온라인 판매가 허용되면서 MZ세대는 2022년 각종 이커머스(E-commerce)에서 전통주를 가장 많이 구입하는 소비층이 되었다. 오프라인에서는 '띵굴'과 같은 전통주 편집숍까지 생기고 있다. 힙한 MZ세대는 이제 로컬 전통주를 마시면서 새로운 멋을 추구한다.

알코올 없이 즐기는 술자리

MZ세대는 자기 관리를 위해 열심히 운동한 직후에도 시원한 맥주를 마시며 즐거운 시간을 보내는 세대이다. 그러나 현실적으로 운동과 음주를 동시에 즐기며 만족감을 찾는 것은 어려운 일이다. MZ세대는 건강에 대한 염려와 술이 주는 즐거움 사이의 이 괴리를 무알코올* 맥주라는 타협안으로 해결하고 있다.

무알코올 현행법상 알코올 농도가 0%인 경우에만 제품명에 '무알코올'이라는 표현을 사용할 수 있고 알코올 도수가 1% 미만인 경우 '논알코올' 혹은 '비알코올'로 표기. 통상적으로 소비자들은 무알코올, 논알코올을 통틀어 무알코올로 지칭하며 본문에서도 두 제품을 모두 포함해 지칭함 무알코올 맥주는 MZ세대에게 헬시 플레저를 위한 아주 적절한 솔루션이다. 운동한 직후에 죄책감 없이 즐길 수도 있고, 알코올이 금기시되는 다이어트 식단을 하면서도 마실 수 있기 때문이다. 무엇보다도, 술에 취할 필요 없이 술자리를 즐길 수 있게 해준다는 장점이 있다. 무알코올 맥주가 부상하기 전에는 '술에 취하는 것'과 '술자리 분위기를 즐기는 것'은 분리할 수 없이 동시에 발생하는 것이었다. 그러나 무알코올 맥주 소비가 활발해지며 이 둘은 별개라는 인식이 점차 받아들여지고 있다. 취하지 않고도 충분히 분위기를 즐길 수 있게 된 것이다.

이런 점에서 MZ세대의 무알코올 맥주 소비는 술자리 문화가 '함께 취하면서 즐기는 분위기'가 아닌, '취하지 않고 즐길 수 있는 분위기'로 전환되고 있다는 것을 의미한다. 실제로 한 주류회사가 실시한 무알코올 맥주를 마시는 가장 흔한 상황에 대한 조사에서 20~30대는 '모임이나 회식 자리에서 분위기만 맞추고 싶을 때'라고 응답했다. 이노션 인사이트그룹에서 2021년 8월부터 2022년 7월까지 1년 동안 무알코올 맥주와 함께 언급된 연관 소셜 버즈량 데이터를 분석한 결과, 100건 이상 언급된 연관어 중 상위 20개에서 술자리 분위기와 관련된 키워드들이 나타나고 있다. 특히 '한잔', '메뉴'와 같이 술자리 상황과 관련된 키워드는 물론, '기분', '느낌', '분위기'와 같은 술자리 분위기와 관련된 키워드들이 높은 순위를 차지하고 있다. 무알코올 맥주의 역할이 술자리에서 중요해지고 있음을 시사한다.

'무알코올 맥주' 연관어
(출처: 이노션 인사이트그룹 / 2021년 8월~2022년 7월)

(단위: 건)

순위	연관어	버즈량
1	맛	2,675
2	집	1,781
3	기분	998
4	치킨	726
5	안주	678
6	한잔	605
7	메뉴	577
8	고기	566
9	일상	509
10	느낌	492
11	편의점	405
12	분위기	398
13	음식	388
14	과자	320
15	치즈	292
16	다이어트	284
17	라면	284
18	운동	279
19	날씨	278
20	맥주맛	277

술자리 분위기 관련 키워드

술자리 상황 관련 키워드

취향대로 가지고 노는 주류:
믹솔로지

섞어 마시는 술은 빨리 취하기 위해 소주와 맥주를 섞는 소맥이 유일무이했다. 자신의 취향이 확고하고 이를 적극적으로 좇는 MZ세대에게 소맥 문화는 너무 획일적이며 개성이 없다고 느껴졌을 것이다. 최근 섞어 마시는 술에 대한 MZ세대의 선호가 새롭게 나타나고 있다. MZ세대는 다양한 레시피의 술을 제조하는 믹솔로지*로 자신의 취향에 맞는 맛을 추구한다. 직접 위스키, 토닉워터, 소주, 맥주 등 원하는 주류를 사서 비율을 자유롭게 조정해 요리처럼 레시피를 만들어 마시는 것이다. 홈술, 홈텐딩*이 확산되면서 MZ세대는 바텐더가 만들어주던 칵테일이나 하이볼을 직접 만들어 마시기 시작했고, 점차 자신의 취향에 맞는 칵테일과 하이볼을 만드는 시도를 하며 믹솔로지라는 새로운 주류 문화를 형성했다.

취향에 맞춰 새로운 맛에 도전하려는 MZ세대의 이러한 성향은 음주를 새로운 경험으로 변화시켰다. 술을 자신만의 레시피로 제조하여 마시고 공유하며 놀기 시작한 것이다. 실제로 2022년 4월 MBC 프로그램 〈나 혼자 산다〉에서 소개된 박나래의 믹솔로지 '얼그레이 하이볼'은 MZ세대에게 엄청난 인기를 끌어 인스타그램에서 #얼그레이하이볼이 태그된 게시글이 17,000건 이상 게시되고 있다. 기성세대의 술자리에서는 한정된 종류의 술과 획일화된 레시피의 칵테일만 제공되었기 때문에 이런 시도가 불가능했다. 그러나 지금 MZ세대는 홈술, 홈텐딩이라는 자유도가 높은 술자리에서 계속해서 자신에게 맞는 믹솔로지로 칵테일과 하이볼을 만들어 마신다.

믹솔로지(Mixology) 넓게는 여러 요소를 섞어서 새로운 시너지를 만든다는 의미로 쓰이나, 통상적으로 칵테일 문화에서 다양한 종류의 술과 음료를 섞어 이전에 없던 새로운 맛의 칵테일을 만든다는 의미로 사용

홈텐딩(Hometending) 집이라는 뜻의 '홈(Home)'과 '바텐딩(Bartending)'의 합성어로 바에서 칵테일을 마시듯 집에서 직접 칵테일을 만들어 마시는 것을 뜻함

MZ세대가 만드는 주류 문화에 대응하는 시장과 브랜드

프리미엄 주류의 새로운 채널: 편의점

위스키, 와인과 같은 프리미엄 주류를 찾는 MZ세대의 수요에 맞춰 유통업계의 전략도 변하고 있다. 특히 편의점이 높은 접근성을 적극 활용해 프리미엄 주류의 주요 판매 채널로 변모하고 있다.

과거 한두 종 정도의 위스키만 팔던 편의점에서 이제는 대형마트나 주류 전문 판매점에서만 취급하던 '조니워커', '와일드 터키', '잭 다니엘스', '발렌타인', '짐빔' 등 다양한 위스키를 판매하고 있으며 편의점 애플리케이션을 통해 재고 정보를 업로드하거나 예약판매를 하기도 한다. 최근 가수 박재범이 론칭한 프리미엄 소주 '원소주 스피릿'은 GS25에서 독점 판매하며 애플리케이션을 통해 실시간 재고 정보를 제공하는 프로모션을 진행하기도 했다. 와인의 경우 GS25는 '더팝' 애플리케이션의 '와인25+' 서비스를 통해 주문하고 GS25 매장에서 픽업하는 서비스를 제공하며, CU도 '포켓CU' 애플리케이션으로 와인을 예약할 수 있다.

편의점은 수요가 많은 고가의 프리미엄 주류를 가까운 곳에서 구매할 수 있고 애플리케이션을 활용해 편리하게 예약하고 재고 현황을 파악할 수 있다는 점이 큰 이점으로 작용한다. 이러한 강력한 유통망을 발판으로 편의점은 MZ세대에게 새로운 프리미엄 주류 소비 채널이 되고 있다.

섞는 술 권장하는 브랜드: 믹솔로지 레시피

고급 위스키 브랜드의 헤리티지는 위스키가 가진 고유의 향과 깊은 풍미라고 할 수 있다. 그러나 최근 위스키 브랜드는 다양한 취향대로 술을 제조해서 마시는 MZ세대에게 어필하기 위해 오리지널 향과 맛 대신 자사 제품을 활용한 믹솔로지 레시피를 먼저 만들어내 제안하고 있다. 조니워커 코리아는 공식 인스타그램 계정을 통해 레몬 하이볼, 한라봉 하이볼, 수박 하이볼 등의 레시피를 소개하며 다양한 입맛을 충족시키고자 한다. 그리고 소개된 레시피로 만들어진 하이볼에 곁들이기 좋은 음식 페어링 예시를 사진과 함께 구체적으로 공개하는 등 위스키 믹솔로지를 다양하게 즐길 수 있는 방법을 제공하여 MZ세대의 이목을 끌고 있다. 위스키 자체의 맛과 향이 아닌 믹솔로지 레시피를 공식 채널에 선보이는 것은 MZ세대를 의식한 적극적인 마케팅 사례라고 할 수 있다. 레시피 공개 이후 인스타그램에서 #조니하이볼 해시태그는 1,067건이 게시되며 많은 사람에게 관심을 받고 있다.

믹솔로지 레시피를 제공하는 것을 넘어 믹솔로지 도구를 제공해 좀 더 적극적으로 칵테일 제조를 유도하는 마케팅 사례도 있다. 위스키 '와일드 터키'와 '캄파리' 유통사인 트랜스베버리지는 2020년부터 '캄파리 홈텐딩 키트'를 판매하고 있으며 첫 판매 당시 MZ세대에게 큰 인기를 끌며 품절되기도 했다.

조니워커 베리 하이볼 레시피
(출처: 조니워커 코리아 인스타그램)

캄파리 홈텐딩 키트
(출처: 캄파리 코리아 페이스북)

헬시 플레저를 위한 주류 시장의 확대

MZ세대가 무알코올 맥주 소비를 확산시키면서 다양한 주류 브랜드에서 국내에 무알코올 맥주를 출시하며 경쟁에 뛰어들고 있다. 클라우드는 2017년 첫 출시 후 리뉴얼된 '클라우드 클리어 제로'를 최근 출시했으며 오비맥주는 2021년 출시한 '카스 0.0'에 이어 수입 맥주 호가든과 버드와이저의 무알코올 맥주인 '호가든 제로'와 '버드와이저 제로'를 시장에 내놓았다. 해외 맥주 브랜드인 하이네켄과 칭따오도 각각 2022년 4월, 6월에 '하이네켄 0.0'과 '칭따오 논알코올릭'을 각각 국내에 출시했다. 이 같은 메이저 브랜드 외에도 다양한 수입사를 통해 '산미구엘', '코젤', '크롬바커'의 무알코올 맥주가 국내에서 판매되고 있다.

그뿐만 아니라 무가당 소주도 시장에 들어섰다. 롯데칠성음료는 과당을 사용하지 않은 소주인 '처음처럼 새로'를 2022년 9월 출시하며 새롭게 제품 영역을 확장했다. 다양한 무알코올, 무가당 브랜드의 제품 출시로 MZ세대의 헬시 플레저를 위한 선택지는 늘어날 것으로 예상된다.

랜선 술자리의 고도화:
메타버스 음주 플랫폼 '짠'

MZ세대의 주류 문화는 술과 관련된 시장에서만 예의 주시하고 있는 것이 아니다. 2020년부터 확산되기 시작한 줌(Zoom) 회식, 랜선 술자리 같은 비대면 술자리는 MZ세대를 비롯한 여러 연령대의 관심을 받고 있다. IT서비스업계에서도 비대면 술자리는 고도화하고 발전시킬 수 있는 여지가 많은 영역이다.

비대면 술자리에 대한 사람들의 관심에 주목해 '짠 컴퍼니'에서는 2020년 최초의 음주 메타버스 플랫폼인 '짠'이라는 서비스를 론칭했다. 홈술을 하는 사람들을 메타버스에서 연결시켜 편하고 흥미로운 비대면 술자리를 즐길 수 있도록 하는 서비스이다. 홈술을 하며 혼자서는 즐길 수 없었던 노래방 기능이나 술 게임 등의 콘텐츠를 제공해 오프라인 술자리 못지않게 홈술자리를 즐길 수 있게 할 뿐만 아니라 메타버스라는 가상 공간을 활용해 연예인이나 인플루언서들과의 비대면 술자리도 마련한다. 홈술을 추구하는 동시에 다양한 사람들과의 교류를 원하는 사람들의 니즈를 충족시킬 수 있는 서비스인 것이다.

'짠' 셀럽과의 메타버스 술자리
(출처: 짠 인스타그램)

MZ세대는 자신들만의 주류 소비문화를 새롭게 시도하며 주류 사회에서 새로운 주인공이 되어가고 있다. 이들은 프라이빗한 공간에서 고급스러운 술을 마신다. 그리고 상황에 따라서 알코올이 없는 술이나 취향에 맞는 레시피로 직접 만든 술을 마시기도 한다. 이들을 사로잡기 위해 시장도 변화하고 있다. 편의점은 고급 주류를 판매하는 주류 마켓으로 변모하고 있고, 위스키 브랜드는 자사 브랜드의 술을 섞어 마시는 것을 장려하고 있으며, 무알코올 맥주 시장의 경쟁도 치열해지고 있다. 가상 공간에서 술판을 만들어주는 애플리케이션도 등장했다.

MZ세대는 기성세대와는 확실히 다른 성향과 가치관을 가지고 있다. 특히 Z세대는 술을 배우는 시점부터 기성세대와는 다른 개념의 술자리를 경험하는 중이다. 이들의 술자리는 단순히 술의 종류가 다양해지고 가격이 비싸지기만 한 것이 아니다. MZ세대의 라이프스타일이 담겨 있는, 새로운 세대의 가치관이 반영된 문화의 단면이다. 그래서 이들의 술자리 문화는 일시적인 유행으로 끝나지는 않을 것이다. X세대를 포함한 기성세대의 술자리 문화가 오랫동안 유지된 것처럼, MZ세대의 술자리 문화도 점차 기존의 술자리를 대체하면서 지속될 것이다. 특히 MZ세대의 꾸준한 프리미엄 주류 소비는 소주와 맥주 시장에 큰 위협이 되고 있다. 영원히 메인 주종으로 건재할 줄 알았던 소주와 맥주가 앞으로 MZ세대를 공략하려 할 것이다. 그리고 위스키와 와인이 편의점을 전략적으로 장악한 것처럼 소주와 맥주가 참신한 곳에서 판매될지도 모른다.

변하지 않을 것 같던 술자리를 MZ세대가 조금씩 흔들면서 새로운 주류 문화를 만들고 있다. 새롭게 조성되고 있는 MZ세대의 술자리가 앞으로 어떤 모습으로 변화될지 기대된다.

“

MZ세대의 술자리는
이들의 **라이프스타일**이 담겨 있는,
새로운 세대의 **가치관이 반영된**
문화의 단면이다.

”

Part 2 일상

비즈니스 현장의 마케팅 전문가들이 주목한
라이프스타일 인사이트

두번째 지구생활 :

그래도 삶은 계속된다

1

새해의 설렘이 가시기도 전인 2020년 1월, 우리나라에도 코로나19 1번 확진자가 발생했다. 코로나19 발생 초기, 우리는 코로나19를 신종플루, 메르스와 비교하면서 이 역시 곧 종식되기를 기대했다. 일상을 잠시 중단하고 다시 돌아갈 일상을 기다렸다. 하지만 애석하게도 코로나19는 전 세계로 퍼져나갔고 급기야 WHO에서 팬데믹 선언까지 하면서 감염에 대한 공포가 사회를 뒤덮기 시작했다. 지금까지 사회의 변화는 시간을 두고 천천히 진행되어왔지만, 전대미문의 전염병은 서로 부대끼며 살던 우리가 타인과 거리를 두고 살아야 한다는 새로운 사회적 규칙에 단시간에 적응할 수밖에 없게 만들었다.

확진자의 생활 동선까지 추적해가며 코로나19 확산을 차단하려 했지만 역부족이었다. 코로나19는 변이를 거듭하며 재유행을 반복하고 있다. 장기화되는 팬데믹 상황에 사람들은 코로나19 발생 이전의 일상을 그리워했고, 기약 없는 종식을 기다리기보다 코로나19와 함께 일상으로 돌아가는 것을 택했다.

예상치 못한 전염병을 경험하고 전염병이 종식되지 않은 채 다시 돌아가는 일상, 그 일상은 팬데믹 이전과 완전히 동일할 것 같지는 않다. 만 2년이 넘는 팬데믹 기간은 사람들에게 부정적인 경험만 남기지 않았기 때문이다. 이 기간 동안 사람들은 팬데믹 전에는 생각하기 힘들었던 라이프스타일을 경험했으며, 그 속에서 새로운 가치를 찾기도 했다.

©Tim Mossholder, Unsplash

팬데믹 시대의 새로운 일상

비대면이 만든 디지털의 일상화

어느덧 익숙해진 '비대면'이라는 단어는 코로나19 발생 전에는 지금처럼 활발하게 쓰이던 단어는 아니었다. 인터넷 뱅킹 등 플랫폼 기반 산업이 확장되면서 비즈니스 중심으로 사용되던 단어였다. 하지만 코로나19가 사람 간 접촉시 호흡기를 통해 전파된다는 것이 밝혀지면서, 사람들 간 만남을 최소화하려는 분위기와 함께 비대면이 일상 속에 자리잡았다. 이노션 인사이트그룹의 소셜 버즈량 분석에 따르면, 코로나19 발생 직전 분기였던 2019년 4분기에는 비대면에 대한 버즈량이 3,400여 건이었다. 그러나 코로나19가 발생한 2020년 1분기부터 점차 증가하기 시작하더니, 코로나19 일일 확진자수가 정점이었던 2022년 1분기에는 20만여 건으로 약 60배 증가했다.

'비대면' 키워드 언급량 추이 (출처: 이노션 인사이트그룹)

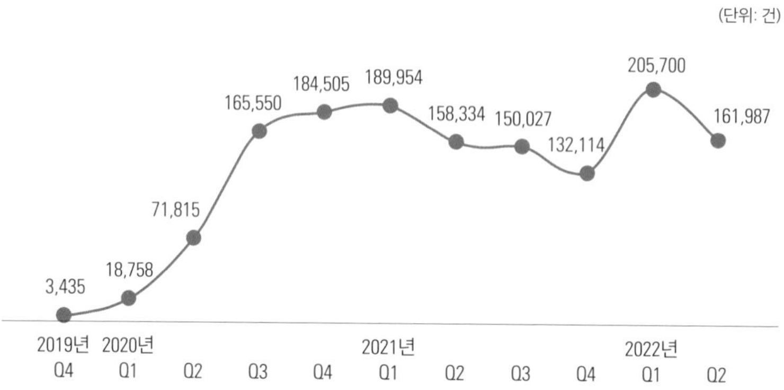

인사처럼 주고받던 '밥 한번 먹자'는 말이 사라지고, 만나지 않는 것이 미덕이 되면서 사람들은 접촉을 최소화할 수 있는 대안을 디지털에서 찾았다. 학교는 온라인 강의를 시작했고, 회사는 집에서도 일할 수 있는 재택근무를 도입했다. 이런 변화는 비단 학교와 직장에만 나타난 것이 아니었다. 영화관에 가는 대신에 집에서 넷플릭스 등 OTT를 통해 여가생활을 즐겼고, 식당에 가는 대신 집에서 배달 앱을 통해 음식을 주문했다. 백화점이나 쇼핑몰에서 하던 쇼핑이나 장 보기는 온라인으로 해결하는 빈도가 늘었다. 온라인에서 즐기기 힘들었던 공연이 메타버스나 디지털 플랫폼 등을 통해 이루어지기도 했다. 이렇듯 오프라인에서 군중과 함께하던 것들이 집이나 프라이빗한 장소에서 할 수 있도록 디지털 기반으로 옮겨오면서, 그동안 익숙하지 않았던 모습들이 어느새 일상이 되었다.

나에게 집중하는 일상

돌이켜보면 코로나19 발생 이전에는 출퇴근이나 사회적 만남 등에 시간을 소비하느라 오히려 '나'를 돌아볼 시간이 많지 않았다. 팬데믹으로 재택근무가 확대되고 만남이 감소하면서 자연스럽게 개인 시간이 늘어났고, 개인 시간은 곧 나에게 집중할 수 있는 시간이 되었다.

성격유형검사 중 하나인 MBTI 검사도 이와 같은 맥락에서 다시 주목받기 시작했다. 사회적 접촉의 감소로 자연스럽게 주변 사람에 대한 관심이 줄고, 관심의 대상은 나 자신만 남게 되었다. 나에 대한 관심 증가는 MBTI 검사를 수면 위로 올라오게 했다. 이는 겨울이 긴 북유럽에서 실내 인테리어가 발달한 것과 같은 맥락이다. 겨울이 길다보니 자연스럽게 집에 있는 시간도 길어지면서, 질리지 않고 실용적인 인테리어가 발달하게 된 것이다.

나에 대한 관심은 내가 좋아하는 것 찾기로도 이어졌다. 혼자 보내는 시간이 많아지면서 온라인 플랫폼을 통해 취향에 맞는 취미를 즐기려는 경향이 짙어졌고, 이에 따라 온라인 취미 시장이 크게 성장했다. 대표적인 취미 플랫폼인 클래스101은 2021년 8월 기준 회원수가 150만 명을 돌파했으며, 이는 같은 해 1월 대비 2배 가까이 증가한 수치였다.

줄어든 사회적 만남은 나만의 취향을 더욱 확고히 하는 계기가 되기도 했다. 타인과 접촉이 줄면서 직접적으로 취향을 비교할 일이 줄어들었기 때문이다. 또한 혼자만의 시간이 증가하면서 덩달아 디지털 플랫폼 이용이 증가했는데, 각종 디지털 플랫폼은 몇 번의 설문이나 활동 이력을 기반으로 콘텐츠를 추천해주며 취향을 더욱 단단하게 해주었다.

로컬에서 즐기는 일상

사회적 접촉의 축소는 로컬에 대한 관심으로도 이어지고 있다. 팬데믹 이전에는 출퇴근이나 모임 등을 위해 만남이 용이한 도심으로 나갈 수밖에 없었다. 하지만 사회활동이 강제 축소되면서 집 근처의 맛집, 산책할 만한 공원 등 로컬에 대한 궁금증이 증가했고, 자연스럽게 생활

반경이 도심에서 로컬로 옮겨졌다. 팬데믹 기간 동안 국가의 재난지원금이 지역화폐로 지급되면서, 사용처를 찾는 과정에서도 동네 상권에 대한 관심은 더욱 높아질 수밖에 없었다. 로컬에 대한 관심 증가는 '로코노미*'라는 신조어를 탄생시키기도 했다.

로컬 상권에 대한 관심은 중고 거래 플랫폼인 당근마켓의 이용 빈도에서도 확인할 수 있다. 당근마켓은 중고 거래 플랫폼으로 시작했으나 현재는 동네 생활을 공유하는 지역 커뮤니티로 자리잡았다. 앱·리테일 분석 서비스 와이즈앱/리테일/굿즈가 발표한 2022년 4월 한국인이 가장 많이 사용하는 앱 순위에서 당근마켓은 인스타그램과 배달의민족을 제치고 7위를 차지했다. 이는 2021년 9월 기준의 동일 조사 결과 대비 2단계 올라간 순위였다.

국내여행의 증가는 또다른 의미에서 로컬에 대한 관심을 높이는 계기가 되었다. 팬데믹으로 해외여행이 어렵게 되자 사람들은 국내여행으로 시선을 돌렸다. 국내여행을 하면서도 최대한 붐비지 않는 곳을 찾기 시작하면서 수도권 중심의 이동이 전국으로 분산되었고, 미처 알지 못했던 전국 로컬의 매력을 경험하기 시작했다.

이런 경향을 반영하듯 지역의 신규 상호에도 지역명을 포함하는 사례가 증가했다. 신한카드 빅데이터 연구소의 2019년부터 2022년 1분기 신규 가맹점 상호 분석 결과에 따르면, 부산이나 대구, 전주 등 지역색이 강한 지역명이 상호에 포함되는 빈도가 증가했다. 반면 서울이 포함된 빈도는 감소하여 팬데믹 이후 증가한 로컬에 대한 관심을 엿볼 수 있다.

★

로코노미(Loconomy) 영어 단어 'Local'과 'Economy'가 합쳐진 단어로, 도심의 거대 상권이 아니라 동네에서 소비생활이 이루어지는 지역 밀착형 라이프스타일을 의미

변화한 일상을 대하는 브랜드의 태도

오프라인 공간 속 디지털

팬데믹 기간 동안 온라인에 집중했던 브랜드들은 위드 코로나의 조짐이 보이자 오프라인으로 영역을 확대하고 있다. 하지만 브랜드들은 단순히 오프라인 공간 구성에만 그치는 것이 아니라, 매장에 디지털을 가미하여 독자적인 브랜드 경험을 강화하고 있다. 2021년 8월 오픈한 나이키 서울은 나이키가 온라인에서 쌓아온 고객 데이터를 디지털로 구현했다. 이 나이키 매장은 나이키 앱 데이터와 실시간으로 연동하여 회원들의 스포츠활동을 대형 스크린에 보여주는 방식으로 나이키만의 스토리를 보여준다. 또한 신발마다 RFID칩을 내장시켜 소비자들이 구입을 고민하는 제품을 인사이드 트랙(Inside Track)이라는 디지털 테이블에 올려두면, 해당 제품의 스펙과 리뷰 등을 비교할 수 있게 하여 오프라인 매장에서도 온라인 쇼핑 같은 편리함을 제공했다.

온라인 대표 편집숍 무신사의 자체 패션 브랜드인 무신사 스탠다드는 온라인 매장을 기반으로 하지만, 2021년에 홍대 1호점, 2022년 7월 강남 2호점을 오픈하며 오프라인 영역을 넓히고 있다. 무신사 스탠다드 역시 매장에서 디지털 아트 등을 통해 브랜드의 방향성을 경험하게 했다. 또한 오프라인 매장에서 온라인으로도 결제할 수 있도록 했고, 매장 제품에 비치된 QR코드를 스캔하면 무신사 앱을 통해 자신의 무신사 등급에 따라 할인을 바로 적용받을 수 있게 했다. 팬데믹 기간 동안 온라인 결제 과정에 더 익숙해졌을 고객을 위해, 줄을 서고 지갑을 꺼내는 오프라인에서의 번거로운 결제 과정을 축소한 것이다. 그뿐만 아니라 피팅룸에는 숏폼 콘텐츠*를 만들 수 있는 환경을 조성하여 오프라인에서의 경험을 온라인으로 옮길 수 있도록 했다.

무신사 스탠다드 강남 외관
(출처: 무신사 홈페이지)

숏폼 콘텐츠 생성이 용이한 피팅룸
(출처: 무신사 홈페이지)

★

숏폼 콘텐츠 단어 그대로 1~10분 이내의 짧은 영상. 소비할 콘텐츠가 증가하자 효율적으로 볼 수 있는 숏폼 콘텐츠가 MZ세대를 중심으로 각광받고 있음

취향 존중 강화

개인 취향의 중요성이 높아지면서 브랜드 역시 개인 취향 기반의 콘텐츠를 강화하고 있다. 카드사는 고객의 생활이 고스란히 녹아 있는 결제 데이터를 활용하여, 자사 애플리케이션을 통해 맞춤형 서비스를 선보인다. 큐레이션 서비스는 결국 고객을 자사 앱에 유입시키고, 유입된 고객의 활동은 다시 데이터화되어 카드사를 위한 고객 정보 수집 수단이 될 수 있기 때문이다. 삼성카드는 2021년 11월, 취향에 방점을 두고 '카드로 만드는 나만의 세상'이라는 슬로건과 함께 브랜드를 개편하고 상품 체계도 바꾸었다. 과거 삼성카드의 대표 상품은 실용성에 중점을 둔 숫자 카드였으나, 나의 정체성을 반영하는 카드라는 의미를 담은 삼성 iD 카드를 론칭하였다. 그리고 고객의 소비 이력을 기반으로 매달 가장 많이 지출한 영역을 중심으로 할인이나 포인트 적립을 제공한다.

개인 취향 기반의 활동은 중고 거래 시장에서도 나타난다. 중고 거래는 더이상 경제적인 목적이 전부가 아니다. 내 취향에 맞는 다양한 제품을 구입하기 위해서라면 중고도 마다하지 않는 소비자가 늘어나고 있다. 중고 거래 플랫폼인 번개장터는 이러한 일명 '덕후 취향'을 공략하여 '취향을 잇는 거래'로 리브랜딩하였다. 그리고 이는 오프라인 매장으로도 연결되었다. 번개장터의 오프라인 매장인 브그즈트랩 1호점이 중고 거래가 많은 품목 중 하나인 스니커즈를 컨셉으로 했다면, 2021년 10월에 오픈한 2호점은 취향을 더 구체화하여 '조던 1에 대한 모든 것'을 컨셉으로 하였다. 1호점보다 본격적으로 취향을 구체화하여 마니아층을 공략한 것이다.

번개장터의 브그즈트랩 2호점
(출처: 번개장터 홈페이지)

더 가까워진 로컬

팬데믹 이전에도 상생을 목적으로 한 '소셜라이징*'이라는 움직임이 존재했다. 하지만 코로나19를 계기로 브랜드뿐만 아니라 소비자들도 로컬에 관심을 갖기 시작하면서, 물리적 공간을 넘어 지역의 스토리가 주목받게 되었다. 이에 힘입어 브랜드들은 지역과 사람을 이어 지역색을 전달하고 있다.

침대 브랜드인 시몬스는 지난 2022년 2월 서울 청담동에 시몬스 그로서리 스토어 청담을 열었다. 이곳은 시몬스에서 운영하는 스토어지만 침대 대신 브랜드 굿즈를 판매한다. 시몬스는 매장 곳곳에 시몬스와 관련 있는 지역의 특성을 차별화 요소로 내세웠다. 시몬스의 공장과 시몬스 테라스가 위치한 이천에서 생산한 쌀을 굿즈로 구성하였고, 이전에 좋은 소셜라이징 경험을 한 부산의 유명 버거집을 입점시키기도 했다. 시몬스 그로서리 스토어 청담은 명품 브랜드 매장이 주를 이루던 곳에 다양한 사람들을 방문하게 만듦으로써 청담동 골목에 새로운 활력을 불어넣었고, 동시에 서울과 이천, 부산을 잇는 장소가 되었다. 즉 시몬스는 지역색을 차별화 요소로 두어 한 장소에서 다양한 지역을 경험하게 하였고, 이는 소비자들의 좋은 반응을 얻을 수 있었다.

브랜드 굿즈를 판매하는
시몬스 그로서리 스토어 내부
(출처: 시몬스 인스타그램)

소셜라이징 브랜드에 지역 특성을 반영하여, 해당 지역 주민들과 상생하려는 움직임

위드 코로나 이후 시대 엿보기

흐려지는 온·오프라인의 경계

스타트업 치즈에이드에서 론칭한 프라이스랩은 오프라인 무인 그로서리 스토어다. 이곳의 가격 책정 방식은 어느 온라인몰 못지않게 합리적이다. 온라인 쇼핑을 하다보면 쇼핑몰마다 다르게 책정된 가격을 비교하여 최저가에 물건을 구입하는 경우가 많다. 소비자들은 팬데믹 기간 동안 이런 최저가 쇼핑에 더없이 익숙해졌다. 프라이스랩은 이 점에 착안하여 오프라인 매장에서도 온라인처럼 최저가로 구입할 수 있도록 유통기한, 재고량, 판매 변화, 유동인구 등 다양한 데이터를 활용하여 가격 책정 AI 알고리즘을 만들었다. 그리고 한 시간 간격으로 제품별 최적의 가격이 제시되도록 했다. 또한 가격을 즉시 수정하기 어려운 오프라인 매장의 단점을 극복하기 위해, 빛으로 에너지와 신호를 전달하는 가시광 통신을 활용한 전자가격표시기를 부착했다. 더불어 프라이스랩 애플리케이션을 통해 제품 바코드를 스캔한 후 온라인 쇼핑몰에서처럼 결제할 수 있게 하여 편리함을 더했다.

프라이스랩의 첫번째 매장
(출처: 프라이스랩 홈페이지)

같은 제품이어도 유통기한에 따라
가격을 다르게 제시하는 프라이스랩 (출처: 프라이스랩 홈페이지)

반면 온라인 쇼핑이지만 오프라인 쇼핑처럼 빠른 제품 수령을 가능하게 하는 퀵커머스*도 점차 확대되는 모습이다. 온라인 쇼핑은 집에서 편하게 쇼핑할 수 있지만 구입한 제품을 즉시 수령하는 것이 어렵다는 단점이 있다. 물론 팬데믹 기간 동안 새벽 배송이나 익일 배송 서비스가 다양해지긴 했지만, 제품이 급히 필요한 상황에서는 대응이 어렵고 정확히 언제 받을 수 있는지 확인이 불가능하다. 이에 퀵커머스는 주문 후 한 시간 이내 배송을 앞세우며 성장중이다. 최근 퀵커머스의 특징은 기존 오프라인 매장의 물류창고화이다. 2022년 5월부터 GS리테일은 배달 앱인 요기요와 협업하여 요마트를 시작했는데, 소비자가 요기요를 통해 주문하면 근처 GS더프레시 매장에서 한 시간 내에 제품을 배송하고 있다.

관계 대상의 변화

만남이 차단된 팬데믹 상황에서 자신의 관심사와 취향을 확인한 사람들은 취향을 나누기 위해 메신저를 찾았다. 카카오톡 오픈채팅은 전화번호를 모르는 익명의 사람들끼리 모여 관심사를 나눌 수 있는 서비스인데, 카카오에 따르면 올해 오픈채팅 이용자수는 2019년 대비 78% 증가했다고 한다. 비대면 환경에서 관심사가 같은 사람들끼리 이야기를 나누고 싶지만, 필요 이상의 관계를 맺는 것은 부담스러운 소비자의 니즈가 맞아떨어진 것이다. 물론 이전에도 인터넷 카페나 블로그 기반의 동호회활동이 있었지만, 게시글 중심의 소통으로 연속적인 대

★

퀵커머스 영어 단어인 ‘퀵(Quick)’과 ‘커머스(Commerce)’의 합성어로, 보통 2시간 이내에 완료되는 근거리 배송 서비스

화에는 한계가 있었다. 반면 오픈채팅은 메신저 기반이기 때문에 바로 피드백을 얻을 수 있어 대화하는 느낌이 들게 한다.

이에 카카오는 관심사 기반의 소통을 강화한다는 계획이다. 오픈채팅을 '오픈링크'라는 별도의 서비스로 독립시켜 카카오에서 운영중인 브런치나 카카오웹툰 등 타 서비스와 연결하고, 관심사가 유사한 다른 사람들과의 소통 기회를 제공할 예정이다. 오픈링크가 향후 해외에도 진출하게 되면, 전 세계 사람들과도 취향을 공유할 수 있게 된다.

그동안 우리의 인간관계가 가족과 친구를 비롯하여 비슷한 연령대, 유사한 직업을 가진 사람들이 중심이었다면, 향후에는 성별이나 세대, 직업, 국적을 초월한 관심사나 취향 중심의 관계가 형성될 수도 있다.

원하는 곳 어디에서나 일하는 시대

팬데믹 이전부터 소멸 위험이 있는 도시에 상주인구 유입을 위한 다양한 시도들이 있어왔다. 이에 대한 해결책은 대부분 기업 유치나 출산 장려금 지급 등 완전한 정착을 위한 정책이었다. 이와 달리 코로나19 발생 이후 재택근무를 경험하면서 함께 대두된 워케이션*은 완전한 정착은 아니지만, 지방 소도시 활성화의 대안이 될 수 있다.

2021년 12월 잡코리아가 직장인을 대상으로 워케이션에 대한 의견을 조사했는데, 직장인의 85.2%가 워케이션을 긍정적으로 생각했다. 사회적 거리두기가 전면 해제된 지금도 IT 기업을 필두로 일부 회사들은 재택근무와 워케이션을 장려하기도 한다.

★

워케이션(Worcation) 일을 뜻하는 영어 단어 '워크(Work)'와 휴가를 의미하는 '베케이션(Vacation)'의 합성어로, 휴양지에서 거주하며 일하는 근무 형태

부산, 강원, 전남 등의 일부 지방자치단체들도 이러한 흐름을 확인하고, 워케이션 인프라를 구축하여 직장인들을 유치하려 하고 있다. 고정적으로 해당 지역에 거주하지 않더라도 일정 규모의 사람들이 중장기적으로 번갈아가며 그 지역에 머무른다면, 지역 활성화에 긍정적인 영향을 주기 때문이다. 정부에서도 인구 감소 지역을 보호하기 위해 2022년 6월 공포한 인구감소지역 지원 특별법에서 생활인구라는 개념을 처음 도입해 '통근·통학·관광·휴양·업무·정기적 교류 등의 목적으로 특정 지역을 방문하여 체류하는 사람'을 포함시켰다.

브랜드에서도 워케이션을 고객 접점으로 활용하고 있다. 사무용 가구 브랜드인 '데스커'는 워케이션 캠페인 '워크 온 더 비치'를 강원도 양양에서 2022년 7월부터 시작했고 11월까지 진행한다. 이 캠페인에서 데스커는 자사 제품을 활용해 사무실과 같은 몰입도를 제공하는 공간을 구성하여 일도 휴식도 놓치지 않는 워케이션에서의 만족스러운 경험이 제품 만족으로도 이어지게 했다.

데스커가 강원도 양양에서 운영중인
워케이션 테라스 (출처: 데스커 홈페이지)

팬데믹 동안 우리는 잠시 일상 멈춤을 이야기했지만, 돌이켜보면 결코 가만히 멈춰 있었던 것은 아니다. 전염병이라는 예상치 못한 큰 재앙 속에서도 주어진 환경에 적응하며 위기를 극복할 방법을 찾았다. 서로 만날 수 없었지만 어떻게든 서로 만나기 위해 노력했고, 갑작스럽게 생긴 각자의 시간 동안 자신과 주변을 돌아보며 새로운 환경에 적응해갔다.

누군가는 코로나19 발생 이전과 이후를 BC(Before Corona) 시대와 AC(After Corona) 시대라고 표현할 정도로, 코로나19는 우리 삶에 큰 영향을 미쳤다. 하지만 새로워 보였던 변화들을 곱씹어보면 하늘에서 뚝 떨어진 것은 아니었다. 디지털화가 큰 화두가 되기는 했지만 팬데믹 이전에도 온라인 쇼핑을 통한 비대면 구입이 가능했고, 매장에서는 키오스크가 점원의 역할을 대신하고 있었다. 개인도 마찬가지다. 점점 다양해지는 경험과 콘텐츠, 스마트폰과 같은 전자 기기의 일상화 등으로 개인의 니즈와 개성이 다채로워지고 있었다. 로컬은 기업의 사회 공헌 차원에서 시작하여 주목받고 있던 개념이다. 이와 같이 갑작스러워 보였던 변화들도 결국 서서히 일어나고 있던 일이고, 팬데믹이 그 속도를 가속화했을 뿐이다.

모든 변화는 연속된 움직임이다. 팬데믹 시대에서 위드 코로나 시대로 옮겨간다고 해서 세상이 180도 변하지는 않을 것이다. 다만 우리는 팬데믹 이전과 이후의 경험을 토대로 더 나은 삶을 살게 해주는 실마리를 계속 찾아낼 것이다.

"
갑작스러워 보였던 변화들도
결국 서서히 일어나고 있던 일이고,
팬데믹이 그 속도를 **가속화했을 뿐**이다.
모든 변화는 연속된 움직임이다.
"

나의 갓생일지:

일상의 작은 노력 응원하기

2

새벽 6시에 눈을 뜨고 침구를 정리한다. 따뜻한 차를 한잔 마시며 명상한다. 좋아하는 음악을 들으며 집 근처를 산책한다. 아침을 먹으며 오늘의 할일 리스트를 적는다. 물은 1L 이상 마시고 영양제를 챙겨 먹는다. 하루 30분 운동을 하고 SNS에 인증 기록을 남긴다. 하루를 마무리하기 전, 간단한 일기를 쓴다.

요즘의 갓생 루틴 모습이다. 인스타그램, 유튜브 등 각종 SNS상에서 '갓생' 키워드를 중심으로 MZ세대가 모이고 있다. 갓생이란 'God'과 '인생'을 합친 신조어로 내 삶에 집중하며 스스로 세운 계획을 실천하는 생산적이고 성실한 삶을 의미한다. MZ세대는 본래 영어 단어로 '신'을 뜻하는 'God'을 '대단한', '모범이 되는' 등의 의미로 사용한다. 따라서 갓생은 '훌륭한 인생', '모범적인 인생'을 뜻한다.

『친절한 트렌드 뒷담화 2021』에서 '전지적 자기 관리' 트렌드를 통해 공간, 디지털 라이프, 감정, 의지 측면에서 자신을 관리하는 일상에 관해 설명했다. 이제 '자기 관리'는 MZ세대가 추구하는 일상적 루틴인 갓생의 모습으로 진화하고 있다. 갓생은 과거의 자기 관리와 달리 더 나은 스스로가 되기 위한 자기계발을 넘어 스스로를 아끼며 챙기는 자기 돌봄, '일상력'을 가꾸는 생활 습관에 가까우며, 이제는 MZ세대의 라이프스타일 방식으로 자리잡은 듯하다.

©Brittney Weng, Unsplash

갓생은 어디에서 왔는가?

MZ세대가 코로나 블루의 바닷속에서 표류하지 않는 법

과거 갓생은 아이돌 팬덤 사이에서 '덕생(덕질*+인생)'의 반대말로 쓰이던 말로 팬활동에 과몰입하는 것을 멈추고 학업, 직장생활 등 본분에 집중하는 것을 의미했다. 이후 유행처럼 번지다가 현재는 의미가 확장되어 스스로가 계획한 소소한 일들을 수행하는 것을 모두 갓생이라고 부른다. '알람 듣자마자 일어나기', '하루 5,000보 걷기', '매일 좋아하는 책 다섯 페이지 읽기' 등 자기계발 영역뿐 아니라 일상의 사소한 계획이 모두 갓생에 포함된다. 인스타그램, 유튜브 등 각종 SNS 채널에 '갓생'이라는 키워드를 검색하면 개인의 일상을 기록한 브이로그, 실천할 일들을 촘촘히 기록하고 하나하나 지워나간 플래너 등 수많은 게시글을 찾아볼 수 있다.

이렇듯 일상에서의 '갓생'이라는 키워드는 2020년 상반기부터 검색어로 등장하기 시작했다. 코로나19 감염 확산세가 심해지며 야외활동과 대면 친목 모임을 할 수 없는 상황이 장기화되자 사람들은 무기력함을 느끼기 시작했고, '코로나 블루*'라고 일컬어지는 사회 전반의 분위기 속에서 대인관계와 외부활동을 통해 얻지 못한 만족감을 스스로 얻으려는 시도들이 생겨났다. '거창한 목표를 위해 고군분투하는 삶'

덕질 '오타쿠'를 지칭하는 '덕'과 무언가를 하는 것을 낮춰 말하는 '질'을 붙여 만든 단어로 무언가에 파고들어 집중하거나 수집하는 행위를 의미

코로나 블루 '코로나19'와 '우울감(Blue)'이 합쳐진 신조어로, 코로나19 확산으로 일상에 큰 변화가 닥치며 생긴 우울감이나 무기력증을 의미

보다는 '나 자신을 위한 작은 목표를 세우고 계획적으로 실천하는 것이 멋진 삶'이라는 의견이 주류로 떠오르게 되었다.

이노션 인사이트그룹이 분석한 갓생 관련 버즈량을 살펴본 결과 코로나19로 사회적 거리두기 정책이 시행된 2020년 3월부터 온라인상에서 '갓생'이 본격적으로 쓰이기 시작했다는 것을 확인할 수 있었다. 이후 2020년 9월, 2021년 3월, 9월과 같이 새 학기 개학·개강 시즌마다 검색량이 갑자기 증가했다. 2021년과 2022년 1월에는 신년을 맞아

'갓생' 키워드 언급량 추이 (출처: 이노션 인사이트그룹)

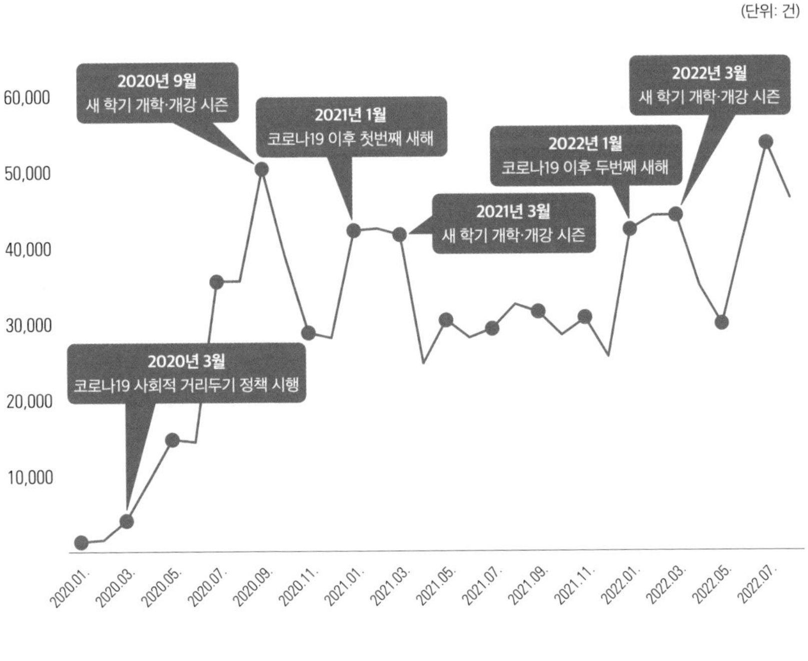

새해를 보람차게 시작하고자 다짐하는 경향 때문에 언급량이 두드러지게 급증했으며, 2022년에 들어서는 사용이 만연해졌다. 코로나19가 전 세계에 영향을 미친 만큼, 다른 국가에서도 유사한 의미로 미국에서는 '댓걸(That girl)', 중국에서는 '양생(養生)'이라는 말이 쓰이고 있다. 영어권의 각종 은어, 속어, 인터넷 유행어를 다루는 사전 사이트 어반 딕셔너리(Urban Dictionary)는 댓걸을 '새벽 5시에 일어나 명상을 하고 스무디를 마시고 일기를 쓰고 건강에 좋은 음식만 먹는 여러 면에서 성공하는 소녀 혹은 어떤 성별의 사람'이라고 정의한다. 유튜브에 영어로 'That girl'을 검색하면 'That girl routines', 'That girl self-care'라는 키워드로 자신의 일상을 소개하는 콘텐츠를 쉽게 찾아볼 수 있다. 건강을 돌본다는 뜻의 양생 역시 비슷하다. 건강한 수면, 피부 건강, 신체·정서 관리를 중요시하며 실천법이 갓생과 매우 유사하다는 점에서 갓생이 글로벌 트렌드임을 확인할 수 있다.

기존의 자기계발과 다른 갓생 살기

타인의 기준이 아닌 나 자신을 위한 목표

먼저, 갓생 살기의 특징을 이해하려면 함께 등장하는 신조어 '소확성'을 살펴보는 것이 도움이 된다. 소확성이란 '소소하지만 확실한 성공·성취'의 줄임말로 갓생 트렌드의 대표 키워드 중 하나다. 소확성은 '소소하다'는 데 방점이 찍힌다. 갓생 살기의 핵심은 먼 미래가 아닌 오늘 당장의 확실한 성취감을 추구하는 것이므로 계획 주기를 주로 하루 단위로 짧게 설정해 실현 가능성을 높이는 것에 중점을 둔다. 갓생의 목표는 1년에 책 100권 읽기, 토익 만점 받기와 같이 혹독한 자기계발이나 거창한 목표 달성이 아닌 것이다.

갓생 살기는 각자 성취하고 싶은 목표에 따라 본인에게 맞는 방식을 가지각색으로 만들어간다는 점에서도 과거의 자기계발 열풍과 차이점을 보인다. 각자가 추구하는 행복과 성취에 초점을 맞추기 때문에 절대적으로 지향해야 하는 삶의 방식이 따로 없다. 매일 작은 계획을 달성하고 그 속에서 작은 성취감을 쌓는 갓생러*들은 구체적인 일과를 중심으로 전략을 짠다. '영단어 8개 암기하기', '식단 일기 쓰기', '책 5페이지 읽기' 등 일상에서 해낼 수 있는 아주 작은 단위의 행동이 목표가

★

갓생러 '갓생'에 '그것을 하는 사람'을 의미하는 영어 접미사 '-er'이 붙은 것으로 갓생을 살아가는 자를 의미

되고, 이러한 작은 행동으로 성취감을 얻는 셈이다. 2021년 잡코리아가 직장인 831명을 대상으로 조사한 결과, 응답자의 40.1%가 '스스로 정한 나만의 주말 루틴이 있다'고 했다. 이 조사 결과에 의하면 실천 루틴 가운데 '숙면 등 충분한 휴식을 위한 루틴'이 55.9%로 가장 높았고 그다음으로 '운동, 생활, 습관 등 건강을 위한 루틴'이 41.1%, '관심 분야 공부를 위한 루틴'이 31.8%로 뒤를 이었다.

'아침형 인간'과 '미라클 모닝'의 차이

스스로를 돌보고 관리하는 트렌드가 갓생에서 최초로 등장한 것은 아니다. 가령, '아침 일찍 기상하여 부지런히 하루를 시작하기'는 가장 대중적인 자기 관리 시행 규칙으로 전 세계적으로 오랜 시간 지속되어온 자기계발 역사에서 변하지 않는 클리셰* 중 하나다. 우리나라에서도 2000년대 초반에 아침형 인간 트렌드가 엄청나게 유행했다. 최근 갓생 트렌드의 하나로 등장한 미라클 모닝* 역시 언뜻 보기에 이러한 자기 관리 규칙과 비슷해 보이지만 성격이 다르다. 미라클 모닝의 단골 목표는 이부자리 정리하기와 명상이다. 아침형 인간이 일종의 스펙 쌓기, 이상적인 인간상을 만들기 위한 부지런한 생활을 중시하고 그 결과 이루게 되는 '표준화된 성공'에 중점을 두고 있었던 반면, 미라클 모닝은 타인의 시선에서 바라보는 성공보다는 자신의 하루를 충실하게 시작하는 것에 더 큰 의미를 두고 '자기를 돌보는' 것에 집중한다. 2021년 알바천국에서 20~30대 846명을 대상으로 조사한 결과, 20대

★

클리셰(Cliché) 판에 박은 듯한 문구 또는 진부한 표현, 전형적인 수법이나 표현을 가리키는 문학 용어

미라클 모닝 미국인 저술가 할 엘로드가 쓴 동명의 자기계발서에서 따온 개념으로 일찍 일어나 운동, 공부 등 자기계발을 하며 아침을 보내는 것을 의미

와 30대의 각 30.0%, 35.3%가 미라클 모닝에 긍정적이고, 특히 30대 남성은 45.0%가 도전 혹은 실천한 경험이 있는 것으로 나타났다. 미라클 모닝에 도전 혹은 실천하는 이유 중 1위는 '자기 관리 및 돌봄'(41.9%)이며 2위는 '효율적 시간 활용'(38.7%)이다. 그 외 '작은 목표를 실천함으로써 성취감을 얻고자'(37.1%), '나와의 약속을 지키며 자신감과 자존감을 향상하기 위해'(31.1%)가 각각 3, 4위로 꼽혔다. 사회가 정해놓은 기준만 성실히 수행했다 해서 성공이 보장되지는 않는다는 생각이 널리 퍼진 현대 사회에서 타인의 인정이 아닌 스스로 납득할 만한 성취가 필요해서였을까? 세속적인 경쟁에 지친 MZ세대가 자기 돌봄에 충실한 갓생 살기에 긍정적으로 반응하는 것은 자연스러운 일이다.

실천에 들이는 힘을 최소화하는 전략

MZ세대는 루틴을 실천할 의지를 돈으로 사기도 한다. 갓생 트렌드와 함께 어린이의 전유물로 여겨지던 구독 학습지가 최근 MZ세대의 지적 성취감이나 자기만족을 위한 수단이 되고 있다. 일례로 서양철학 문헌 출판사이자 철학 교육 서비스 '전기가오리'는 철학계의 구몬으로 불리며 입소문을 탔는데, 2017년 몇백 명 수준이었던 구독자가 2020년에 4,000명 이상으로 증가했다. 구독 학습지는 학원 수강료에 비해 저렴할 뿐만 아니라 시간과 공간의 제약이 없어 출퇴근·자투리 시간을 활용하기 좋다. 시간을 따로 마련하지 않더라도 쉽게 수행 가능하다는 점에서 갓생러들에게 안성맞춤이다. 또한 스스로 학습량을 설정할 수 있기에 자율성이 크고, 정해진 커리큘럼을 수행하는 것으로 쉽게 목표를 달성할 수 있다. 대표적인 국내 성인교육 콘텐츠 기업 '데이원컴퍼니'의 성인 학습지 브랜드 '가벼운 학습지'는 2020년 출시 이후 연간 600% 성장률을 기록하며 3년 만에 가입자수 20만 명을 돌파하였고, 2021년 상반기 매출액만 140억 원을 달성했다.

전기가오리에서 정기 발송하는 도서 학습 콘텐츠
(출처: 전기가오리 페이스북)

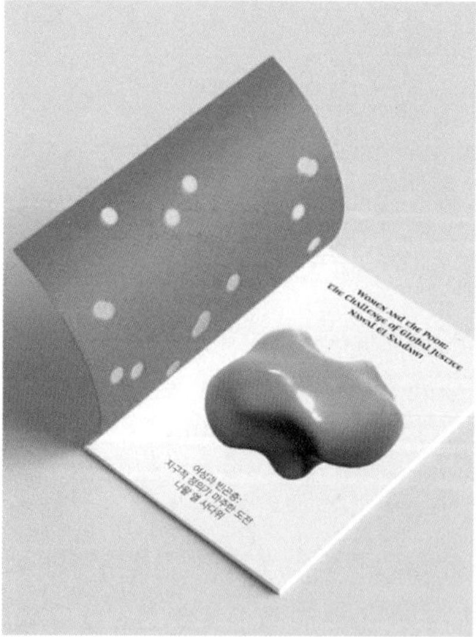

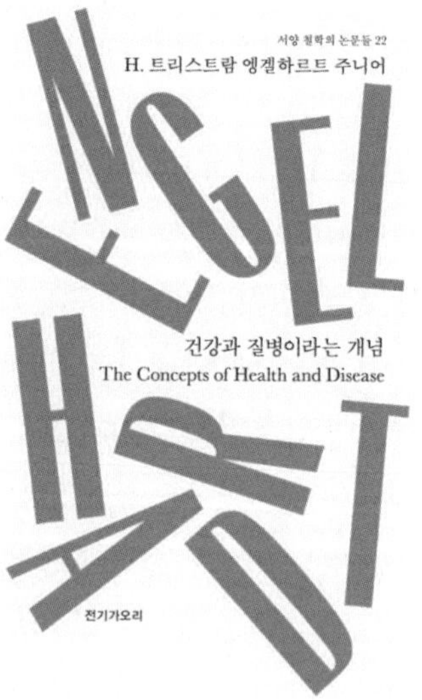

갓생 열풍이 꾸준하게 확산되는 원인

동기부여 자극제인 MZ세대의 인증과 공유 문화

MZ세대는 본인이 갓생을 살고 있다는 것을 공유하고 싶어한다. 자기를 표현하는 데 거리낌이 없고, 일상을 공유하는 것이 익숙한 디지털 네이티브 MZ세대는 아무리 사소한 성취라도 글을 쓰거나 사진을 찍는 등 기록을 남긴다. 특히 MZ세대가 갓생 기록을 위해 많이 활용하는 채널은 인스타그램, 블로그, 유튜브 같은 소셜미디어다. 이렇게 기록된 스스로의 갓생 루틴은 SNS를 통해 확산되고, 같은 목표를 가진 사람들의 피드백과 응원을 받으면서 지속된다. 가령 건강을 유지하기 위해 운동하는 일은 '오늘 운동 완료'의 줄임말인 '오운완'으로 표시되는데, 2022년 8월 31일 기준 인스타그램에서 '오운완' 해시태그가 포함된 게시글이 248만 건을 넘어섰다. 과시용으로 치부되었던 인증샷 문화가 활동 의욕을 높여주는 동력이 되었음을 확인할 수 있다. 운동뿐 아니라 기상, 독서, 공부, 일기, 강의, 식단 등 다양한 분야의 갓생 리스트와 작은 성취가 SNS에 꾸준하게 기록되고 인증되고 있다. 나아가 MZ세대는 SNS를 인증과 공유의 장으로 활용하는 것에 그치지 않고 갓생을 위한 팬덤을 형성하기도 한다. 자극받고 싶은 갓생 콘텐츠 인플루언서의 채널을 구독하고, 그 채널에서 인플루언서뿐 아니라 팬덤 내 소통을 통해 그들의 패턴을 내재화하고 응용한다. 이들은 자신만의 갓생 루틴을 소개하고 서로 추천하면서 각자의 갓생 루틴을 업그레이드 한다. 이렇게 탄생한 수십만 개의 갓생 라이프는 SNS에 수십만 개의 게시글로 다시 확산된다.

다양한 SNS 인증 게시글
(출처: 네이버 블로그, 유튜브)

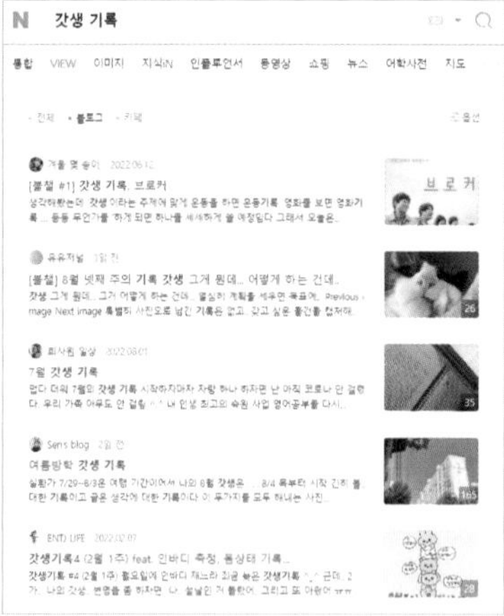

갓생러의 습관 루틴을 도와주는 애플리케이션의 등장

갓생러들은 작은 습관처럼 보이지만 꾸준히 지켜야 하는 루틴을 '리추얼(Ritual)'이라고 부르며 가능한 한 자신과의 약속을 지키려 노력한다. 이러한 움직임을 국내외 기업들이 가만히 두고만 보았을 리 없다. 갓생 살기에 대한 관심이 급증하면서 습관 루틴을 만들어주는 애플리케이션도 다양하게 생겨났다. 대표적으로 '루티너리'는 2022년 앱스토어 '오늘의 앱'으로 선정된 국내의 습관 형성 서비스 앱이다. 루티너리는 루틴을 실천할 수밖에 없는 환경을 조성하는 데 집중하는 서비스로 사용자의 루틴에 습관을 추가하고 순서대로 수행할 수 있도록 타이머 기능을 지원한다. 직관적이고 단순한 사용법이 국내외에서 큰 호응을 얻으며 출시 1년 반 만에 글로벌 다운로드 130만 명을 돌파했다.

또한 목표 관리 서비스 '유캔두'나 '챌린저스'처럼 루틴을 실천할 수밖에 없는 환경에 처하도록 자신을 구속하는 셀프 바인딩(Self-binding) 서비스도 인기를 얻고 있다. 목표 달성 커뮤니티 유캔두는 사용자가 '두잇(Do-it)'이라고 불리는 미션을 직접 설계해 사람을 모으거나 타인이 개설한 두잇에 참여해 목표에 도전하도록 만든 습관 독려 플랫폼이다. 미션을 달성하면 성공지원금을 리워드로 받을 수 있는데 미션과 보상이라는 게이미피케이션*적 요소로 사용자를 독려한다. 비슷한 성격의 챌린저스는 건강 습관 및 루틴 챌린지 앱으로 예치금을 걸고 챌린지 기간 동안 목표를 인증하는 것이 특징이다. 챌린지를 100% 달성했을 시 상금을 받고, 85% 이상이면 원금 회수, 그 이하는 퍼센트에 비례해서 원금이 차감되는데, 실제 비용을 지불하고 참여하기 때문에 강제로라도 열심히 하게 만든다는 평가를 받는다.

게이미피케이션(Gamification) 게임이 아닌 분야의 문제 해결에 게임적 사고와 과정을 적용하여 소비자나 참여자의 관심을 유발하고 몰입도를 높이는 메커니즘 유형

갓생러들의 상호작용을 도와주는 서비스도 있다. 체크리스트 애플리케이션 '투두 메이트'는 할일을 목록으로 정리하고 관리하는 서비스다. 할일을 마치고 체크하면, 친구들이 서로 칭찬 스티커를 붙여주고 완료 상황을 공유하며 서로의 갓생을 독려한다. 한동안 투두 메이트는 트위터에서 인증샷 대란을 낳았고, 현재도 투두 메이트 친구를 구하는 게시글을 쉽게 찾아볼 수 있다. 이처럼 MZ세대는 인증을 갓생 실천에 도움이 되는 생산성 있는 활동이라고 생각하고 가까운 지인이 아니더라도 생각이 통하는 갓생 메이트를 만드는 데 개방적이다.

루티너리에서 제공하는 미라클 모닝 챌린지
(출처: 루티너리 보도자료)

미션을 직접 설계할 수 있는 유캔두
(출처: 유캔두 홈페이지)

챌린지 성공률에 따라 환급금을 받는 챌린저스
(출처: 챌린저스 앱스토어)

친구와 함께하는 일정 관리 앱 투두 메이트
(출처: 투두 메이트 앱스토어)

갓생 트렌드를 반영한 마케팅 사례

네이버 블로그 #주간일기 챌린지

네이버 블로그는 MZ세대의 뜨거운 관심을 받으며 엄청난 인기를 누리고 있다. 제2의 전성기라고 해도 과언이 아니다. 2022년 6월에는 블로그에 매주 일기를 쓰는 것을 제안하는 '주간일기 챌린지'를 론칭했다. 주간일기 챌린지는 6개월간 진행되는 장기 프로젝트로 매주 한 번 이상 전체 공개로 블로그 일기를 작성하면 자동으로 참여된다. 한 번만 참여해도 이달의 주간일기 스티커 상품을 지급하고 4주 모두 참여한 1,000명을 매월 추첨하여 네이버페이 포인트 50,000원을 지급하는 등 다양한 경품을 제공하여 참여율을 높였다.

참고로 네이버 블로그는 예전에도 비슷한 형태의 '오늘일기 챌린지' 이벤트를 진행한 바 있다. 블로그에 2주간 매일 게시글을 올리면 네이버페이 포인트 16,000원을 지급하는 이벤트였는데 참여자가 급속도로 증가하자 주최측에서 3일 만에 이벤트를 조기 종료하여 세간의 질타를 받았다. 다시 시작한 주간일기 챌린지는 시작 3주 차에 참여자 58만 명을 기록했을 정도로 가히 성공적이라 할 수 있다. MZ세대의 참여율이 90% 이상인데, 이들의 참여율이 압도적으로 높은 이유는 역시 갓생 살기의 일환으로 챌린지 열풍이 불기 때문인 것으로 해석된다. MZ세대에게 블로그는 스스로 느낀 감정 혹은 일상을 기록하는 채널이다. 이미지나 영상 기반의 타 플랫폼과 달리 타인의 시선을 의식할 필요 없이 자신의 이야기를 진솔하게 털어놓을 수 있다는 점이 MZ세대의 관심과 흥미를 끌고 있다.

네이버 블로그 #주간일기 챌린지 (출처: 네이버 블로그)

푸망의 '오 마이 갓생 테스트'와 청년취업사관학교의 '갓생 직업 테스트'

MZ세대를 타깃으로 심리테스트를 제공하는 자아탐구 플랫폼 '푸망'은 투박하고 알록달록한 손그림과 무한 긍정의 말투가 특징인 MZ 대표 캐릭터 '최고심'과 협업하여 '오 마이 갓생 테스트'를 2022년 7월 출시하였으며, 이후 참여자 15만 명을 돌파했다. 테스트 참여자는 평소의 태도나 감정과 관련된 질문들에 답하고 테스트 응답값에 따라 총 8가지 갓생 유형 중 자신에게 맞는 갓생 스타일을 확인할 수 있으며, 이를 부적 형태로 다운로드받을 수 있다. 오 마이 갓생 테스트는 이제는 다소 열기가 식은 '나 자신 찾기' 트렌드 속에서 갓생을 외치는 최고심 캐릭터와 시너지를 내며 큰 관심을 끌었다.

청년취업사관학교는 취업 교육 프로그램을 더 친근하게 소개하고 젊은 세대의 접근성을 높이기 위하여 '갓생 직업 테스트'를 론칭했다. 테스트는 갓생 라이프에 대한 문항들로 구성되어 있는데, 테스트 참여자의 선택에 따라 성향을 파악하고 빅데이터 분석가, 프론트엔드 개발자, UI/UX 디자이너, 퍼포먼스 마케터와 같은 IT 직업을 추천하며 추천 사유를 소개한다. 더불어 테스트 참여자들은 추천 직업과 관련된 교육과정 정보를 접할 수 있다.

오 마이 갓생 테스트의
부적 이미지 예시 (출처: 푸망 홈페이지)

개인 성향에 따른 IT 직업 매칭 결과를 보여주는
갓생 직업 테스트 (출처: 청년취업사관학교 홈페이지)

플로 #오늘부터갓생1일 챌린지

음악 스트리밍 플랫폼 '플로(FLO)'는 3주간 플로의 오디오 콘텐츠를 청취한 이용자들을 대상으로 최대 15,000원의 카카오페이 포인트를 갓생 지원금으로 제공하는 '오늘부터 갓생 1일 챌린지'를 진행했다. 하루 10분 이상, 14일 동안 플로의 자체 콘텐츠를 청취하는 이용자에게 1일 1개의 스탬프를 발급했고, 이벤트 기간 내 총 획득수에 따라 카카오페이 포인트를 지급했다. 챌린지에 성공할 때마다 '나의 스티커 모음판'에 스탬프를 찍어 완주를 독려하기도 했다. 플로에 따르면 해당 이벤트에 52,000명이 참여했고 그중 57%는 20~30대라고 한다. 또한 2022년 중 챌린지 기간(2022.1.27.~2022.2.16.)이 포함된 2월 말까지 취합한 플로 오디오 콘텐츠의 월간 청취자수와 1인 하루 평균 오디오 청취 시간은 2021년 12월 대비 160% 증가했다고 한다.

플로의 #오늘부터갓생1일 챌린지
(출처: 플로 인스타그램)

'삶의 규칙'과 '스스로의 만족과 행복'이라는 가치가 더해진 모습으로 진화한 갓생 트렌드는 몇 년째 지속되고 있다. 갓생은 일상을 일으켜세우기 위한 노력의 일환으로 매일의 삶을 살아갈 힘을 얻는 움직임이다. 갓생은 성장의 의미도 변화시켰다. MZ세대는 사회적 기준에 부합하려 노력하는 대신 어제보다 나은 행복한 오늘을 사는 것을 성장이라고 느끼며 삶을 대하는 태도에 집중한다.

코로나19는 코로나 블루를 가져왔지만, 동시에 비대면 디지털 전환의 가속화를 불러왔다. 사람들은 혼자 있는 시간을 더 행복하게 보내기 위해 스스로를 돌보기 시작했다. 비슷하게 반복되는 일상에서 무너지지 않기 위해 삶의 규칙을 마련했고, 거창한 목표를 세워 자신을 혹사하기보다는 바로 앞에 주어진 작은 실천을 성공적으로 수행하면서 행복을 느낄 수 있는 방법을 찾았다. 타인과 대면하지 않고도 성공적인 하루로 사회와 상호작용할 수 있는 수단이 바로 갓생이다.

하나의 문화로 자리매김한 갓생 트렌드는 앞으로도 지속될 것으로 보인다. 갓생 살기를 지원하는 다양한 플랫폼은 MZ세대에게만 국한되지 않고 다양한 연령층으로 확산되고 있다. 이들이 어떤 삶을 원하는지 그 변화에 집중하고 소비자의 심리를 파악해야 할 것이다. 앞으로 다가올 미래에 갓생 시장에서 어떤 서비스 혹은 콘텐츠가 새롭게 생겨날지 기대된다.

오히려 좋아!:

웰컴 투 셀프 라이프

3

다른 사람의 도움 없이 혼자서 필요한 것들을 채워가는 자급자족은 지역사회 간 교류가 일어나지 않았던 가장 원시적인 시대에서의 생활 방식이다. 그런데 이러한 자급자족 생활 방식이 우주여행이 가능하고 인공지능을 탑재한 로봇과 함께 살아가는 4차 산업혁명 시대에 다시 주목받고 있다. 요즘의 자급자족이라 하면 흔히 몇 년 전부터 인기를 끌고 있는 주말농장이나 텃밭을 가꿔 자신이 먹을 채소를 직접 재배하는 활동을 떠올리지만 최근 소비자들의 자급자족활동은 이러한 차원을 넘어선다. 먹거리뿐만 아니라 에너지마저 자급자족할 수 있는 친환경 주택에 관심을 가지며, 셀프촬영, 셀프인테리어, 셀프백일상 등 일상생활에서 다른 사람의 도움을 받지 않고 스스로 많은 일을 처리하며 살고 있다. 이러한 분위기 속에 얼마 전부터 애플과 삼성전자는 스마트폰 부품을 셀프로 수리할 수 있는 프로그램을 도입하기 시작했다.

언제든 지구 반대편에 사는 사람들과 커뮤니케이션할 수 있는 시대지만 소비자들은 서로 돕고 교류하기보다는 자신이 원하는 것들을 스스로 채워가고 있다. 사람들은 몇 년간 계속된 팬데믹을 경험하며 낯선 사람과 직접 만나는 것을 점점 더 불편하게 생각하게 되었으며 가능한 한 많은 것을 비대면으로 처리하거나 직접 해결하고 싶어한다. 아이러니하게도 4차 산업혁명 시대를 이끄는 첨단기술이 사람들의 이러한 니즈를 충족시켜주면서 자급자족 시대로의 회귀를 가능하게 해주고 있다. 스스로 할 수 있는 것이 나날이 늘어가는 시대, 사람들이 앞으로 어떤 일까지 혼자 할 수 있을지 궁금해진다.

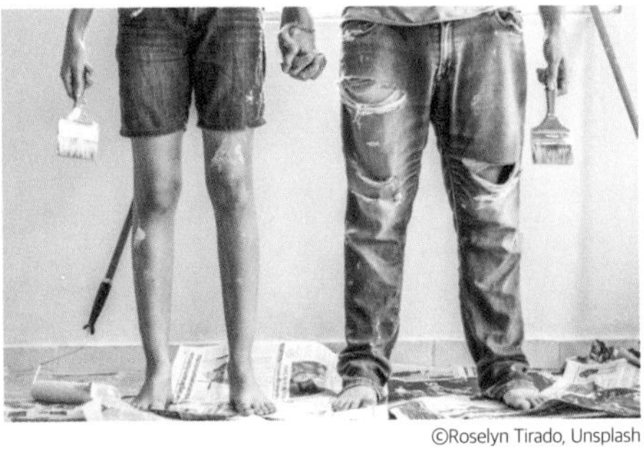

©Roselyn Tirado, Unsplash

일상이 된 셀프사회

점점 더 높아지고 있는 셀프에 대한 관심

셀프서비스라는 개념이 처음 우리 사회에 등장했을 때에는 매장 직원이 알아서 해주던 것을 내가 직접 해야 하는 다소 귀찮은 일이라는 인식이 있었다. 인건비의 부담을 줄이기 위한 목적으로 시작된 서비스인 만큼 소비자 입장에서는 일정 부분 불편함이 생길 수밖에 없었던 것도 사실이다. 하지만 이제 셀프로 무엇을 하는 것은 매우 자연스러운 일상이 되었다. 심지어 최근에는 굳이 셀프로 하지 않아도 되는 일들조차도 셀프로 하는 것을 선호하는 소비자가 늘어나고 있다. 최근 온라인상에서의 셀프 관련 감성 연관어를 살펴보면 '좋다, 칭찬' 등의 긍정어가 '막히다, 힘들다' 등의 부정어보다 3배 정도 높은 수준인 것으로 나타났다. 셀프로 무엇인가를 처리하는 것이 이제는 더이상 고통스럽

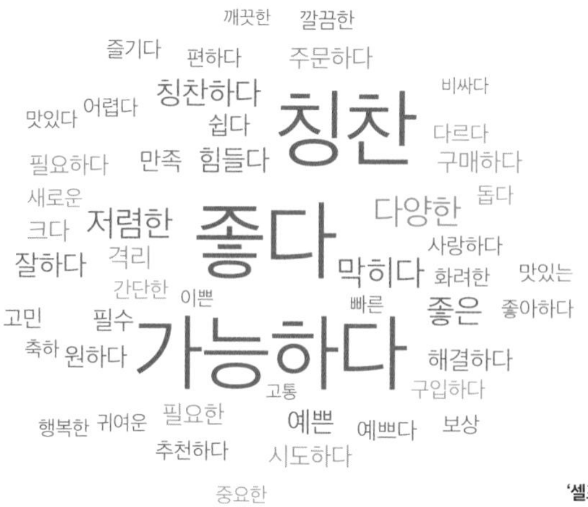

'셀프' 관련 감성 연관어 워드 클라우드
(출처: 이노션 인사이트그룹 / 2020년 1월~2022년 7월)

고 괴로운 일이 아니라는 의미다. 오히려 소비자들은 스스로 무엇인가를 해냈을 때의 성취감과 자긍심을 즐긴다. 그뿐만 아니라 셀프로 할 때는 비용 또한 상대적으로 적게 들기 때문에 경제적 혜택도 체감할 수 있다.

지난 10여 년간 트위터, 블로그, 커뮤니티 등에서의 셀프라는 키워드 언급량 추이를 분석해보면, 2010년대 초반까지만 해도 언급량이 그다지 많지 않았지만 2013년에 큰 폭으로 증가한 후 2016년까지 매년 꾸준히 늘어난 것을 확인할 수 있다. 이후 2017년부터 2019년까지는 언급량이 점차 감소하여 셀프 트렌드가 주춤하는 것 같았으나 2020년 코로나 시대가 시작된 이후로 다시 언급량이 급격히 증가하였다. 재택근무와 온라인 수업 등으로 집에서 지내는 시간이 많아지고 외부활동의 제약이 늘어나면서 스스로 상황을 해결하는 일이 많아졌기 때문이다. 여기서 주목해야 할 점은 본격적인 일상 회복이 시작된 2022년에 오히려 언급량이 가장 큰 폭으로 급증하였다는 것이다. 코로나 시대를 겪으면서 많은 일을 직접 처리하는 것에 익숙해진 소비자들이 위드 코로나 시대를 맞이하여 다양한 외부활동이 가능해지자 이전보다 더 적극적으로 자신의 문제를 직접 해결하고 있다. 코로나19 이후 본격적인 셀프시대가 시작되었다고 해도 과언이 아니다.

연평균 '셀프' 키워드 언급량 추이 (출처: 이노션 인사이트그룹)

(단위: 건)

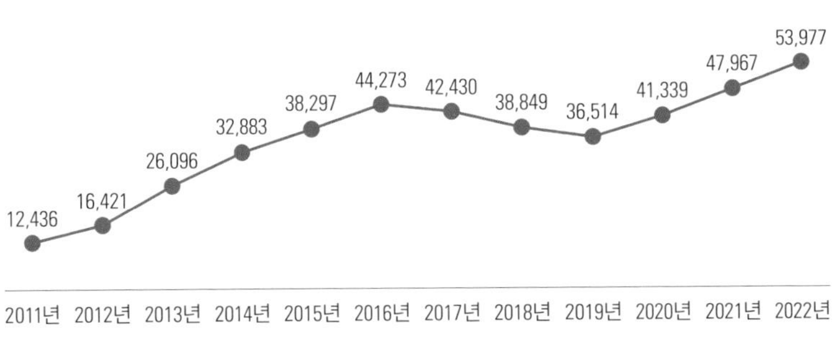

확장되고 있는 셀프활동 영역

코로나19 이후 소비자들이 셀프로 하는 활동을 2010년대 초반과 비교해보면 그 영역이 매우 넓고 다양해진 것을 확인할 수 있다. 셀프활동에 대한 관심이 상대적으로 낮았던 2010년대 초반에는 셀프가 포함된 연관어로 셀프카메라(셀카)의 언급량이 가장 높았다. 훌륭한 성능을 갖춘 카메라가 탑재된 스마트폰의 빠른 성장과 소셜미디어의 확산으로 스마트폰 카메라로 셀카를 찍는 것이 전 세계적으로 폭발적인 인기를 끌었고, 셀카의 영어 표현인 셀피(Selfie)는 2013년 11월 『옥스퍼드 영어사전』 올해의 단어로 선정되기도 했다. 이 당시만 해도 셀프활동은 셀카나 셀프촬영, 셀프인테리어, 셀프주유처럼 이전에는 다른 사람의 도움을 받았던 것들을 직접 하는 것이 대부분이었다.

하지만 요즘의 셀프활동은 스스로 하는 일상적인 활동을 넘어 심리적 안정을 위한 활동과 수익 창출을 위한 경제적 활동까지 그 영역을 확장하고 있다. 2010년대 초반과 비교하면 최근에는 셀프칭찬이나 셀프선물과 같이 자신을 위하는 셀프활동의 순위가 높아진 것을 볼 수 있다. 이전에도 나를 위한 소비, 셀프기프팅 등의 트렌드가 있었으나

'셀프' 관련 연관어 순위 비교 (출처: 이노션 인사이트그룹)

(단위: 건)

순위	2011-2012년		2020-2022년 상반기	
1	셀프카메라	28,978	인테리어	66,818
2	웨딩	22,993	사진	56,797
3	인테리어	22,161	웨딩	38,956
4	사진	21,970	염색	28,690
5	셀프인트로	11,744	파트너스	28,579
6	주유소	10,182	사진관	17,658
7	염색	8,614	셀프칭찬	14,908
8	젤네일	5,822	셀프선물	14,209
9	미용	5,614	관리	13,793
10	셀프선물	3,125	미용	13,254

코로나19와 경기 불황으로 인해 심리적으로나 경제적으로 많이 위축된 시기인 만큼 스스로를 격려하는 셀프활동이 더욱 증가하고 있는 것이다. 이는 코로나19로 인해 타인과의 교류가 줄어들고 자신만의 시간이 늘어나게 되면서 자신에게 더 집중하게 되었기 때문에 나타나는 현상이라고도 할 수 있다. 또한 이전에도 수없이 했던 자신을 위한 쇼핑이지만 이를 셀프선물이라는 이름으로 포장하고 명분을 붙임으로써 소비를 합리화하고 타인으로부터 공감을 얻으려는 목적도 있다. 갓 구매한 상품을 소셜미디어에 그냥 업로드하면 자랑하는 것처럼 보일 수 있지만, #나를위한선물이라는 해시태그와 함께 업로드하면 지인들에게 격려 댓글을 받기도 한다.

셀프활동의 확장 측면에서 경제적 활동을 살펴보면 크게 두 가지 유형으로 나눠볼 수 있다. 첫번째는 최근 주목받고 있는 X2E*활동으로, 일상생활에서 주어진 미션을 달성하면 보상을 받는 것이다. 예를 들어, 2020년 이후 셀프 관련 키워드에서 높은 순위를 차지한 파트너스활동처럼 자신의 블로그나 소셜미디어에 광고 콘텐츠를 작성한 후 사람들이 클릭하여 구매가 일어날 때마다 일정 수익을 얻는 방법이다. 쿠팡 파트너스는 아마존의 어필리에이트 서비스를 벤치마킹한 제휴 마케팅 서비스로, X2E 비즈니스가 주목받기 훨씬 전인 2018년에 서비스를 시작했다. 2022년 8월 레이지고메클럽(Lazy Gourmet Club)에서 출시한 '플래터(Platter)' 앱은 소비자들이 맛집에 대한 리뷰를 올리면 바이트토큰을 보상으로 받을 수 있는 리뷰투언(R2E: Review to Earn)을 비즈니스 모델로 한다. 앱 내 자신이 쓴 리뷰에 다른 사람들이 '좋아요' 등의 반응을 하게 되면 추가적인 보상을 받게 되고, 그 과정에서 수집한 리워드는 오프라인에서 사용할 수 있다.

★

X2E(X to Earn) 소비자들이 걷기, 게임, 안전 운전 등과 같은 특정 행동을 함으로써 기업으로부터 금전적인 보상을 받는 것을 의미

코로나19로 집에서 보내는 시간이 늘어나면서 부수입을 위해 셀프 광고나 콘텐츠를 만드는 일에 관심을 갖는 사람들이 점점 더 증가하고 있다. 과거에는 광고 대행사나 기업의 마케팅 담당자들이 인플루언서를 고용하여 상품을 홍보하도록 만들었다면, 이제 개인이 스스로 독립 사업자로서 콘텐츠를 제작하거나 미션을 수행하여 수익활동을 할 수 있게 된 것이다.

또다른 경제활동 방식은 소셜미디어 채널의 팔로워수를 늘리기 위한 활동이다. 최근 유튜버나 인플루언서활동을 하는 사람이 많아지고 인스타그램이나 페이스북 등을 이용하여 개인 사업자가 운영하는 쇼핑몰도 증가하면서, 자신의 채널을 직접 홍보하는 셀프마케팅에 대한 관심 또한 높아지고 있다. 자신을 팔로우하는 사람의 수가 많아지면 자연스럽게 쇼핑몰을 홍보하거나 기업에서 제휴 요청이 들어올 수 있는 가능성이 높아지기 때문이다. 이와 같은 니즈가 증가하면서 팔로워수를 늘리기 위한 다양한 셀프마케팅 팁을 알려주는 콘텐츠나 셀프마케팅을 돕는 비즈니스 또한 점차 활성화되고 있다.

소비자의 맛집 리뷰에 대한 보상을 지급하는 레이지고메클럽의 플래터 앱 (출처: 레이지고메클럽 트위터)

셀프가 대세가 되어가는 이유

셀프활동을 가능하게 하는 기술의 발전

한동안 정수기, 비데, 공기청정기 등 관리가 번거로운 가전제품들을 코디네이터가 주기적으로 방문해서 케어해주는 렌털 서비스가 큰 인기를 끌었다. 하지만 코로나19 이후 낯선 사람이 자신의 집을 방문하는 것에 대한 불편함, 시간을 맞춰야 하는 번거로움, 높은 관리 비용 등의 이유로 필터 교체나 청소를 스스로 하는 사람이 늘어나고 있다. 이러한 변화에는 기술의 발전이 한몫한다. 예를 들어, 인공지능 기술을 이용하여 스스로 상태를 진단해 관리 시기를 알려주거나 알아서 자체적으로 청소를 하는 등 각종 첨단 기능을 갖춘 제품들이 앞다투어 출시되고 있기 때문에 소비자들이 과거보다 훨씬 더 쉽게 자가 관리에 도전할 수 있는 것이다.

이처럼 타인의 도움 없이 혼자 문제를 해결하도록 도와주는 기술도 있지만, 과거에는 상상하지 못했던 일을 쉽게 처리할 수 있게 도와주는 기술도 있다. 예를 들면, LG전자에서 2021년에 이어 2022년에 식물생활가전이라는 카테고리로 출시한 식물재배기 틔운(tiiun)과 틔운 미니(tiiun mini)는 자동으로 물과 조명 등을 스스로 관리하는 기술이 탑재되어 있어서 집에서 손쉽게 화초를 기르거나 채소를 재배할 수 있도록 해준다. 특히 2022년 3월 출시된 틔운 미니는 틔운에 비해 작은 크기와 저렴한 가격으로 출시 6일 만에 1,000대가 완판될 정도로 큰 인기를 끌었다. 이 외에도 피부관리숍을 굳이 방문하지 않더라도 원하는 시간에 자신의 피부를 스스로 관리할 수 있는 뷰티 디바이스나 집에서도 손쉽게 통증을 관리하거나 마사지를 받을 수 있는 다양한 헬스 가전 상품들이 시장에 등장하고 있으며, 이 시장 역시 매우 빠르게 성장중이다. 이러한 상품의 공통적인 특징은 셀프로 무엇인가를 시도할 때 '과연 전문가의 도움을 받는 것만큼 잘할 수 있을 것인가'에 대한 심리적 장벽을 허물 수 있을 만큼 조작 방법이 단순하다는 것이다.

기술 자체의 발전이 셀프활동에 도전하게 만들기도 하지만, 자신의 노하우를 쉽게 공유할 수 있는 소셜미디어의 성장 역시 셀프활동의 확산에 기여한다. 예전에는 전문가의 강습이나 조언 등을 통해 셀프 노하우를 배웠다면, 지금은 유튜브나 인스타그램 등에 개인이 올린 각종 경험담을 보고 궁금한 점은 댓글이나 DM 등으로 문의하면서 스스로 해내는 법을 배워가고 있기 때문이다.

LG전자에서 새롭게 출시한 식물생활가전 틔운 미니 (출처: LG전자 페이스북)

확고해진 개인의 취향

개성을 중시하는 밀레니얼세대 이하의 젊은층은 남들과는 다른 자신만의 취향을 표현하고자 하는 욕구가 강하다. 전문 업체를 이용하는 경우에는 대부분 표준화된 솔루션을 가지고 있기 때문에 이러한 욕구가 제대로 충족되지 않을 가능성이 매우 높다. 하지만 셀프로 하는 경우 자신이 원하는 대로 세상에 단 하나밖에 없는 자신만의 아이템을 만들 수 있다. 최근 젊은층에서 큰 인기를 끌고 있는 셀프웨딩과 셀프인테리어, 셀프백일상 등이 대표적이다. 밀레니얼과 Z세대가 결혼 연령층이 되면서 남들과는 차별화된 이벤트 기록을 남기려는 문화가 형성되고 있는 것이다. 예를 들어, 한때는 유명 스튜디오에서의 웨딩 촬영이 대세였지만, 최근에는 비교적 저렴하지만 자신만의 매력을 표현할 수 있는 웨딩룩을 골라 입고 직접 소품을 준비하여 의미 있거나 멋진 장소에서 셀프로 웨딩 촬영을 하는 것이 스몰 웨딩과 더불어 인기를 끈다. 물론 경기가 어려운 상황에서 결혼 준비에 들어가는 비용에 대한 부담감과 코로나19로 인해 낯선 사람들과 함께 시간을 보내는 것에 대한 불편함도 주요 원인 중 하나겠지만 남다름을 추구하는 세대 성향이 반영된 결과라고도 볼 수 있다. 셀프인테리어도 마찬가지다. 과거에는 도배나 칠 같은 비교적 단순한 작업을 셀프로 했다면 최근에는 자신의 취향을 확실하게 표현하는 공간을 만들기 위해 목공 작업이나 타일 시공까지도 직접 하는 사람들이 늘어나고 있다. 비록 그 과정이 힘들다 하더라도 내 손으로 완성한 것에 대한 뿌듯함과 애착이 있기 때문이다.

디지털 디바이스를 자유롭게 다루며 다양한 정보를 손쉽게 찾을 수 있는 디지털 네이티브 세대가 사회문화적 트렌드를 이끄는 주류가 되면서, 개인의 취향이 점점 더 존중받는 사회를 만들어가고 있다. 이들은 수많은 정보 중 취향에 맞는 것을 찾아내고 이를 재조합하여 자신만의 것으로 구현해낼 수 있다. 따라서 전문가라는 이유로 자신에 대해 잘 모르는 낯선 사람들이 조언하거나 도와주는 것보다, 기술적으로는 조금 부족하더라도 자신에 대해서는 가장 전문가인 본인이 취향에 맞게 스스로 창조해내는 것을 선호한다. 이제는 단순히 취향을 존중해주기를 요구하는 것이 아니라 다양한 셀프활동을 통해 자신의 취향을 표현해가는 시대가 되고 있는 것이다.

특별한 경험의 즐거움

MZ세대는 늘 특별한 경험에 목말라 있는데, 셀프활동은 그 과정 자체가 이미 특별한 경험이 된다. 최근 젊은층에서 큰 사랑을 받고 있는 셀프사진관은 2010년대 초반부터 대표적인 셀프활동이라 여겨진 셀프 촬영에 대한 새로운 경험을 제공한다. 과거에 큰 인기를 끌었던 해상도 낮은 스티커 사진과 달리 셀프사진관은 전문 촬영 장비와 사진작가의 세팅값을 갖춘 공간에서 촬영할 수 있다는 점이 특징이다. 다양한 컬러의 배경이나 프레임을 이용하여 특별한 작품 같은 사진을 연출할 수 있을 뿐만 아니라 QR코드를 이용하여 사진 촬영의 순간을 타임랩스 영상으로 저장할 수도 있다. 마치 스튜디오에서 사진작가가 찍어준 것처럼 나온 예쁜 사진을 가질 수 있고 사진을 찍는 과정 또한 재미있게 기록으로 남길 수 있기 때문에 큰 인기를 끈다.

'인생네컷'을 시작으로 최근 10대들 사이에서 인기를 끌고 있는 '하루필름' 등 다양한 프랜차이즈가 생겨나고 있는 셀프사진관은 고객들에게 차별적인 경험을 제공하기 위해 다양한 포토 프레임을 선보이고 있으며, 포토부스를 대여하는 서비스까지도 제공하고 있다. 대표적인 셀프사진관 중 하나인 인생네컷은 하객들이 사진으로 방명록을 남길 수 있도록 결혼식장에 포토부스를 대여해주는 서비스를 제공하여 남다른 결혼식을 기획하는 예비부부들의 마음을 사로잡고 있다. 또한 '포토이즘'은 CJ ENM과 협업하여 'KCON 2022 프리미어'에 참여한 브레이브걸스, 비투비 등 아이돌 멤버별 프레임을 제작하는 콜라보레이션 프레임 이벤트를 진행했다. 이 이벤트가 한 달여간 진행되는 동안 전국 포토이즘 매장에 약 10만 명이 방문했을 정도로 큰 인기를 끌었다. 이 프레임을 이용하면 아이돌 멤버와 직접 사진을 찍은 것 같은 효과가 있기 때문에 팬들에게는 매우 특별한 경험이 된다.

포토이즘과
KCON 2022 프리미어의
특별한 콜라보레이션 이벤트
(출처: KCON 트위터)

셀프시대를 향한 기업의 대응

셀프활동의 재미를 배가할 아이템 개발

어렵고 힘들다고 생각했던 일도 쉽게 처리할 수 있게 만드는 첨단기술의 발전과 자신의 취향을 드러내고 싶은 소비자들의 욕구로 인해 앞으로도 셀프활동은 계속 증가할 것이다. 지금도 이미 기업이 발신하는 메시지를 들으려 하지 않는 소비자들이 스스로 더 많은 일을 해결하기 시작하면 기업이 제공할 수 있는 서비스의 영역이 지금보다 더 줄어들고 고객과의 관계 형성은 지금보다 더 어려워질 수 있다. 이러한 시대의 변화에 발맞춰 기업들은 고객들의 셀프활동을 도울 수 있는 차별적인 아이템을 제공함으로써 지속적인 관계를 유지할 수 있다.

메시지가 사라지는 기능을 제공하여 10대 소비자에게 큰 사랑을 받으며 성장한 미국의 소셜네트워크서비스인 스냅챗은 2022년 셀피 드론 '픽시(Pixy)'를 출시했다. 픽시는 컨트롤러 없이 사용자를 인식해 자동으로 날아다니며 촬영하는 플라잉 카메라로, 픽시를 이용하여 촬영한 영상은 스냅챗 메모리에 저장되고 스냅챗의 편집 도구를 이용해

특별한 셀카 경험을 제공하는 스냅챗 픽시
(출처: Snapchat 홈페이지)

편집할 수 있으며 타인과 영상을 쉽게 공유할 수도 있다. 픽시는 셀피를 찍는 것을 좋아하는 젊은층에게 새로운 경험을 제공하는 것은 물론, 고객들이 스냅챗을 지속적으로 이용할 수 있도록 유도한다.

셀프활동을 지원하는 비즈니스의 등장

소비자들이 셀프활동을 아무리 적극적으로 한다고 해도 원시시대처럼 모든 것을 혼자 알아서 하면서 살아갈 수는 없다. 시간과 비용을 낭비하지 않는 효율성을 추구하기 때문이다. 따라서 기업은 소비자들이 보다 쉽게 셀프활동을 할 수 있도록 지원하는 것에서 새로운 비즈니스 기회를 찾을 수 있다. 예를 들면 셀프경제활동을 원하는 크리에이터나 1인 사업가들이 비즈니스를 시작할 수 있도록 도와주는 서비스도 관심을 끌고 있다. 2022년 초에 런칭한 리틀리는 누구나 손쉽게 모바일 홈페이지를 제작할 수 있도록 도와주는 서비스로 인스타그램, 블로그, 유튜브 등 자신의 모든 계정을 하나의 프로필에 등록할 수 있다. 그뿐만 아니라 문의받기나 후원받기 등의 기능도 손쉽게 추가할 수 있어 7개월 만에 누적 회원 15,000명을 확보할 정도로 시장에서 긍정적인 평가를 받고 있다.

누구나 손쉽게 페이지를 만들 수 있는 리틀리의 홈페이지 빌더 서비스
(출처: 리틀리 홈페이지)

이 밖에 인테리어 플랫폼인 '오늘의집'은 셀프인테리어에 관심 있는 사람들이 보다 쉽게 정보를 탐색할 수 있도록 '셀프가이드'라는 카테고리 안에 소비자들이 올린 후기를 셀프인테리어의 주요 단계별로 분류하였다. 비용정리부터 벽꾸미기까지 각 단계별로 사람들이 공유한 노하우를 보며 자신만의 셀프인테리어 아이디어를 쉽게 얻을 수 있다. 이러한 서비스는 고객들이 기업의 커뮤니티에서 활동하도록 유도하면서 기업과 소비자 간의 관계를 유지하도록 만든다.

셀프활동을 위한 환경 구축

코로나19 이후 붐비는 곳에 가거나 낯선 사람들과 이야기 나누는 것을 꺼리는 사람이 많아지면서 무인 매장을 오픈하는 기업이 증가하고 있다. 기업 입장에서는 고용비를 절감할 수 있다는 장점이 있고, 점원의 도움을 부담스럽게 생각하는 밀레니얼세대나 Z세대 소비자에게는 방해받지 않고 셀프쇼핑을 할 수 있다는 장점이 있다. 영업사원의 도움이 가장 필요할 것 같은 가전이나 자동차 대리점에서도 최근 무인 매장을 적극적으로 도입하고 있는 것은 주목할 만한 변화이다. 사실 소비자들이 이미 스스로 여러 정보를 탐색한 후 실물 확인을 위해서만 매장에 방문하는 경우가 많기 때문에 점원이 있다 하더라도 매장 내에서의 체류 시간 동안 고객과 친밀한 관계를 형성하는 것은 쉽지 않다. 이보다는 셀프쇼핑 시간 동안 공간 자체가 제공하는 특별한 경험이 오히려 브랜드와의 관계를 형성하는 데 유의미한 역할을 할 수 있다.

최근 더현대 서울에는 '언커먼스토어'라는 무인 매장이 문을 열었다. 'No Card, No Cash, QR Only'를 표방하는 이 매장은 기존의 무인 매장에서 쉽게 볼 수 있는 바코드 리더기조차 없다. 사전에 다운로드받은 앱에 결제 수단을 등록하고 매장을 방문하여 원하는 상품을 쇼핑해서 나오면 자동으로 결제되는 시스템을 탑재했기 때문이다. 이와 같은 셀프쇼핑은 천장에 설치된 AI 카메라와 진열대 바닥의 무게 감지 센서 덕분에 가능하다. AI 카메라가 고객의 행동과 상품의 위치를 추적하고 무게 감지 센서로 무게 변화를 인지하여 고객들이 구입한 상품을 파악하는 것이다. 개인이 직접 바코드를 일일이 스캔해야 하는 기존 무인 매장의 불편함을 해소한 것은 물론 혁신적인 셀프쇼핑 경험을 제공하기에 언커먼스토어는 오픈하자마자 큰 관심을 받고 있다.

첨단기술을 기반으로 혁신적인 셀프쇼핑을
가능하게 한 언커먼스토어
(출처: The Hyundai 현대백화점 블로그)

첨단기술의 발전과 인간관계의 단절을 초래한 코로나19로 인해 사람들은 점점 더 독립적인 생활인이 되어가고 있다. 전문가 도움 없이 익힐 수 있을 정도로 기기의 조작이 간편해졌고, 요리, 사진, 미용 등 라이프스타일의 여러 측면에서 남의 손을 거치지 않아도 누구나 전문가처럼 해낼 수 있도록 도와주는 도구들이 많아졌기 때문이다. 그뿐만 아니라 어려움이 생기면 온라인에서 바로 도움을 구하거나 해답을 찾을 수도 있다.

원시시대의 자급자족이 생존을 위한 불가피한 방법이었다면 21세기의 자급자족은 일상의 순간순간을 윤택하게 해주는 재미 요소가 된다. 하기 싫다는 마음이 들면 언제든 다른 사람의 도움을 받을 수 있는 일이 대부분이기 때문에 스스로 셀프활동을 선택한 사람들은 부담 없이 그 과정 자체에서 재미와 보람을 느낀다. 그리고 자신의 결과물을 인스타그램 같은 소셜미디어에 공유함으로써 다른 사람들에게 '금손*'으로 인정받는 것을 즐긴다. 다른 사람의 셀프활동 결과물을 본 사람들은 자신도 할 수 있다는 자신감을 얻거나 자극을 받는다.

이러한 과정 속에서 셀프활동의 영역이 점점 넓어지는 선순환이 일어나고 있다. 식당에서의 셀프서비스처럼 간단하고 단순한 활동에서 시작하여 스스로 무언가를 해내는 활동, 수익을 창출하기 위한 활동까지도 스스로 찾아서 하고 있다. 지금보다 기술이 더 발전하면 우리는 오히려 더 많은 것을 혼자 해결해 나갈지도 모른다. 각자의 개성에 맞게 자신이 원하는 것을 직접 하는 과정에서 진정한 초개인화 시대가 펼쳐지는 것은 아닐지 기대된다. 지금까지는 기업들이 초개인화 시대에 대응하기 위해 개인의 취향에 맞춘 제품이나 서비스를 제공하는 것에만 초점을 맞췄지만, 셀프활동을 용이하게 할 수 있는 환경을 구축하는 것 또한 진정한 초개인화 시대를 실현하는 방법이 될 수 있을 것이다.

★

금손 손재주가 뛰어나 이것저것 잘 만드는 사람을 일컫는 말

“

21세기의 자급자족은 일상의 순간순간을 윤택하게 해주는 재미 요소가 된다. **각자의 개성**에 맞게 **자신의 원하는 것**을 **직접 하는 과정**에서 진정한 **초개인화 시대**가 펼쳐지는 것은 아닐지 기대된다.

”

위대한 딴짓:

사이드 프로젝트

4

미국 세인트루이스에 위치한 '사이드 프로젝트 브루어리'는 현재 세계 맥주 애호가들에게 최고의 맥주 양조장으로 인정받는 곳이다. 이곳의 이름이 사이드 프로젝트가 된 것은, 말 그대로 양조장 직원 한 명의 사이드 프로젝트로 시작되었기 때문이다. 대형 양조장 '페레니얼 브루어리'에서 일하던 직원 한 명이 양조장 공식 레시피가 아닌 자신만의 방식으로 맥주를 만들어보고 싶어했고, 양조장의 허락을 받아 퇴근 시간 이후 혼자서 만들어본 맥주가 큰 인기를 끌며 독자적인 브루어리로 성장했다.

이처럼 회사에서 지시하는 본업무 외에 다른 목적을 가진 비교적 자유로운 업무를 흔히 '사이드 프로젝트'라고 칭한다. 사이드 프로젝트는 직원들에게 새로운 동기부여의 기회가 되며, 회사의 기존 프로세스에서는 나오기 어려웠던 새롭고 창의적인 비즈니스를 탄생시키기도 한다.

한국에서 아직 생소한 개념이었던 사이드 프로젝트는 2020년부터 본격적으로 주목받기 시작했다. 팬데믹 이후부터 신흥 IT 기업에 대한 평가가 높아지고 IT 개발 조직의 업무 문화가 조명받으면서 사이드 프로젝트가 자연스럽게 주목받게 되었다. 또한 코로나19 이후 재택근무 비중이 늘면서, 회사의 업무 지시 없이도 자신의 생산성을 유지하고 커리어를 능동적으로 성장시키려는 욕구를 가진 사람들이 사이드 프로젝트에 관심을 가지고 참여하고 있다.

©Victoria Heath, Unsplash

사이드 프로젝트란?

전통적인 사이드 프로젝트의 정의

창의성과 의욕이 넘치는 직원이 회사 내에서 기존 업무 외에 새로운 제품과 서비스의 개발을 시도하는 사이드 프로젝트 사례는 예전부터 있었다. 회사는 직원의 새로운 도전을 위해 시간과 장비, 지식을 어느 정도 지원해주며 새로운 도전을 할 수 있도록 돕고, 사이드 프로젝트가 성공할 시에는 회사의 새로운 비즈니스로 편입시킨다.

구글에서 장려하던 20% 법칙은 직원들이 근무시간의 20% 동안 창의적인 딴짓을 할 수 있도록 하는 제도이다. 구글은 20% 법칙 덕분에 성장 초기에 다양한 실험적인 서비스를 시도해볼 수 있었다. 20%의 시간을 활용하여 구글의 개발자들은 평소 맡은 업무는 아니지만 만들어보고 싶었던 서비스와 기능을 개발할 수 있었다. 수많은 사이드 프로젝트가 생성되었다가 폐기되었는데, 그중 살아남은 소수의 프로젝트가 구글 스트리트 뷰(Google Street View)와 검색어 자동 완성 기능이다. 이 서비스들은 현재 구글을 설명할 때 빠지지 않는다.

구글 스트리트 뷰 화면
(출처: 구글 홈페이지)

구글 검색어 자동 완성 기능 화면
(©visuals, Unsplash)

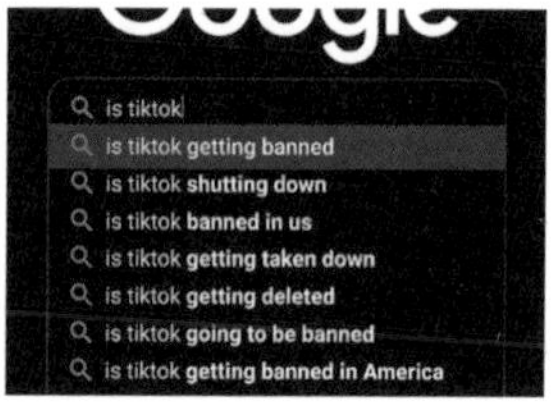

출판업계에서도 새로운 시도는 중요한 가치이다. 출판사 '위즈덤하우스'는 '새로운 시도'라는 특별한 인사평가 기준을 가지고 있다. 성공 여부, 수익과 상관없이 업무에서 새로운 시도를 했는지를 판단하는 기준이다. 이러한 회사의 방향성 아래서 2012년, 책을 다루는 팟캐스트 콘텐츠 〈이동진의 빨간책방〉을 론칭하였다. 이 콘텐츠는 북토크쇼와 북카페로 확장되면서 2019년 종영될 때까지 위즈덤하우스의 주요 홍보 채널 역할을 했다.

달라지고 있는 사이드 프로젝트

요즘의 사이드 프로젝트는 이전과 달라졌다. 이전에는 회사의 틀 안에서 사이드 프로젝트가 진행되었다면, 현재는 훨씬 자유롭고 유연하게 진행된다. 회사 밖에서 마음 맞는 친구나 타국의 개발자와 협업할 수도 있고, 혼자 계획을 짜서 진행하기도 한다. 프로젝트 결과물의 형태도 다양해지고 있다. 제품이나 서비스라고 정의하기 어려운, 정보와 지식의 전달을 위한 콘텐츠나 모임을 기획하는 것 또한 사이드 프로젝트로 정의되고 있다. 회사의 업무에서 벗어나 가치 있는 무언가를 만들어내는 모든 일을 이제는 사이드 프로젝트라 부른다. 심지어 자기계발을 위한 공부나 꾸준히 블로그를 작성하겠다는 계획을 사이드 프로젝트의 범주에 포함하기도 한다. 혼자든 마음이 맞는 타인과 함께든 부업 및 창업 준비, 취미, 공부, 창작 등 모든 활동에 목표와 스케줄을 설정하고 조금의 강제성을 부여한다면 사이드 프로젝트라고 말할 수 있게 되었다.

'구닥(Gudak)'은 구닥다리 카메라라는 뜻으로, 예전의 일회용 사진기 '코닥'의 아날로그 감성을 재현하는 애플리케이션이다. 필름 카메라 특유의 빛바랜 느낌의 필터 기능과 함께, 24개의 사진을 모두 찍은 뒤에만 사진을 확인할 수 있고 사진에 날짜를 박을 수 있는 등 앱에 필름 카메라의 감성을 구현하여 출시 당시 9개국에서 앱스토어 1위를 기록했고, 이후 필름 카메라의 감성을 살린 스마트폰 케이스 등 관련 디

구닥 애플리케이션
(출처: 구닥 페이스북)

구닥 스마트폰 케이스
(출처: 구닥 페이스북)

니가개냥 애플리케이션
(출처: 니가개냥 앱스토어)

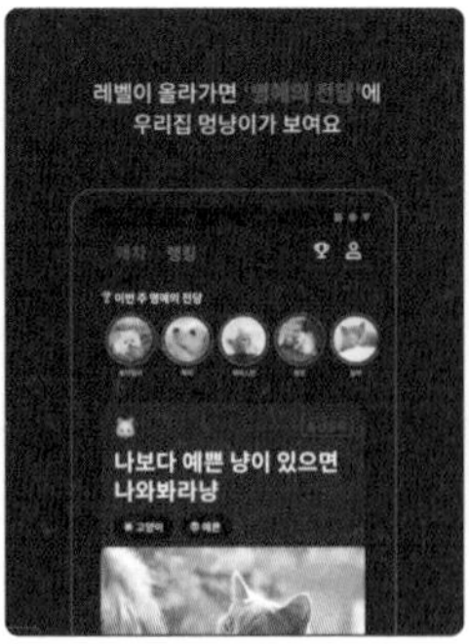

자인 제품으로 확장되었다. 구닥을 만든 '스크루바(Screw Bar)'는 미술학원 원장 등 각자 직업이 따로 있는 4명이 모여 만든 사이드 프로젝트 모임이었다. 구닥 개발 이전에는 손목에 거는 팔찌형 텀블러 같은 아이디어 상품을 개발한 경험이 있었다. 스크루바는 구닥의 성공 이후에도 각자의 직업을 유지하면서 새로운 제품과 서비스를 기획하고 시도하는 모임으로 남아 있다.

자신의 반려동물 사진을 업로드하여 추천수로 대결하고 랭킹을 매기는 게임·소셜미디어 애플리케이션인 '니가개냥'은 아일랜드, 싱가포르, 한국, 베트남에 거주하는 IT업계 근무자들이 다양한 원격 협업 툴을 활용하여 비대면으로 개발한 것이다. 막연히 본업 외에 새로운 것을 해보고 싶다는 생각으로 모인 개발자, 디자이너, 서비스 기획자들이 처음부터 온라인으로 계속 만나며 아이템을 고민했고, 몇 번의 회의를 통해 도출된 '귀여운 것에 집중해서 서비스를 만들어보자'는 방향성 아래 유저가 자신의 반려견, 반려묘 사진을 업로드하여 다른 유저의 사진과 서로 '좋아요'의 수를 대결하는 서비스를 만들게 되었다.

직장인의 각양각색 사이드 프로젝트 도전기

온라인 서비스를 개발하는 사이드 프로젝트

온라인 서비스를 개발하고 기획하는 사람들에게 사이드 프로젝트는 특히 친숙하다. 회사에서 잘 쓰지 않는 새로운 프로그래밍 언어와 도구를 사용하기 위해, 커리어의 공백기를 의미 있는 일로 채우기 위해, 창업의 발판으로 삼기 위해 등 다양한 이유로 IT업계에서는 사이드 프로젝트를 시도하는 문화가 이미 형성되어 있다. 또한 온라인 서비스 개발은 서비스의 수익화와 원격 협업이 용이해 사이드 프로젝트를 쉽게 시도할 수 있는 환경이 갖추어져 있다고도 볼 수 있다.

사이드 프로젝트의 수익을 만들어내는 측면에서 온라인 서비스는 다른 분야에 비해 간편하다. 사이드 프로젝트로 개발되는 서비스는 대부분 유료 앱 다운로드나 서비스 내 온라인 광고 게재로 수익을 낸다. '구글 애드센스(Google AdSense)' 같은 온라인 광고 플랫폼을 개발하는 온라인 서비스에 연결하기만 하면 광고 게재와 정산을 자동으로 처리할 수 있다. 이 외에도 유저가 개발한 서비스에 감사를 표할 수 있도록 기부 페이지를 만들어놓은 서비스도 많다. 애플 앱스토어, 구글 플레이스토어의 앱 내 결제 기능이나 페이팔(PayPal) 등의 송금 플랫폼을 통해서 원한다면 일정 금액을 기부할 수 있게 한다. 이와 같이 간편하게 도입이 가능한 수익 창출 방식 덕분에, 온라인 서비스 사이드 프로젝트의 참여자는 자신이 관심 있는 서비스 개발에만 집중할 수 있다.

회사 밖에서 사이드 프로젝트를 진행하더라도 온라인 서비스 분야는 다양한 협업 툴의 발전으로 시·공간의 제약 없이 프로젝트를 추진할 수 있다는 이점이 있다. IT 기업이 아니어도 널리 사용되는 협업 서비스 툴인 '슬랙(Slack)'을 기본으로, 디자인 전문 협업 툴인 '피그마(Figma)', 원격으로 온라인 서비스의 플로차트를 협업하여 개발할 수 있는 '윔지컬(Whimsical)' 등 다양한 툴을 활용해 프로젝트를 관리하고 진행한다.

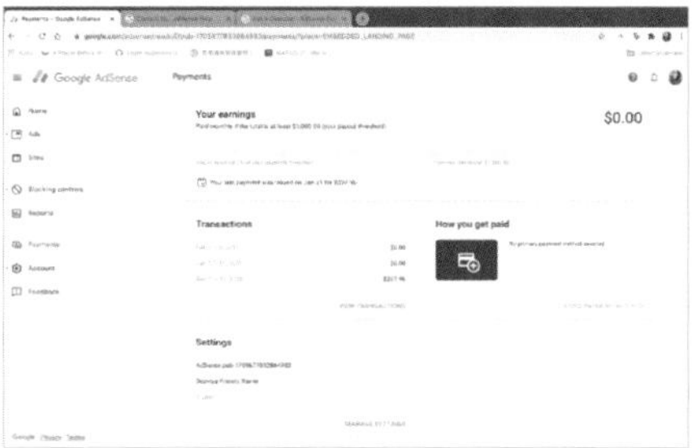

웹 & 앱 내 광고 운영 도구 구글 애드센스
(출처: Google help)

Figma

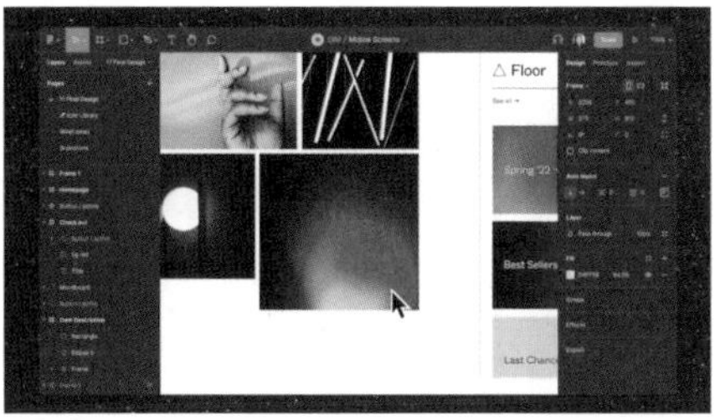

서비스 디자인 협업 도구 피그마
(출처: 피그마 홈페이지)

"누구나 가슴속에 붕어빵 사 먹을 3천 원쯤은 있잖아요?"라는 말로 자신들을 소개하는 '가슴속3천원'은 붕어빵 같은 겨울철 간식을 파는 노점상의 위치를 공유하는 위치 기반 모바일 플랫폼이다. 사이드 프로젝트 구인 플랫폼을 통해 다양한 사람들이 모여 만든 사이드 프로젝트의 결과물이다. '내가 쓰고 싶은 앱을 만들어보자'는 방향 아래 만든 이 서비스는 2021년 말 앱스토어에서 1위를 기록했으며, 떡볶이, 군고구마, 토스트 등 추적하는 노점의 종류를 확장해나가며 성장하고 있다.

앱 디자이너와 개발자를 연결해주는 구직 플랫폼 기업 '드리블(Dribbble)'은 신규 론칭 플랫폼 '크루(Crew)'의 웹사이트에 사용하기 위해 사진작가를 섭외하여 사진을 촬영했다. 그중 사용하지 않은 사진 10장을 버리기 아까웠던 드리블 직원은 별생각 없이 웹사이트를 하나 만들어 10장의 사진을 무료로 다운로드받을 수 있게 하고 촬영한 작가의 포트폴리오 링크를 달아두고는 그 사실을 잊어버렸다. 이후 많은 사람이 무료 이미지에 감사를 표하며 작가의 포트폴리오 사이트에 방문하는 일이 발생하자 그들은 본업무 외에 매일 10개의 무료 이미지를 구해서 웹사이트에 올리기 시작했다. 이 웹사이트는 무료 이미지 공유 플랫폼 '언스플래시(Unsplash)'가 되어 커다란 성공을 거두게 되었다.

푸드트럭 탐색 플랫폼 가슴속3천원
(출처: 가슴속3천원 앱스토어)

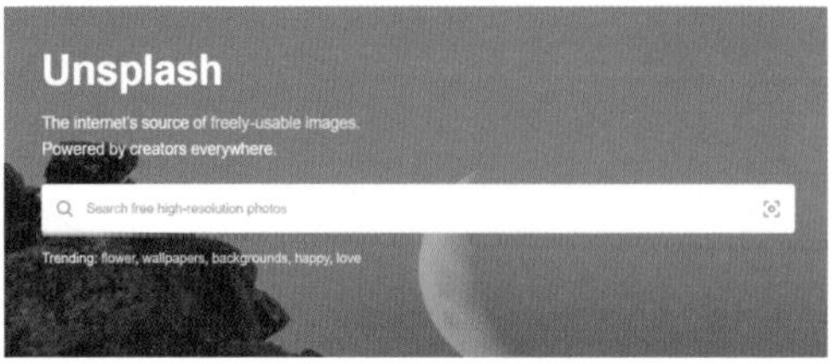

무료 이미지 공유 & 포토그래퍼
연결 플랫폼 언스플래시
(출처: 언스플래시 홈페이지)

자신만의 콘텐츠를 만드는 사이드 프로젝트

콘텐츠 제작을 직·간접적으로 경험하는 마케팅, 출판, 기획 분야의 직장인들 또한 사이드 프로젝트에 활발히 참여한다. 본업을 벗어나 자신이 평소 다루고 싶었던 분야에 대한 콘텐츠를 제작하기 위해 가치 있는 자료를 큐레이팅하여 제시하거나, 파편화되어 있는 지식을 정리하여 출간한다. 또는 직접 콘텐츠를 개발하여 잡지, 독립출판물, 뉴스레터, 영상 등의 창작물을 만들어내기도 한다.

콘텐츠를 제작하는 사이드 프로젝트에는 개인의 취향이나 라이프스타일을 소개하거나, 사회적 가치를 표방하는 결과물을 만들어내는 경우가 많다. 예를 들어, 주류 플랫폼이나 콘텐츠에서는 비중 있게 다루지 않는 비건이나 페미니즘 같은 사회적 주제, 펑크 록 등 마이너한 음악 장르, 제작자가 거주하는 지역의 로컬 이슈 등 유니크한 주제를 다루고, 해당 주제에 열광하는 소규모의 소비자들이 커뮤니티나 소셜미디어를 통해 정보를 공유하며 프로젝트의 결과물을 소비하기도 한다.

졸업을 앞둔 미시간대학교 학생이었던 알렉스 리버먼(Alex Lieberman)은 대부분의 수업을 완료하여 남아도는 시간을 이용해 새로운 프로젝트를 해보기로 했다. 경제 뉴스를 읽으려고 해도 재미가 없고 어디부터 시작해야 할지 모르겠다고 느낀 알렉스 리버먼은 경제 뉴스를 큐레이션해 매일 아침 메일로 보내주는 서비스 '모닝 브루(Morning Brew)'를 론칭했다. 자신처럼 미국 금융업계 취업을 준비하는 대학생들 사이에서 경제 뉴스를 주제로 토론이 이루어지면, 자신의 공부에도 도움이 되고 재미있는 이력이 되겠다는 판단에서였다. 모닝 브루는 알렉스 리버먼이 골드만삭스에 취업한 후에도 최대한 시간을 덜 쓰면서 뉴스레터의 퀄리티를 유지하는 업무 방식을 발전시켜나가며 대학 시절 동료들과 서비스를 이어갔다. 결국 구독자수와 사업 규모가 폭발적으로 성장하게 되면서 모닝 브루는 사이드 프로젝트가 아닌 독립적인 비즈니스가 되었고, 2020년 기준 구독자 300만 명을 돌파하여 미국 경제 미디어지 〈인사이더(Insider)〉에 820억 원에 매각되었다.

매거진 〈Achim〉은 패션·뷰티 플랫폼 '스타일쉐어'의 브랜드 마케터가 그래픽 디자이너, 포토그래퍼 지인과 함께 사이드 프로젝트로 진행하는 계간지이다. 아침에 보기 좋은, 영감을 주는 콘텐츠를 만든다는 목표로 개발되었으며, 이미지와 텍스트를 함께 읽을 수 있도록 모든 페이지가 포스터처럼 구성되어 있다. 매거진 〈Achim〉은 현재 더 확장되어 유료 구독자 대상 이메일 레터 서비스, 연말 달력 등 굿즈 제작까지 진행하며 매거진의 팬덤을 넓혀가고 있다.

매일 경제 기사를 큐레이팅하여 전달하는
뉴스레터 서비스 모닝 브루 (출처: Morning Brew 홈페이지)

마케터, 디자이너, 포토그래퍼가 만든
사이드 프로젝트 계간지 〈Achim〉
(출처: Achim 홈페이지)

커뮤니티를 만드는 사이드 프로젝트

사람을 만나 대화를 나누는 것도 사이드 프로젝트가 될 수 있을까? 연속적이고 만남의 지향점이 있다면 그렇다고 할 수 있다. 비슷한 관심사와 생각을 가진 사람을 모으고 만날 약속을 정하며, 장소와 대화 주제를 준비하는 것은 분명히 기획력과 노동이 필요한 일이다.

'태화방앗간'은 울산에 거주하는 정유회사 엔지니어 박진주씨가 울산광역시 태화동에서 운영하는 커뮤니티 형식의 사이드 프로젝트이다. '죽음', '귤' 등 특정 주제를 두고 대화하기, 각자 좋아하는 책을 가져와 필사하기, 무서운 이야기를 하며 열무비빔밥 먹기, 태화강 일대를 플로깅하기 등 매 모임마다 특별한 주제와 방식을 기획하여 인스타그램에 게시하면, 관심있는 사람들이 참가비를 내고 참여하는 방식이다. 창립자가 과로와 스트레스에 시달리던 시기에 재미있는 무언가를 해보고 싶다는 생각으로 이 모임을 구성했으며, 경제력에 비해 문화적 인프라가 매우 부족한 '노잼 도시' 중 하나로 평가받는 울산에서 취향과 생각에 대해 이야기하는 기회를 만들고자 했다. 태화방앗간은 코로나19 유행 상황에서도 온라인으로 모임을 운영하면서 3년 이상 성공적으로 프로젝트를 운영하고 있다.

'우먼스베이스캠프'는 LA와 한국에서 디지털 노마드로 근무하는 여성 캠퍼들이 캠핑을 겪어보지 않은 여성에게 자연의 매력을 직접 경험하게 해주자는 취지로 가볍게 만든 인스타그램 계정이었다. LA와 한국에서 부정기적으로 백패킹*, 클라이밍, 파쿠르* 등 본격적인 캠핑을 교육하고 경험하는 프로그램을 운영하며 지속적으로 성장하였으며, 현재는 커뮤니티 플리 마켓, 대규모 캠핑 페스티벌을 개최하는 규모

★

백패킹(Backpacking) 최소한의 장비만 사용하는 등산을 겸하는 캠핑. 일반 캠핑보다 어려움

파쿠르(Parkour) 자신의 신체 능력만으로 험한 지형지물을 타고 넘거나 뛰어올라 극복하는 스포츠

있는 커뮤니티가 되었다. 또한 '와일드우먼 멤버십'이라는 이름의 정기 모임 및 커뮤니티를 형성중이다.

매번 흥미로운 주제와 활동을 기획하여 모이는 울산 지역 커뮤니티 태화방앗간
(출처: 태화방앗간 인스타그램)

여성에게 캠핑 지식을 알려주는 커뮤니티 우먼스베이스캠프
(출처: 우먼스베이스캠프 인스타그램)

직장인에게 사이드 프로젝트의 의미

직장인에게 사이드 프로젝트는 어떤 의미일까? 사이드 프로젝트로 이전에 회사에서 다루어보지 않았던 주제, 방식, 도구를 활용해 결과물을

만듦으로써 회사에서는 얻지 못하는 만족감을 얻는다. 또한 마음이 통하는 사람들과 자유롭게 협의하며 결과물을 만들어나가는 경험을 할 수 있는데, 이는 일반적으로 직장에서 흔하게 경험할 수 있는 것은 아니다. 예를 들어, 수직적이고 협업 요소가 없는 시스템에서 일하는 직장인은 사이드 프로젝트를 통해 자유롭고 창의적인 논의의 과정을 즐길 수 있으며, 다양한 분야와 배경을 가진 사람들과 어울리는 경험을 하게 된다.

수익 측면에서도 사이드 프로젝트는 직장인의 꿈을 자극한다. 수익이 크든 작든 부수입이 생기는 것은 직장인에게 큰 안정감을 주기 때문에 애플리케이션의 인앱 광고, 출판물의 정기적 인세 등의 부수입을 노리는 사이드 프로젝트가 계속해서 시도되고 있다. 어떤 직장인에게는 새로운 사업을 시도하기 위한 발판이 되기도 한다. 퇴사하여 본격적인 홀로서기를 하기 이전에 프로토타입 서비스나 제품을 완성해볼 수 있기 때문이다. 이 과정에서 예비 창업자는 본업을 그만두는 리스크를 줄일 수 있을 뿐 아니라 본격 창업 이전의 '작은 성공'을 통해 자신감을 얻게 된다.

회사의 작은 부분을 담당하는 직장인이 회사가 만드는 가치를 온전히 자신의 성과라고 느끼기는 어렵다. 이런 사람들은 사이드 프로젝트를 통해 자기효능감을 느낄 수도 있다. 직접 개발한 제품이나 서비스가 타인에게 선택받는 과정, 내가 만든 콘텐츠를 통해 표현한 가치관과 신념을 타인에게 공감받는 과정에서 자신이 더 가치 있는 사람이 되었다는 즐거움을 얻을 수 있는 것이다. 이 과정에서 이들은 수익과 관계없이 자신의 가치 향상을 위해 사이드 프로젝트를 계속하기도 한다.

사이드 프로젝트에 대해 조사해보면 수많은 실패 기록을 볼 수 있다. 블로그에 거창한 프로젝트 포부와 개발 플랜, 활용할 프로그래밍 언어와 툴, 함께할 멤버들을 게시한 뒤에 다음 소식이 올라오지 않기도 하고, 프로젝트는 순항하더라도 사이드 프로젝트에 할애해야 하는 업무량이 예상보다 많아지며 일상이 고단해져 결국 관두기도 한다. 이러한 높은 실패 확률과 고생스러운 과정에도 불구하고 직장인들은 왜 사이드 프로젝트에 도전하는 것일까?

사이드 프로젝트는 사람들이 흔히 말하는 '워라밸'의 회색지대, '워크'와 '라이프' 사이에 존재한다. '마음이 맞는 사람들과 결과에 구애받지 않고 자유롭게 시간을 할애하여 자신이 원하는 형태로 결과물을 만들어나가는 경험'은 좋은 직장에서도, 충분한 여가생활에서도 충족되기 어려운 가치이다. 즉 일이라 하기에는 자유롭고, 취미라 하기에는 강한 동기가 부여된 상태를 만들어 새로운 형태의 만족과 보람을 추구하는 것이다.

회사가 나의 커리어를 책임져주지 않는다는 사회적 인식이 일반화되고, 직장인이 자신의 재능을 비즈니스화할 수 있는 가능성이 무궁무진한 오늘날, 사이드 프로젝트는 새로운 형태의 만족과 보람을 느끼기 위한 제3의 방향으로 계속해서 시도될 것으로 보인다. 그리고 수많은 시도 중 성공한 소수는 기존의 비즈니스가 주목하지 않았지만 대중에게 새롭게 가치를 인정받는 제품, 서비스, 콘텐츠, 커뮤니티로 성장하여 기존 비즈니스와 세상에 변화를 만들어내는 계기가 될 것으로 예상한다.

“

사이드 프로젝트는

사람들이 흔히 말하는

‘워라밸’의 회색지대,

‘워크’와 ‘라이프’ 사이에 존재한다.

”

Part 3 세상

비즈니스 현장의 마케팅 전문가들이 주목한
라이프스타일 인사이트

쓰면 뭐하니?:

돈짠돈짠 절약 챌린지

1

요즘 물가가 무서운 속도로 오르고 있다. 밥 한끼에 1만 원이 넘고, 2022년 8월 기준 영화 티켓값은 1만 5천 원이다. 친구와 함께 보려면 3만 원인 꼴이다. 최저시급이 9,160원인 것을 고려하면 절대 가벼운 가격이 아니다. 먹거리, 주유비, 전기·가스·수도 같은 공과금 등 물가가 오르지 않은 것을 찾아보기 힘들다. 실제로 2022년 7월 소비자물가지수 및 소비자들이 가격을 직접적으로 느끼는 생활물가지수 모두 IMF 외환위기 이후 25년 만에 가장 많이 상승했다. 월급 상승률보다 물가 상승률이 높으면 수입 대비 지출이 상대적으로 많아져 소득이 줄었다고 느낀다. 이전과 특별히 달라진 것 없는 소비생활인데도 통장이 '텅장'이 되는 데는 이유가 있었다.

이러한 상황에서 MZ세대는 '짠테크'로 답을 찾아가고 있다. 얼마 전까지만 해도 오늘만 사는 '욜로(YOLO, You Only Live Once)족'이 대세였고, 명품을 소비하며 '오늘 플렉스(Flex)했다'는 말 또한 어렵지 않게 들을 수 있었다. 하지만 지금은 상황이 변했고, 내일이 없는 것처럼 오늘을 살더라도 내일은 온다. 멀리 생각하지 않고 오늘의 행복만을 생각하던 MZ세대에게 예기치 못한 경기 불황은 인생을 어떻게 살아가야 할지를 다시 생각하게 만들었다. 그리하여 MZ세대에게 주목받고 있는 라이프스타일이 바로 짠테크다.

©Mathieu Stern, Unsplash

짠테크의 정의와 방법

티끌 모아 태산을 만드는 것

짠테크는 인색한 사람을 비유할 때 쓰는 표현인 '짜다'와 '재테크'의 합성어로, 자린고비처럼 아껴서 재테크를 한다는 의미의 신조어이다. 지출을 최대한 아끼고 월급 외의 소소한 수입을 만드는 생활을 의미한다. 지출을 줄이기 위해 가계부를 작성하고, 할인받을 수 있는 서비스를 애용하고, 소소한 수입을 만들기 위해 앱테크*를 하기도 한다. 실제로 한 포털사이트에서 2020년부터 2022년 상반기까지 '짠테크'와 '플렉스'의 검색량을 비교해보면, 짠테크 검색량은 증가하고 있고 이와 반대되는 개념인 플렉스 검색량은 감소하고 있다는 사실을 알 수 있다. 경기 불황 이전부터 파이어족*을 꿈꾸며 절약하는 사람들이 존재했지만, 짠테크족은 파이어족처럼 이른 나이에 은퇴하기 위해서가 아니라 미래에 안정적인 생활을 영위할 수 있도록 절약을 생활화하는 사람들이다. 이처럼 지출을 줄이고, 일상에서 자그마한 돈이라도 모으는 습관을 만들어 미래를 준비하는 사람들이 있다. 정말 티끌을 모아서 태산을 만들 수 있을까? 그 가능성에 대한 도전이 시작되고 있다.

★

앱테크(Apptech) 스마트폰 애플리케이션을 활용해 돈을 버는 재테크 방식

파이어(FIRE)족 '경제적 자립(Financial Independence)'의 'FI'와 '조기 은퇴(Retire Early)'의 'RE'의 합성어로, 경제적으로 자립하여 30~40대에 조기 은퇴하는 것을 추구하는 사람들

'짠테크' 검색량 추이 (출처: 이노션 인사이트그룹)

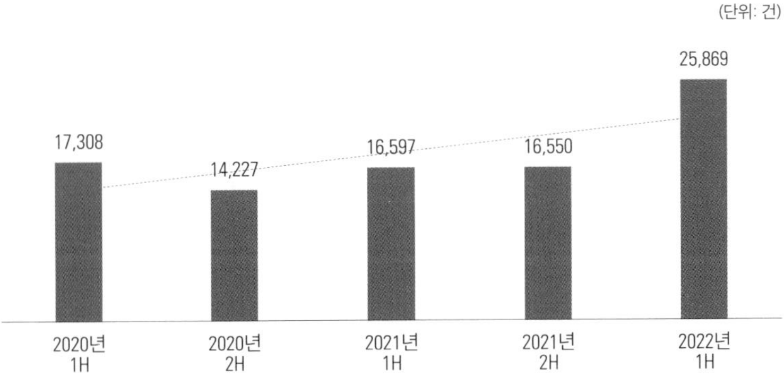

'플렉스' 검색량 추이 (출처: 이노션 인사이트그룹)

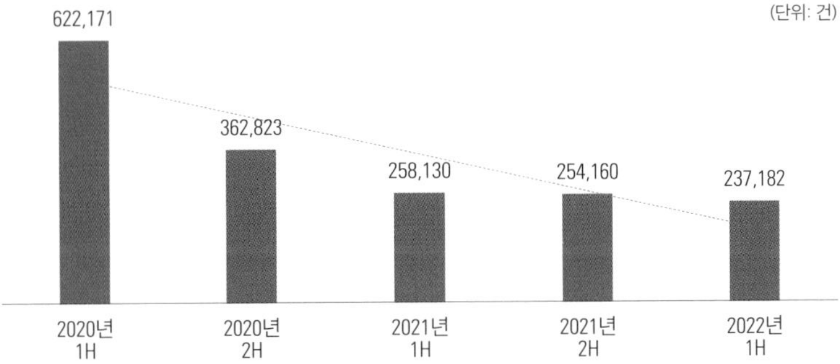

가계부 작성은 기본

경제학에서 소비를 논할 때 종종 사용되는 '톱니 효과' 이론이 있다. 톱니바퀴가 한쪽으로만 회전하고 반대편으로는 회전하지 못하는 것처럼 한번 늘어난 소비는 쉽게 줄어들지 않는 현상을 뜻한다. 소비를 관리하기 위해 전통적이지만 가장 확실한 방법은 가계부 작성이다. 수입과 지출을 꼼꼼히 기록해야만 통장 잔고의 이유를 알 수 있기 때문이다. 짠테크족은 수입과 지출을 직접 기록하기보다는 자동으로 입력해주는 가계부 애플리케이션을 사용한다. 앱스토어에서 '가계부'를 검색해보면 다양한 가계부 앱이 나온다. 뱅크샐러드나 토스처럼 통장 잔고 외에도 보유 주식이나 여러 자산을 통합해서 보여주는 종합 자산 관리 서비스가 많지만, 이러한 애플리케이션은 '자산'을 관리하는 데 더 적합하다. 그래서 짠테크족은 가계부를 따로 작성한다. 가계부는 본인에게 가장 편리하고 보기 쉬운 애플리케이션을 선택하여 사용하면 된다. 이미 가계부를 사용하고 있다면, 잠재적인 짠테크족이라고 볼 수 있다.

무지출 챌린지로 소비 줄이기

단순히 가계부를 작성하는 데서 멈추지 않고 소비를 줄이기 위해 '무지출 챌린지'를 하는 경우도 있다. 무지출 챌린지는 SNS상에서 많이 볼 수 있는데, 말 그대로 지출을 하지 않는 것에 도전하는 일을 말한다. 좀더 세부적으로 살펴보면, 먼저 지출을 하지 않을 날을 정한다. 예를 들어, 매주 화요일과 목요일을 무지출데이로 정한다면 이날은 1원도 사용하지 않는다. 단, 꼭 필요한 교통비는 제외한다. 걷기나 자전거로 이동이 가능하면 교통비 지출도 없앤다. 이렇게 지출하지 않은 날을 기록하고 SNS에 인증한다. 그리고 점차 무지출데이를 늘린다. 무지출 챌린지를 하다보면 OTT 구독료, 클라우드 사용료, 커피나 간식값 등 나도 모르게 조금씩 소비하고 있었던 것들이 보인다. 따라서 무지출데이를 성공하기 위해서 커피숍에서 커피를 사지 않고 스틱커피를 챙기는 등의 노력을 하게 된다. 성공하게 되면 나와의 약속을 지켰다는 뿌듯함과 함께 하루하루 아끼면 적지 않은 금액이 모인다는 것을 직접 느끼게 되어 지속적으로 절약 습관을 갖게 된다. 무지출 챌린지를 한 번이라도 실천했다면, 그것만으로도 이미 큰 시작이다. 지출을 관리하다보면 가벼운 마음으로 결제하던 소비 습관에 경각심을 갖게 되기 때문이다. 그 결과 일시적인 깨달음이 아닌 반성과 개선을 통해 필요한 것만 소비하는 습관을 기를 수 있다.

안 쓰는 기프티콘은 현금화

누구나 이벤트 경품이나 선물로 기프티콘을 받아본 경험이 있을 것이다. 사용 기한 내에 사용하지 못하고 기프티콘을 버려본 경험 또한 있을 것이다. 정해진 브랜드에서만 사용이 가능한 경우에는 생활 반경 안에 있는 브랜드가 아니라면 기한 내 사용이 어렵기 때문이다. 이러한 기프티콘을 현금으로 환전하거나 할인된 가격으로 판매하거나 구입할 수 있는 기프티콘 거래 플랫폼이 짠테크족에게 인기다. 예를 들어, 선물받은 문화상품권을 판매하고 싶으면 기프티콘 거래 플랫폼에서 판매 예약을 한 후 플랫폼에서 제시한 가격을 보고 판매 여부를 결정하는 것이다. 제시된 가격은 당시의 기프티콘 수요와 공급에 따라서 조금씩 달라진다. 제시된 금액에 판매하면, 2~3일 뒤 계좌에 현금이 들어와 있는 것을 확인할 수 있다. 중고 거래처럼 흥정할 필요가 없고 절차가 간단하다는 장점이 있다. 이렇게 매입된 기프티콘은 다시 플랫폼에서 할인된 가격으로 판매된다. 스타벅스 아메리카노 톨 사이즈의 경우 정가는 4,500원인데 기프티콘 거래 플랫폼에서는 20% 할인된 가격으로 판매되고 있다. 영화관람권의 경우도 25~34%까지 할인되고 있어서, 영화를 보러 가기 전에 이곳에서 기프티콘을 구매하여 관람하면 절약하는 데 큰 도움이 된다. 이 외에도 치킨, 베이커리, 편의점, 백화점 상품권 등 다양한 기프티콘으로 필요한 소비를 저렴하게 할 수 있어 짠테크족의 사랑을 받고 있다.

편의점 구독 쿠폰으로 더 저렴하게

'런치플레이션'은 런치와 인플레이션의 합성어로 물가 상승으로 인해 점심값이 많이 올라 생겨난 신조어다. 비싸진 점심값은 사람들을 편의점으로 이끌었다. 식당에서 식사하는 것보다 간단하고 저렴하게 끼니를 해결할 수 있기 때문이다. 실제 CU, GS25 등 4대 편의점의 2022년 7월 도시락 매출은 전년 동기 대비 평균 40% 이상 증가했다. 도시락 비용이 비싸져서 매출이 올랐다고 생각할 수도 있지만 그렇지 않다.

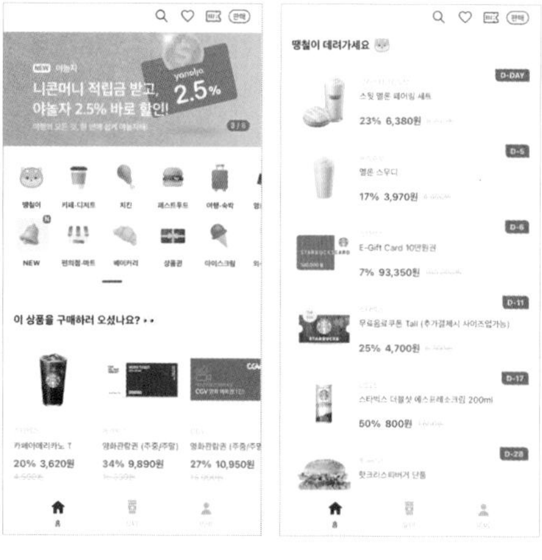

기프티콘 거래 서비스
(출처: 니콘내콘 앱)

가격이 5,000원 이상인 도시락 판매량은 줄었기 때문이다. 따라서 편의점 도시락은 저렴한 가격 때문에 구매가 증가했다고 볼 수 있다. 특히 대학가와 회사 상권에서의 도시락 매출이 급증했는데, 이는 MZ세대가 소비를 줄이기 위해 선택한 것이라고 볼 수 있다.

평균 4,500원 정도의 저렴한 편의점 도시락을 조금 더 싸게 구입할 수 있는 방법이 있다. 바로 편의점 구독 서비스이다. 짠테크족이 부상하면서 덩달아 편의점 구독 서비스 이용도 늘었다. 편의점 구독 서비스는 월 구독료를 결제하면 도시락, 샐러드, 즉석 원두커피 등 20가지 상품을 대상으로 정해진 횟수만큼 할인받는 서비스이다. 예를 들어, 매일 저녁 편의점에서 샐러드를 구매한다고 가정할 때, 한 달 동안 샐러드 20% 할인을 10번 받을 수 있는 구독 쿠폰을 3,500원에 구매한다. 그럼 4,000원 하는 샐러드를 20% 할인받아 3,200원만 지불하면 된다. 만약 10회 모두 사용하면 월 8,000원이 할인되는데, 처음에 할인 쿠폰 구독료를 3,500원 지불했으니 최종적으로 한 달에 4,500원을 아낄 수 있는 것이다. 소금처럼 짜서 짠테크이다. 이렇게 조금씩 1년을 모으면 결코 적지 않은 돈이 된다.

편의점 도시락 매출 증가율

(출처: 아시아경제 / 2022년 7월 1일~28일 전년 동기 대비)

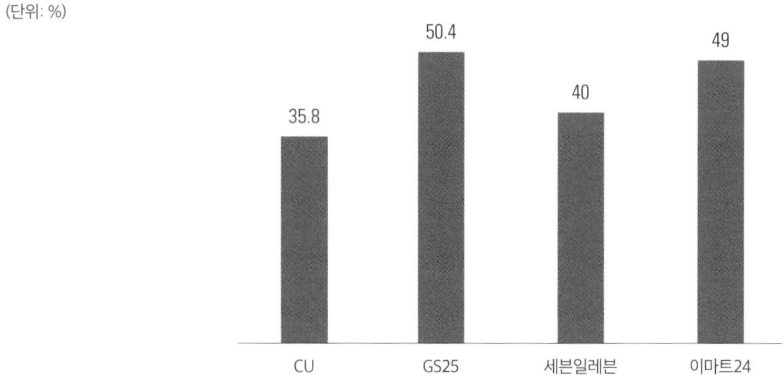

소소한 수입 만들기

온라인 금을 캐다—'시럽' 야금야금

온라인 플랫폼에서 출석체크로 포인트를 지급하는 서비스는 많이 보았을 것이다. 그런데 단순히 포인트를 지급하는 것이 아니라 금의 소유권을 지급하는 서비스가 생겼다. '시럽(Syrup)' 애플리케이션의 '야금야금' 서비스다. 전통적으로 금은 안전 자산으로 분류되어 경기가 불안정할 때도 투자 포트폴리오를 위해 좋은 자산이 된다. 야금야금은 출석할 때마다 e금 또는 OK캐쉬백 포인트를 받을 수 있는 기회를 매일 2회씩 지급한다. e금은 금의 소유권을 구매하는 것으로, e금 1개는 0.0001g의 금을 뜻한다. OK캐쉬백 포인트로 시세에 맞는 e금을 구매할 수도 있다. 출석체크만으로 금 투자를 할 수 있는 것이다. e금은 실물로 금을 구매하는 것과 비교했을 때 많은 장점이 있다. 먼저 실물로 금을 살 때보다 저렴하게 구입할 수 있다. 골드바나 순금 반지는 금 시세와 공임비, 매장 운영비 등이 반영된 금액으로 판매된다. 그러나 e금은 거래시 발생하는 수수료 외에 추가로 발생하는 비용이 없어 실물로 금을 살 때보다 이득이다. 또한 실물 금에는 부가세 10%가 부과되는데, e금은 과세 대상이 아니기 때문에 수익률 면에서도 이점을 가진다.

단순히 포인트로 지급되는 것이 아니라 매일 출석체크를 하면서 조금씩 금을 투자할 수 있어 금 투자에 관심 있는 사람들에게 좋은 서비스다. 또 금 시세에 따라 변동되는 자산을 보는 재미도 있어 짠테크족에게 인기가 있다.

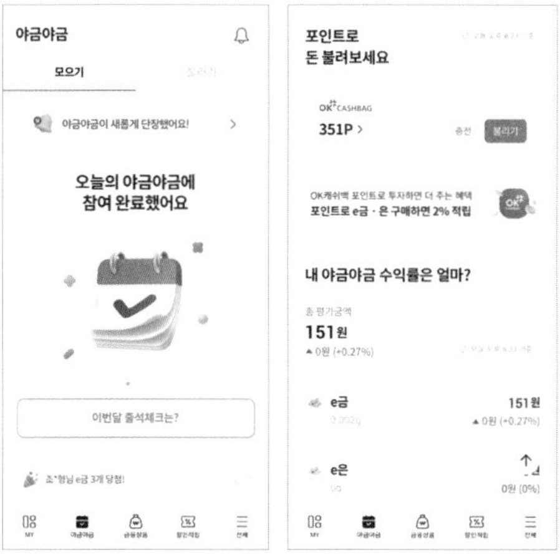

시럽의 야금야금 서비스
(출처: 시럽 앱)

내게 맞는 카드로 혜택을 최대화—카드고릴라

앞서 본 짠테크의 수익이 너무 적게 느껴진다면, 페이백을 해주는 신용카드 발급을 알아볼 만하다. 예를 들어, 신규 신용카드를 발급받고 한 달 동안 총 결제 금액이 16만 원 이상이면 다음달에 16만 원을 캐시백으로 돌려주는 서비스를 이용하는 것이다. 카드사마다 매달 지급되는 캐시백 금액이나 이벤트 조건이 달라지는데, 이를 한눈에 비교하고 검색해볼 수 있는 곳이 있다. 바로 '카드고릴라' 사이트이다. 이곳에서는 나에게 가장 적합한 혜택이 있는 카드를 추천받을 수도 있다. 요즘은 대부분 카드로 결제하기 때문에 일상생활에서 특별한 행동을 하지 않아도 혜택을 받을 수 있을뿐더러, 새로운 카드를 발급받으면서 20만원 안팎의 캐시백을 받을 수 있어 꽤나 쏠쏠한 수입이 된다. 이를 악용하는 사람들이 있어 '신용카드 풍차돌리기'라는 말이 생기기도 했다. 신규로 신용카드를 발급받고 캐시백을 받은 후 일정 기간이 지난 후에 카드를 해지하고 재가입해서 캐시백을 받는 행위를 뜻한다. 카드사 입장에서는 체리피커로 보일 수 있지만, 부지런한 소비자가 혜택을 찾아 행동하는 것을 비난할 수는 없다. 이 때문에 카드사에서는 캐시백 이벤트를 6개월 이내 해당 카드 결제 내역이 없는 사람을 대상으로 하는 경우가 많다. 대부분의 신용카드는 연회비가 있고, 전월 실적을 얼마 이상 채워야 하는 조건이 있는 경우도 있기 때문에 내용을 꼼꼼하게 확인하고 발급받을 필요가 있다.

해당 월의 이벤트 대상 카드를 보여주는 서비스
(출처: 카드고릴라 홈페이지)

짠테크는 어쩌다 대세가 되었나?

언제 끝날지 모르는 경기 불황

짠테크를 흥행시킨 가장 큰 기폭제는 경기 불황이다. 경기 침체와 최악의 인플레이션은 소비 심리를 위축시켰다. 우리나라뿐만 아니라 전 세계적으로 경기가 최악으로 치닫고 있는데, 그 배경에는 계속된 코로나19와 우크라이나 전쟁이 있다. 코로나19는 일자리를 감소시켰다. 한국경제연구원의 '코로나19가 2020년 취약계층 직장유지율에 미친 영향' 연구에 따르면 소득 상위층은 코로나19로 인한 직장 감소율 변화가 거의 없으나, 소득 하위층은 실직자 10명 중 4명이 일자리를 잃은 것으로 분석됐다. 또한 청년층 실직자의 31%도 코로나19로 인해 직장을 잃은 것으로 조사됐다.

코로나19가 종식되지 않은 채 2022년 2월 말에 발발한 우크라이나 전쟁이 경기를 더욱 악화시켰다. 전쟁이 장기화되면서 석유와 식용유, 밀가루 같은 필수 자재의 가격이 올라 전반적인 물가 상승을 이끌었다. 산업에 꼭 필요한 자재이기 때문에 전반적인 물가가 함께 올라버린 것이다. 정부는 물가를 안정시키기 위해 기준금리를 인상했고, 이에 은행에서 대출받은 사람들은 고정 비용인 대출이자가 증가하여 소비를 줄일 수밖에 없다. 경제 불황이 언제까지 지속될지 아무도 모르고, 코로나19나 전쟁 같은 예상하지 못한 상황들이 발생하는 것을 보면서 불안한 미래에 지금부터라도 대비해야 한다는 마음이 생겨난 것이다.

하락하는 주식 시장과 재테크 욕구

베이비붐세대와 X세대가 살아온 환경과 달리 경제 성장이 더딘 오늘날은 더이상 근로소득만으로는 만족하기 어려운 시대가 되었다. 2021년 마이크로밀 엠브레인에서 실시한 직장인 남녀 1,000명의 설문조사 결과에 따르면, 직장인의 절반에 가까운 사람들이 '현재의 월급 수준에 만족하지 못한다'고 응답했고, 80% 이상이 '월급을 모아서 투자나 재테크에 활용해야 한다'는 데 동의했다. 월급에 만족하지 못한 MZ세대는 자산을 증가시키기 위해 재테크를 공부하기 시작했다. 2020년에는 주식 시장을 중심으로 투자 열풍이 불어 주식을 공부하는 초보를 뜻하는 '주린이'라는 신조어가 생겨나기도 했다. 그러나 2021년 7월 코스피 지수는 3305.21로 최고가를 기록한 이후 2022년 9월까지 꾸준히 하락하고 있다. 투자나 재테크를 하고 싶어도 깜깜한 주식 현황과 오르는 금리 상황에서 섣불리 투자하기 어려워졌기에, 새로운 재테크 수단으로 짠테크가 각광받게 됐다.

자랑이 된 절약정신

한동안 유명 수입차와 각종 명품으로 사치하는 사람들이 멋있어 보이고, 절약하는 사람들은 왠지 모르게 안쓰럽다는 생각이 팽배했다. 그러나 지금은 절약하는 사람들이 대단하고 현명한 사람으로 인정받는다. 소비자 조사에서도 이러한 인식 변화를 확인할 수 있었는데, 2021년 마이크로밀 엠브레인 조사에 따르면 짠테크의 관심 연령층은 30대와 20대가 각각 1, 2위로 가장 많았으며, '짠테크를 하는 사람들을 보면 대단하다는 생각이 든다'고 응답한 20~30대는 80% 이상인 것으로 나타났다. 각종 방송 매체와 유튜브 등에서도 짠테크족의 절약하는 생활습관을 쉽게 볼 수 있다. 20대 짠테크 유튜버로 유명한 김짠부 재테크 채널은 2021년 8월 대비 1년 만에 구독자수가 2배 이상 증가하여 현재 50만 명의 구독자수 돌파를 앞두고 있다. 유튜버 김짠부는 푼돈일지라도 꾸준히 모으면 태산이 된다는 것을 보여주며 누구나 큰돈을 모을 수 있다는 희망을 주었다. 절약하는 방법은 누구나 알지만 절약을 꾸준히 하는 것은 쉽지 않다. 여기에 부유해지고 싶다는 마음이 더해져 짠테크하는 사람들이 선망의 대상이 되고 있다. SNS에서 짠테크 인증이 증가하고 대세 라이프스타일로 자리잡고 있는 것도 이를 뒷받침한다. 짠테크의 절약정신은 앞으로 살아갈 날이 창창한 MZ세대에게 현명한 삶의 기초 자산이 될 것이다.

백만장자의 자산이 어느 정도일지 가늠하는 것은 쉽지 않다. 2022년 8월 기준 세계 부자 순위 7위로 약 159조의 재산을 소유한 워런 버핏은 만 30세가 되던 1961년에 백만장자가 되었다. 많은 투자자의 귀감이 되는 워런 버핏은 자서전에서 "불필요한 지출을 피하고, 쓰고 남은 것을 저축하지 말고 저축하고 남은 것을 써라"라고 말했다. 백만장자조차도 알뜰한 소비 습관을 중요시하는 것이다. 백만장자도 아니면서 그동안 나를 위한 소비라는 명목 아래 너무 많은 돈을 썼던 것은 아닌지 되돌아보게 된다. 자신의 소득보다 많은 돈을 지불하며 무리하게 차를 사는 '카푸어'는 아무리 멋있는 차를 타더라도 부럽지 않다. 반대로 짠테크를 하는 것은 당시에는 궁색해 보일지 모르지만, 적은 돈을 꾸준히 모아 누리게 된 경제적 여유에서 오는 안정감과 그동안 아끼며 모았다는 성취감이 살아가는 데 힘이 되어줄 것이다.

비록 경기 불황과 하락하는 투자 시장 등이 우리를 짠테크의 길로 인도했지만, 결과적으로는 현명한 삶의 방식으로 이끌었고 안정적인 미래를 꿈꾸게 할 행복한 소비 습관을 만들어주었다. 언제 회복될지 모르는 경제 위기는 한동안 짠테크의 인기를 지속시킬 것이다. 그렇게 한 푼, 두 푼, 돈 모으는 재미를 알게 되고, 늘어나는 통장 잔고를 보면서 짠테크의 매력에서 벗어나지 못하게 될 것이기 때문이다.

“

절약하는 방법은 누구나 알지만

절약을 꾸준히 하는 것은 쉽지 않다.

여기에 **부유해지고 싶다는 마음**이 더해져

짠테크하는 사람들이 선망의 대상이 되고 있다.

짠테크의 절약정신은 앞으로 살아갈 날이

창창한 MZ세대에게

현명한 삶의 기초 자산이 될 것이다.

”

버추얼 유튜버:

디지털 가면을 쓰는 사람들

2

최근 뉴스에 많이 나오는 버추얼 인플루언서는 크게 두 가지로 분류할 수 있다. 첫번째는 디지털 휴먼이라고 불리는 가상 인간으로 릴 미켈라나 로지, 한유아처럼 인간에 매우 가까운 모습이다. 이들은 일부 혹은 전체가 CG로 만들어져 인간과 비슷하게 보인다. 그러나 정해진 프로그램에 맞춰 사람처럼 말하거나 행동하는 것이 대부분이며, 아직 사람처럼 대화하는 AI는 만들어지지 않았기 때문에 사람이 목소리만 연기하는 경우가 많다. 그러다보니 라이브보다는 사전 녹화된 동영상이나 인스타그램 등에서만 주로 활동한다. 반면 버추얼 유튜버(이하 버튜버)는 가상의 캐릭터를 사용하고 있지만 사람의 인격이 그대로 드러나는 특징이 있다. 캐릭터는 일본 애니메이션 스타일이 대부분이며, 트래킹 기술을 통해 사람의 표정이나 행동이 캐릭터의 움직임에 그대로 반영된다. 버튜버는 대부분 트위치와 유튜브에서 생방송을 하는 스트리머들인데, 이는 방송 크리에이터들이 신기술을 활용해 새로운 개인 방송의 영역을 연 것으로 볼 수도 있다.

이전까지 버추얼 인플루언서에 관한 글은 대부분 디지털 휴먼에 대한 것이었다. 디지털 휴먼이 인간과 비슷하다는 점에 집중하여 기술력을 칭찬하거나, 기업의 리스크 관리와 비용 관련 분석을 중심으로 효용성을 이야기하는 경우가 많았다. 한편 버튜버는 코로나19 이후 폭발적으로 증가한 시장성으로 많은 주목을 받기 시작했다.

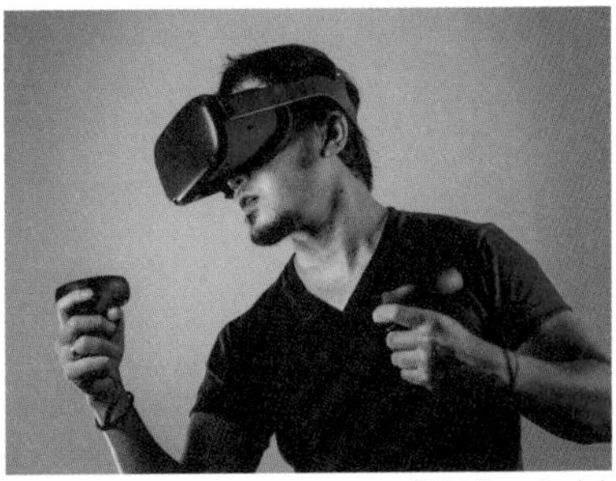

©Minh Pham, Unsplash

버튜버의 등장

포스트리얼리티 시대로의 진입

우리나라에서도 리얼리티 쇼나 관찰 예능이 인기를 끈 적이 있다. 리얼리티 쇼는 실제로 일어나는 일을 촬영해서 방송하는 것이고, 관찰 예능은 출연자의 생활을 지켜보는 것이다. 〈무한도전〉이나 〈나 혼자 산다〉와 같은 TV 프로그램이 대표적일 것이다. 그렇지만 리얼리티 쇼나 관찰 예능에서 보여주는 삶이 과연 진짜일까? 이러한 방송은 그나마 현실과 가상을 구분할 수 있는 형태였으나, 앞으로는 기술의 발달로 그 구별이 점차 어려워질 것이다. 실제로 우리는 더이상 영화 속 장면이 CG인지 실제로 찍은 것인지를 궁금해하지 않는다. 눈으로는 구분이 힘들기도 하고, 재미만 있으면 되지 영화 속 장면이 진짜인지 가짜인지는 중요하지 않기 때문이다.

일본 도쿄대학교에서 가상과 현실의 혼합 기술을 연구하고 있는 '이시카와 와타나베 연구소'는 이러한 현상에 대해 '포스트리얼리티 시대'에 진입하고 있다고 이야기했다. 이는 기술의 발달로 실제와 가상의 구별이 점차 의미를 잃을 뿐만 아니라 실제와 가상이 더 자연스럽게 혼합될 것이고, 사람들은 점차 가상과 현실을 구별하지 못하며 심지어는 구별할 생각조차 하지 않게 될 것임을 의미한다.

버튜버: 오타쿠들의 새로운 아이돌

사용자의 표정이나 행동을 트래킹하여 가상의 캐릭터가 된 것처럼 롤플레잉을 하는 사람을 버튜버라고 한다. 캐릭터의 롤플레잉을 메인으로 하고 있지만, 사람이 라이브 스트리밍을 진행하기 때문에 연기하는 실제 인물의 목소리와 성격, 인격 등이 결합되어 독특한 개성이 드러난다. 캐릭터는 겉으로 보기에는 2D나 3D를 활용한 애니메이션과 유사해 보이지만, 실제 인물의 행동 등을 실시간으로 재현할 수 있다는 점이 애니메이션과의 가장 큰 차이점이다.

최초의 버튜버는 2016년 일본의 '키즈나 아이'로 평가된다. 키즈나 아이가 사용한 아바타는 일본 애니메이션 스타일이었고, 이로 인해 버튜버는 초반에는 '오타쿠*'라고 불리는 서브컬처 팬들만이 즐기는 마이너 문화로 인식되었다. 그러나 코로나19 이후 기존의 문화가 침체기에 빠진 것에 대한 반사이익으로, 이제 버튜버는 라이브 스트리밍 시장의 주류로 자리잡아 세계적인 트렌드가 되어가고 있다.

버튜버의 시작, 키즈나 아이
(출처: A.I.Channel 유튜브)

오타쿠(Otaku) 사전적으로는 '특정 대상에 강하게 몰두하는 사람'을 일컫는 말이지만, 일반적으로는 일본 애니메이션 또는 일본 애니메이션풍의 만화, 게임, 소설 등을 좋아하며 소비하는 사람을 지칭 버튜버는 쌍방 소통이 가능한 캐릭터로 주로 오타쿠들에게 소구한다. 그동안 우리는 일상에서 자주 접하는 '포켓몬'이나 '뽀로로'와 같은 캐릭터를 통해 그 스토리와 세계관에 빠지며 상상 속 세계를 경험할 수 있었지만, 이들과의 상호작용은 불가능했다. 그러한 오타쿠들의 갈증을 버튜버가 해결해주고 있다. 버튜버들은 여느 캐릭터와 마찬가지로 상세한 설정을 통해 현실감 있는 스토리와 세계관을 구축할 뿐만 아니라 정기적인 라이브 방송으로 팬들과 소통하기 때문이다.

버튜버는 이처럼 캐릭터이면서도 리얼하다는 장점을 무기로 인터넷 방송인이라는 다른 영역까지 효과적으로 흡수한 새로운 아이돌의 대두라고 봐도 무방할 것이다.

버튜버 시장의 현상황

버튜버 랭킹 사이트인 '유저로컬(User Local)'에 따르면 현재 활동중인 버튜버는 2021년 10월 기준 1만 6,000명이 넘는 것으로 추정되며, 유튜브 통계 업체 '플레이보드'에 따르면 2021년 유튜브 슈퍼챗* 수익 상위 10명 중 9명은 버튜버인 것으로 조사됐다. 현재는 주로 일본이나 미국의 버튜버들이 상위권에 위치하고 있다. 기업화된 버튜버들에게 슈퍼챗 수익은 전체 매출의 일부분에 불과하며, 프로모션, 굿즈 사업 등 수익 다각화를 통해 시장을 확대하고 있다. 실제로 키즈나 아이는 2018년 일본 아이폰XS 출시 당시 행사 모델을 하며 거액의 광고비를 받은 것으로 알려져 있으며, 2020년에는 삼성전자와 콜라보레

★

슈퍼챗(Super Chat) 유튜브가 도입한 콘텐츠 구매 플랫폼으로, 라이브 방송 시청자가 일정 금액을 지불해 유튜버를 직접 후원하는 기능

이션 영상을 제작하기도 했다. 키즈나 아이의 유튜브 채널에 업로드된 이 영상에는 갤럭시 이용자들이 키즈나 아이의 노래에 맞춰 함께 춤추는 장면이 등장하며, 영상 중간에 자연스럽게 갤럭시 제품들을 보여준다. 2021년도 슈퍼챗 랭킹 1위인 '우루하 루시아'도 20억이 넘는 슈퍼챗 수입 이외에 음반, 스폰서, 광고 등으로 총 100억 원 이상을 벌어들인 것으로 추정된다.

타 국가에 비하면 후발 주자이나 국내에서도 버튜버에 대한 관심이 높아져 2022년 1분기 소셜데이터 언급량이 2020년 대비 34배 증가했다. 현재 국내에서 가장 인지도 높은 버튜버는 '이세계 아이돌(이세돌)'로, 2021년 8월에 결성해 12월 첫 싱글 〈리와인드(RE : WIND)〉로 데뷔한 버추얼 걸그룹이다. 트위치 스트리머 '우왁굳'의 팬카페에서 사이버 아이돌 육성 프로젝트를 공지해 오디션 참가자를 모집했고, 최종 6인이 선발되어 현재는 가상의 엔터테인먼트인 '왁 엔터테인먼트'에 소속되어 활동하고 있다. 데뷔곡은 발매 당시 음원차트인 벅스에서 1위, 써클차트에서 다운로드 부문 1위 등을 기록했으며, 공식 뮤직비디

키즈나 아이와 삼성전자 갤럭시의 콜라보레이션 영상
(출처: A.I.Channel 유튜브)

오 누적 조회수는 900만 회를 돌파했다. 2022년 3월에는 싱글 2집을 발매했고 실제 아이돌 컴백과 동일하게 공식 유튜브 채널인 왁타버스* 를 통해 뮤직비디오와 티저를 공개했다. 멤버별로도 개인 채널을 개설해 팬들과 다양한 방식으로 소통하고 있는데, 멤버들 모두 16~20만 명 수준의 구독자수를 보유하며 안정적인 인기를 유지하고 있다. 데뷔 이후 큰 화제를 얻은 이세돌은 최근 카카오페이지와 공식 웹툰을 제작하기로 결정하는 등 국내 버튜버 시장에서 고무적인 시도와 함께 성과를 내고 있다.

'버추얼 유튜버' 키워드 언급량 추이 (출처: 바이브컴퍼니 생활변화관측소)

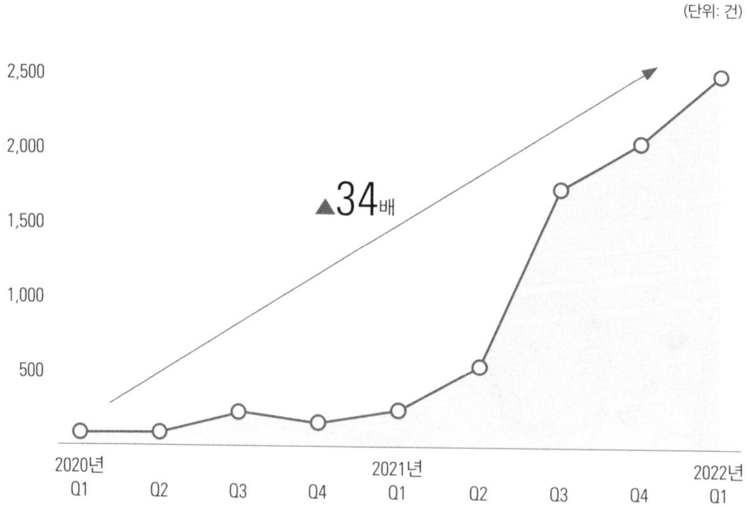

왁타버스(WAKTAVERSE) '우왁굳(Woowakgood)'과 '메타버스(Metaverse)'의 합성어로, 우왁굳이 기획한 미디어 프랜차이즈 및 유튜브 채널

이 외에도 국내 버튜버 중 가장 많은 구독자를 보유한 사람은 86만 유튜버 '대월향'이다. 트위치 방송을 주로 진행하는 그는 한국어보다 영어를 주로 쓰며, 일본어에도 능통해 일본의 유명 버튜버들과 콜라보레이션 방송을 진행한 경험도 있다. 그 외 한국어 방송을 메인으로 하는 버튜버 중에는 7만 구독자를 가진 스마일게이트의 '세아' 이상의 성과를 거둔 경우가 없었으나, 2021년 9월 유명 성우 출신으로 알려진 '로나'가 등장하여 현재 6만 명 이상의 구독자를 보유하고 있다.

스마일게이트의 버튜버 세아
(출처: 세아 스토리 유튜브)

버튜버의 특징

성우와 분리된 애니메이션 캐릭터를 사용

버튜버는 애니메이션 캐릭터를 아바타로 사용함으로써 이러한 캐릭터에 익숙한 많은 사람의 호감을 끌 수 있다. 또한 애니메이션 캐릭터이기 때문에 디지털 휴먼에게서 느껴지는 '불쾌한 골짜기*' 같은 문제에서 상대적으로 자유로울 뿐만 아니라 3D 모델링으로 재현하기에는 어색할 수 있는 표정도 Live 2D 등의 기술을 통해 만화적으로 재현해낼 수 있다. 비용 면에서도 3D 모델링에 비해 저렴하기 때문에 상대적으로 부담 없이 콘텐츠를 제작할 수 있다.

버튜버는 캐릭터이기 때문에 연기하는 성우가 존재하지만, 팬들은 버튜버의 캐릭터와 캐릭터를 연기하는 성우를 명확히 분리하여 인식한다. 특별한 경우를 제외하면 시청자들에게 아바타 뒤에서 방송하는 성우의 정보를 공개하지 않는 것이 암묵적인 규칙이며, 일부 팬들은 캐릭터 몰입을 위해 연기하는 성우에 대한 정보를 '빨간 약*'이라고 부르며 알고 싶어하지 않는다. 이러한 특징 때문에 버튜버 세계에서는 연기하는 성우가 교체되더라도 캐릭터의 개성이 변화하지 않고, 콘텐츠가 여전히 흥미롭다면 크게 신경쓰지 않는 편이다.

★

불쾌한 골짜기 인간을 어설프게 닮을수록 오히려 불쾌함이 증가한다는 뜻의 심리학 용어

빨간 약 영화 〈매트릭스〉에 등장하는, 세계의 감춰진 진실을 깨닫게 하는 약

버튜버 콘텐츠의 확장 및 순환

버튜버는 단순히 화면 앞에서 이야기하는 데서 그치지 않고, VR 기기를 온몸에 장착한 '풀 트래킹'이라는 형태로 메타버스 플랫폼에서 방송을 진행하기도 한다. 메타버스 플랫폼에서는 VR 장비가 있는 팬들과 함께 춤을 추거나 이야기를 하는 등 다양한 상호작용을 할 수 있으며, 이러한 상호작용 자체가 콘텐츠로 활용될 수 있다. 이와 같은 시청자 참여형 스트리밍뿐 아니라 게임 실황이나 라이브 이벤트 등 다양한 콘텐츠를 제공함으로써 팬에게 새로운 경험을 선사하기도 한다.

팬들은 버튜버가 제공하는 콘텐츠를 단순히 소비만 하는 것이 아니다. 버튜버 커뮤니티에서 두드러지는 특징은 '클립(Clip)'이다. 클립은 라이브 방송의 일부분을 녹화하여 짤막한 영상으로 만든 것인데, 이는 밈(Meme)의 생산 과정인 동시에 커뮤니티의 중요한 기능을 담당한다. 버튜버들의 다양한 콘텐츠는 비정기적으로 제작되고 라이브 시간도 길기 때문에 모든 팬이 전체 콘텐츠를 시청하기는 어려울 수 있다. 이러한 라이브의 단점을 보완하기 위해 버튜버의 팬들이 밈이 될 만한 재미있는 부분만을 편집하여 커뮤니티에 공유한다. 이로 인해 전체적인 방송을 보지 않더라도 클립을 통해 팬과 버튜버의 소통은 물론 팬들 간의 소통도 이루어질 수 있고, 다른 버튜버들에게도 이야깃거리가 제공되면서 소비자로부터 생산자로의 순환이 이어지게 된다.

MZ세대는 왜 버튜버에 열광하나?

캐릭터로 구현된 개성 넘치는 자아

버튜버에게는 애니메이션 캐릭터와 성우의 목소리가 주는 독특한 개성이 있다. 실존하는 것만 활용할 수 있는 현실의 존재에게는 물리적인 한계가 있기 마련이나, 버튜버는 캐릭터이기 때문에 제약이 적어서 디자인적으로도 다양한 형태를 만들어낼 수 있다. 예를 들면, 상어 후드를 쓴다거나 대한제국 관리라거나 인간을 포기하고 로봇이 되었다는 등 독창적인 캐릭터 표현이 가능하다. 여기에 방송인의 목소리와 말투를 더해 독특한 개성을 만들어낸다. 그래서 버튜버는 실제 자아에 대한 자신감이 부족하더라도 자신이 만든 캐릭터를 통해 긍정적인 면을 더 많이 끌어낼 수 있으며, 외모가 주는 편견을 제거함으로써 본질적인 매력을 발산할 수도 있다.

대한제국 관리 컨셉 버튜버 향아치
(출처: 향아치 유튜브)

슈퍼 로봇 컨셉 버튜버 데인문 언체인드
(출처: 데인문 언체인드 유튜브)

실시간 소통을 통한 즉각적인 상호작용

많은 버튜버는 개성 있는 캐릭터를 구축했음에도 기존 만화나 영화 캐릭터에 비해 내러티브가 부족하다는 지적을 종종 받는다. 버튜버들은 부족한 서사를 보강하기 위해 라이브 방송으로 게임, 일상, 음악 등 다양한 콘텐츠를 제공하며 시청자와 소통한다.

예를 들어 방송중에 시청자들이 버튜버를 후원하는 도네이션 채팅★을 보내기도 하는데, 이 도네이션 채팅을 받은 버튜버들은 실시간으로 리액션을 보내며 캐릭터의 개성을 확립하고 이를 기반으로 방송 콘텐츠를 만들기도 한다. 이는 일종의 시청자 참여 콘텐츠로, 콘텐츠를 만들고 공유하는 과정에서 시청자와의 거리를 줄이고 나아가 재미있는 부분이 클립화되어 재소비되면서 신규 팬이 늘어나는 선순환이 일어날 때도 있다. 이와 같이 버튜버는 시청자들과 시간을 보내고 이야기를 만들어가며 캐릭터라는 특징을 유지하면서도 인간의 따뜻함을 느낄 수 있는 매력적인 존재로 인식되고 있다.

버튜버의 라이브 방송 모습
(출처: Hakos Baelz Ch. 유튜브)

★

도네이션 채팅 라이브 방송중 시청자가 방송인을 후원하며 채팅하는 기능으로, 유튜브에는 슈퍼챗, 아프리카TV에는 별풍선 기능이 있으며 일반 채팅보다 눈에 잘 띔

새로운 공간에서 새로운 경험을 통해 결집된 팬덤

버튜버를 대하는 팬들은 실제 존재하는 사람을 대하듯 친근함을 가지고 애정을 표하는 경우가 많다. 버튜버의 팬덤은 아이돌 팬덤과 비슷하기 때문에 팬 커뮤니티가 형성되거나 덕질을 하기도 한다. 팬들의 동인활동*이나 코스프레 등과 같은 2차 창작*활동이 SNS를 통해 해당 버튜버에게 전달되면 버튜버는 눈길을 끈 팬 아트나 코스프레 등을 라이브 방송에서 언급하는데, 이러한 버튜버와의 상호작용 경험은 더욱 강력한 팬덤을 형성할 수 있게 한다.

이세돌로 성공을 거둔 우왁굳은 또다른 대형 프로젝트인 '고멤(고정멤버) 가요제'를 성공적으로 마쳤다. 2022년 9월 개최된 고멤 가요제는 MBC의 인기 예능 프로그램이었던 〈무한도전〉의 '무한도전 가요제'를 메타버스상에서 재현한 것으로, 왁타버스에 참여하는 50명 이상의 크리에이터들이 7개의 팀을 구성해 7개의 뮤직비디오를 만드는 프로젝트다. 이 가요제는 우왁굳 채널 기준 8만 명이 동시에 시청하고, 전 세계 트위치 방송 중 1위를 기록할 정도로 엄청난 관심을 받았다.

무한도전 가요제를
메타버스상에서 재현한 고멤가요제
(출처: 왁타버스 유튜브)

★

동인활동 동호회, 동아리와 같이 대중의 평가나 상업성을 배제하고 좋아하는 소재를 대상으로 하는 다양한 아마추어활동

2차 창작 통칭 원작이라고 불리는 1차 창작 작품의 설정과 인물을 차용하여 창작하는 형태

그뿐만 아니라 라이브 방송 후 업로드한 동영상 7개 모두 단 이틀 만에 조회수 50만 회를 돌파했으며, 이중 두 개는 100만 회 이상을 기록할 정도로 우왁굳 팬덤의 높은 지지를 받았다. 또한 하나은행은 우왁굳의 고멤과 콜라보레이션한 하나은행 하나1Q의 '알잘딱깔센' 광고를 고멤 가요제에서 송출하여 하나은행에 대한 팬덤의 호감도를 높였다. 하나은행 유튜브 채널에도 올라온 이 영상은 업로드 1주일 만에 50만 조회수를 기록했으며, 우왁굳의 고멤을 모델로 활용한 하나은행을 칭찬하는 댓글이 400개 넘게 달릴 정도로 우왁굳 고멤은 강력한 팬덤을 구축하고 있다.

하나1Q 광고에 출연한 우왁굳의 고멤
(출처: 하나TV[하나은행] 유튜브)

버튜버 비즈니스의 전망

시장 확대 장벽

첨단기술을 기반으로 빠르게 성장하고 있는 디지털 휴먼과 비교할 때 버튜버는 시장성이나 소비자의 관심도 측면에서 아직까지는 평가가 긍정적이지만은 않다. 버튜버가 처음부터 오타쿠 팬들을 대상으로 한 만큼 시장 성장에 한계가 있지 않냐는 비관론부터, 버튜버 자체가 코로나19 시대에 실내생활이 많아지면서 급격히 성장한 만큼 엔데믹 이후 일상이 회복됐을 때 매일 라이브 방송을 봐야 하는 비효율성이 단점이 될 수 있다는 지적 등이 있다.

캐릭터와 분리된 버튜버의 특성상 디지털 휴먼처럼 실제 사람보다는 스캔들 등 여러 사건이나 이슈에서 상대적으로 자유롭지만, 성우 관련 문제가 발생할 가능성이 있다. 예를 들어, 무리한 라이브 방송 일정 등의 노동에 대한 리스크가 발생할 수 있다. 실제로 최근 중국의 버튜버 'A-SOUL'이 임금 문제와 과로 스캔들에 휘말린 예가 있다. 이뿐만 아니라 심화되는 경쟁 속에서 소비자들의 이목을 끌기 위해 사회에서 받아들이기 힘든 컨셉 등 과한 설정을 내세우는 문제가 발생할 우려도 존재한다.

버튜버 시장의 지속적 확대

그럼에도 불구하고 현실 세계에서의 자신과 가상 세계에서의 캐릭터를 분리하는 것을 너무나 자연스러운 일로 인식하는 MZ세대가 점차 사회의 주류가 되면서 버튜버에 대한 관심은 점점 더 높아질 것으로 보인다. 또한 애니메이션 캐릭터에 매력을 느끼는 사람들이 늘어나고 있고, 기술 발전으로 캐릭터의 움직임이 이전보다 자연스러워지고 버튜버 시장에의 참여 비용 또한 낮아지면서 이 시장은 앞으로도 성장할 가능성이 높다. 특히 글로벌 플랫폼을 사용하며 팬들과의 소통을 중요시하는 버튜버 특성상 앞으로는 영미권 중심으로 성장할 것으로 예상된다.

버튜버의 수익 창출 모델 또한 기존의 스트리밍중 도네이션 채팅, 기업의 프로모션활동 참여 위주에서 팬덤 확대를 통한 캐릭터 상품 제작 및 라이브 이벤트, 콘텐츠 판매 등으로 확장되는 중이다. 블룸버그통신은 세계 가상 캐릭터 시장 규모가 2020년 2조 4,000억 원에서 오는 2025년 14조 원 규모가 될 것으로 전망했다.

국내에서도 '2022 서울 팝 컬쳐 컨벤션 서울'에서 버튜버를 테마로 한 이벤트가 기획되었고, 버튜버만의 이벤트인 '브이이벤트마켓'을 개최하는 등 관련 이벤트가 늘어나고 있다. 또한 카카오엔터테인먼트가 2022년 하반기 론칭을 발표한 버추얼 아이돌 서바이벌 예능 〈VIP 30〉은 국내에서 버튜버 산업화의 첫걸음이 될 수 있을 것으로 기대된다. 서바이벌 콘텐츠 특성상 '성장'이라는 '스토리'를 통해 참여 버튜버의 팬덤 구축에 도움을 줄 수 있으며, 기업 특성상 웹툰, 소설, 라이브 공연 등 2차 상품이 가져오는 시너지를 통해 관련 시장을 성장시킬 수 있을 것으로 보이기 때문이다.

애니메이션 캐릭터에 대한 거부감이나 변화하는 환경에 대한 대응, 그리고 성우의 노동 문제 등 해결해야 할 이슈가 없지는 않지만, 앞으로의 버튜버 시장은 기술 발전으로 인한 진입 장벽 감소나 수익 모델 다양화로 지속적으로 성장할 것으로 예측된다.

버튜버는 모델링과 기술력보다는 콘텐츠와 캐릭터성을 강화하여 세계관을 구축하고 인간적인 매력을 부여하는 것이 주요 성공 요인으로 분석된다. 캐릭터를 내세워 활동하기 때문에 시청자에게 부담 없이 개성을 드러낼 수 있으며, 팬들과 라이브 방송으로 소통하며 도전하고 성장하는 과정을 보여주는 방식으로 팬덤을 확보한다. 버튜버는 팬덤의 요청을 토대로 다양한 콘텐츠를 제공하여 팬들이 지속적으로 덕질을 할 수 있는 기반을 마련하고 강화하여 세계관과 팬덤 경제를 확장시키는 형태로 성공해왔다.

한국에서는 아직 대중화되지 않은 버튜버 시장이지만, 전 세계의 잠재 소비자와 가상현실에서 보내는 시간이 점점 길어지는 MZ세대를 공략하기 위해 버튜버를 이용한 마케팅 전략 또한 고민해볼 필요가 있을 것이다.

“

버튜버는 캐릭터이면서도

리얼하다는 장점을 무기로

인터넷 방송인이라는 다른 영역까지

효과적으로 흡수한 **새로운 아이돌의**

대두라고 봐도 무방할 것이다.

”

패셔너블 X:

여전히 기분이 조크든요

3

누구나 한 번쯤 '패션은 돌고 돈다'는 말을 들어본 적 있을 것이다. 촌스럽게 여겨졌던 통바지가 최근에는 '와이드 팬츠'로 재해석되고, Y2K 패션★은 최근에 소비자들에게 힙한 이미지로 다시 주목받고 있다. 그렇다면 이러한 패션 트렌드를 초기에 이끈 주인공은 누구였을까? 바로 1970년대에 태어난 X세대다. 이들은 과거에 딱 붙는 가죽 바지, 배꼽이 보이는 크롭 탑, 힙합 바지 등을 입으며 자신만의 스타일을 연출했다.

X세대는 대중문화가 부흥하고 경제가 급격하게 성장하는 1990년대에 비교적 자유로운 20대를 보냈다. 그렇기에 이전 세대와는 다르게 '나를 위한' 소비 방식에 익숙한 세대라고 할 수 있다. '나를 위한' 소비가 가장 잘 드러나는 영역은 패션이다. 이들은 지금 획일화된 중년 이미지를 거부하고 본인만의 스타일을 연출하고 있다. X세대의 패션 취향이 다양해지면서 이들만의 소비 취향을 고려한 패션 버티컬 플랫폼도 점차 다양해지고 있다. 앞으로 패션 시장에서 X세대의 마음을 얻기 위한 마케팅은 더 치열해질 것으로 예상된다.

©Frank Flores, Unsplash

★

Y2K 패션 1990년대 말부터 2000년대 초까지 유행한 패션으로 배꼽이 보이는 짧은 상의와 골반에 걸치는 바지로 연출되는 패션 스타일

패션의 주인공이 되고 있는 X세대

과거에는 비주류였던 X세대 패션

'X세대'는 세대를 지칭하는 용어 중 하나다. 미지수를 뜻하는 알파벳 X를 붙여 만든 용어로, '도무지 알 수 없는 세대'라는 의미이다. 캐나다 작가 더글러스 커플랜드의 1991년 작품 『X세대』에서 유래했다. X세대에 대한 명확한 연령 구분은 없으나, 일반적으로 1970년대에 태어나 1990년대에 20대를 보낸 현재 40~50대 초반의 중년층을 일컫는다.

X세대는 과거 기성세대와 달리 경제가 급격하게 성장하는 시기에 젊은 시절을 보냈다. 이른바 '한강의 기적'으로 불리는 대한민국의 고도성장기와 맞물려 타 세대에 비해 큰 경제적 혜택을 누렸다. 그렇기에 소비 행동에서도 '나를 위한 소비'에 적극적일 수밖에 없었다. 이들은 국내에서 처음으로 나이키, 폴로, 닥터마틴 등의 서구 브랜드를 소비하기 시작한 세대다. 전반적인 스타일에서도 '성 고정관념'을 중요시했던 과거의 기성세대와 다르게, X세대는 다양한 유니섹스 스타일을 추구했다.

하지만 다양한 패션 스타일이 유행한 시기였음에도 당시 X세대가 추구한 패션 양식은 초창기에는 비주류의 문화로 머무를 수밖에 없었다. 당시 사회 주축이던 기성세대는 자유로운 패션 문화를 고정된 사회적 규범의 틀에서 이해했기 때문이다. 그렇기에 X세대가 추구하는 개인 중심의 독특한 표현 문화는 미풍양속을 저해하는 반항 문화로 간주되었다. 이와 관련하여, 최근 유튜브에서 화제가 된 오렌지족 패션 영상은 당시 시대상을 직접적으로 보여준다. 1992년 11월 오렌지족을 보도한 MBC 뉴스 영상에 따르면, 기자는 "저질스러운 일본식 문화의 무분별한 유입으로 청소년들에게 나쁜 영향을 주고 있다"는 우려 섞인 메시지와 함께 이들을 사회 문제로 규정하고 보도했다. 약 30년이 지난 지금, 해당 영상을 본 누리꾼들은 그때의 기성세대 반응과 확연히 다르게 '당당하고 멋지다', '이때의 사람들이 더 세련되어 보인다' 등의 반응을 보이고 있다.

주류로 떠오르고 있는 X세대 패션

최근에는 Y2K 패션, 랄뽕룩* 등 과거 X세대가 향유했던 패션이 MZ세대에게 재해석되며 주목받고 있다. 실제로 랄뽕룩은 인스타그램에 약 24만 건 이상의 게시글이 업로드돼 있다. 현재 X세대는 오랜 기간 축적한 자신만의 패션 노하우와 다양한 연출 기법으로 패션 분야에서도 존재감을 과감히 드러내고 있다. 〈아는 형님〉에 고정 출연중인 1973년생 이상민의 운동화는 매회 스니커즈 커뮤니티에서 주목을 받는다. 또한 1971년생 스타일리스트 한혜연은 SNS를 통해 OOTD*와 함께 다양한 스타일링을 선보이며 관심을 끌고 있다.

★

랄뽕룩 폴로 랄프 로렌의 '랄'과 '뽕 맞은 것처럼 취하다'의 '뽕'을 합친 단어로 랄프 로렌의 감성을 살린 패션 스타일

OOTD(Outfit Of The Day) 오늘의 데일리룩을 의미

X세대의 남다른 패션 감각은 특정 연예인에만 한정되지 않는다. 패션 콘텐츠 기반의 커뮤니티에서도 그들이 추구하는 본인만의 패션 스타일을 심심치 않게 찾아볼 수 있다. 대표적으로 MZ세대의 패션 성지라 불리는 무신사 내 브랜드 스냅 코너에는 40~50대만의 패션 게시물이 다수 업로드되고 있다. 포멀한 슈트 셋업을 활용한 클래식룩부터 MZ세대가 좋아하는 나이키 SB 덩크를 활용한 스트릿룩까지 다양한 스타일 연출을 찾아볼 수 있다. 관련 콘텐츠에는 20대로 추정되는 일부 유저들이 '이렇게 나이 먹고 싶다', '역시 형들은 개성이 남다르다' 등의 댓글을 달고 있다. 지금의 X세대는 역사상 가장 젊은 40대로, 본인만의 잇템★을 통해 자신만의 스타일을 연출하며 패션 무대를 새롭게 장식하는 중이다.

★

잇템(It Item) 꼭 있어야 하거나 갖고 싶어하는 아이템

패션에서 X세대를 주목해야 하는 이유

다른 세대보다 높은 구매력

최근 많은 패션 브랜드가 MZ세대를 타깃으로 다양한 마케팅을 전개하고 있다. 마케터 관점에서 MZ세대가 지닌 자신을 위하는 소비 성향과 남다른 소비 적극성이 매력적이기 때문이다. 하지만 양적인 규모 측면에 비추어 볼 때 주목해야 할 고객층은 X세대다. 통계청의 2022년 7월 기준 인구 데이터에 따르면, X세대라 볼 수 있는 45~54세 연령 인구수는 약 8,630,468명(16.7%)이다. 이는 MZ세대라 볼 수 있는 20대 6,531,636명(12.7%), 30대 6,647,003명(12.9%)보다 높은 수치이다. 소득 수준과 지출 규모에서도 X세대의 영향력은 더 크게 나타난다. 통계청의 2022년 1분기 '월평균 가계수지' 분석 결과에 따르면, 40대의 소득 수준은 평균 약 625만 원으로 20~30대의 474만 원보다 현저히 높은 수준을 보인다. 또한 지출 규모도 40대는 약 466만 원으로 20~30대의 336만

2022년 1분기 기준 월평균 소득 및 지출 (출처: 통계청)

(단위: 만원)

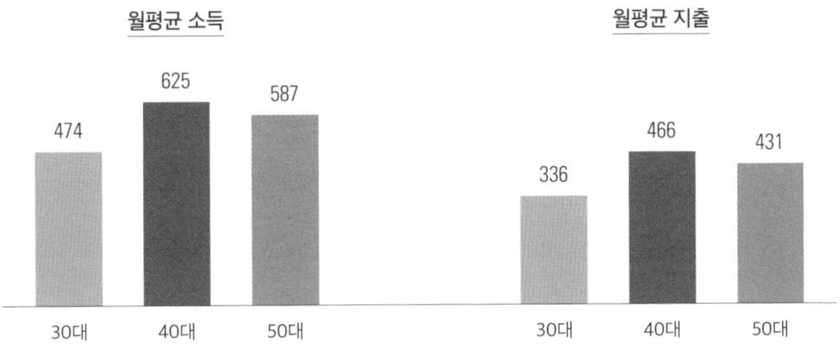

원보다 크다. 실제로, 최근 신세계백화점에서의 명품 패션 매출 비중을 살펴보면 2021년 10월 누적 기준으로 20대의 비중이 7.1%로 2020년 10.9%보다 감소한 반면, 40대는 2020년 25%에서 2021년 30.3%까지 증가한 것으로 나타났다고 한다. 인구 비중과 구매력을 고려해볼 때, 현재의 X세대는 패션 소비의 주요한 연령층으로 부각되고 있다.

패션 플랫폼의 새로운 성장 가능성

X세대가 돈을 쓰는 방식과 장소가 변하면서 새로운 시장이 형성되고 있다는 것은 X세대를 주목해야 할 또다른 이유다. 과거 기성세대의 주요 쇼핑 무대는 오프라인에 머무를 수밖에 없었다. 이는 디지털에 대한 막연한 거부감이라기보다는 기존 세대가 겪는 디지털 환경에 대한 어려움이 온라인 쇼핑을 이용하는 데 방해 요인으로 작용했기 때문이다. 하지만 지금의 X세대는 디지털 환경에서도 소비 문제를 해결할 수 있는 '디지털 리터러시' 역량을 지니고 있다. 그렇기에 X세대는 디지털 중심의 온라인 쇼핑을 이용하는 데 불편함이 없는 세대다.

이러한 결과는 좀더 뚜렷한 데이터로 나타나고 있다. '40대 남자 쇼핑몰', '50대 여자 쇼핑몰' 등 본인의 성별 및 연령 정보가 반영된 온라인 쇼핑몰 사이트 검색량이 코로나19 이전 대비 약 116.2% 이상 증가하면서 온라인 시장으로 관심이 집중되고 있다. 2021년 하나금융경영연구소가 발행한 「세대별 온라인 소비 행태 변화와 시사점」 보고서에 따르면, 온라인 카드 결제 건수가 2019년 대비 2020년에 20대는

29%, 30대는 32% 증가에 머무른 반면에, 40대는 52%, 50대는 62%까지 증가한 것으로 나타났다. 특히 패션·의류 플랫폼 결제 금액이 2019년 대비 2020년에 40대는 33%, 50대는 35% 증가했다고 한다. 이러한 데이터는 X세대가 온라인 패션에 대한 관심이 증가하면서 온라인 시장으로 유입되고 있다는 점을 분명하게 보여준다.

코로나19 전후 40~50대 '쇼핑몰' 관련 검색량 증가율
(출처: 이노션 인사이트그룹)

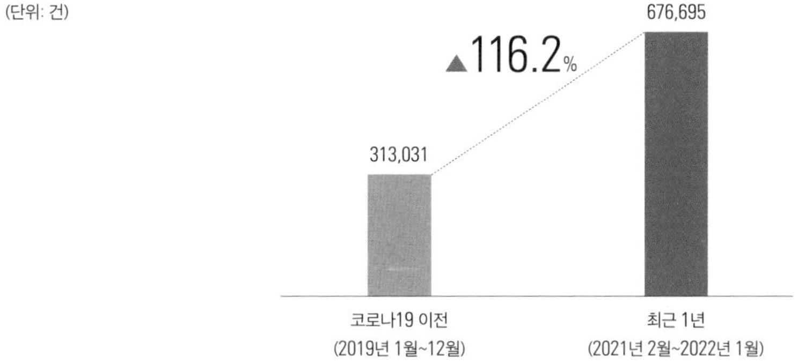

패션 콘텐츠 영향력

패션만큼 개인의 취향이 반영되는 영역도 드물다. 그렇기에 본인만의 차별화된 패션 콘텐츠는 상품으로서 가치가 크다. X세대는 단순 소비의 주체를 넘어, 본인만의 노하우에 기반하여 패션 콘텐츠를 생산하는 주체로 자리매김하고 있다. 이들은 과거 싸이월드와 같은 1세대 SNS의 주요 이용층이라는 점에서 온라인 문법에도 비교적 친숙하다. 그렇기에 취미생활을 공유할 수 있는 온라인 커뮤니티와 각종 소셜미디어에서 여론을 형성하며, 타 세대에게 미치는 영향력도 큰 편이다. 대표적으로 유튜브 채널 '옆집언니 최실장'을 운영하는 40대 패션 유튜버 최희승 스타일리스트는 유쾌한 입담과 본인만의 코디법 등의 콘텐츠 구성을 통해 구독자들의 큰 호응을 얻고 있다. 해당 채널의 구독자는 여성을 중심으로 25~34세 23%, 35~44세 19%, 45~54세 24% 등 전 연령을 아우르고 있다.

자신만의 패션 철학으로 오리지널리티를 구축하여 비즈니스로 발전시킨 사례도 존재한다. 국내 클래식 안경 브랜드 '프레임몬타나'의 최영훈 대표가 이에 해당한다. 인스타그램에서 '몬타나 최'라는 예명으로 활동중인 그는 탁월한 패션 감각을 지닌 1970년생으로 전형적인 X세대다. 최대표는 클래식 또는 빈티지 패션에 대한 특별한 애정을 지니고 있으며 평소 일상의 소소한 생각과 함께 자신이 입은 패션 브랜드를 태그한 게시물을 업로드하는 등 본인만의 패션 철학과 스타일을 SNS에 공유하며 다른 사람들에게 영향력을 행사하고 있다. 또한 안경 브랜드 출시를 예고하고 프로젝트 시작부터 성장 과정의 스토리를 인스타그램에 직접 공유하며 팬들과 공감대를 형성해왔다. 지금 그의 안경 브랜드는 성수동 매장을 중심으로 한 오프라인 매장뿐 아니라, 온라인 쇼핑몰 등에서 인기를 끌며 전 연령층의 클래식 마니아들에게 주목받고 있다.

자신만의 패션 노하우를 공유하는 몬타나 최
(출처: 몬타나 최 인스타그램)

X세대만의 패션 소비 행태

X세대 내 성별에 따른 브랜드 의존도 차이

X세대의 패션 소비 행태는 어떻게 다르게 나타나고 있을까? 이를 알아보기 위해 2021년 1월부터 2021년 12월까지 1년간 네이버에서의 연령별 패션 카테고리 내 인기 검색어 패턴을 살펴보았다. 분석 결과에 따르면, 남성(22%) 대비, 여성(78%)이 약 3배 이상 높은 검색 비중을 보였다. 이는 기본적으로 남성보다 여성이 패션에 대한 관심과 탐색적 성향이 더 높다는 것을 의미한다. 실제로 2021년 정보통신정책연구원의 유튜브 내 콘텐츠 시청에 대한 성별 차이 연구 결과, 패션·뷰티 영역의 시청률이 남성(6.5%) 대비 여성(23.1%)이 더 높게 나타났다고 한다.

네이버에서 패션 관련 TOP50 검색어를 분석한 결과는 더욱 흥미롭다. 40~50대 남성은 브랜드 검색 비중(26%)보다 상품 카테고리 검색 비중(74%)이 높게 나타난 반면, 40~50대 여성은 상품 카테고리 검색 비중(48%)보다 브랜드 검색 비중(52%)이 더 높게 나타났다. 20~30대 여성이 비교적 낮은 브랜드 검색 비중(30%)을 보인 것과 비교해볼 때, X세대 여성은 다양한 상품을 탐색하기보다 자신만의 확고한 브랜드를 선호하는 경향이 있는 것으로 보인다. 즉 X세대 여성은 패션 제품을 구매하는 의사결정 맥락에서 선호하는 브랜드가 비교적 뚜렷하며, 나아가 특정 브랜드에 대한 로열티가 타 세대보다 더 높다는 것을 의미한다.

이러한 현상의 구체적인 이유는 무엇일까? 이는 브랜드가 자신의 체형에 맞는 사이즈 또는 핏을 보증해주는 역할을 하기 때문으로 보인다. 실제로 이노션에서 진행했던 소비자 조사에 따르면 X세대 여성 소비자들은 브랜드가 명시되지 않은 제품의 경우 사이즈가 의심된다는 불안감을 보였다. 다시 말해 이들에게는 익숙하게 입어왔던 브랜드가 이미지뿐 아니라 사이즈의 보증 수단이 될 수 있는 것이다. 한편, 40~50대 남성의 경우 특정 브랜드 검색 비중보다 상품 카테고리 검색 비중이 약 3배 가까이 높게 나타난 것으로 보아, 특정 브랜드를 구매하기보다는 다양한 상품을 우선적으로 탐색하는 하향식(Top-down) 정보처리 이후에 구매 결정을 하는 경향이 더 높다고 해석할 수 있다. 즉 이들은 보다 폭넓게 상품을 고려하는 탐색적 성향이 높은 것으로 보인다.

네이버 검색 비중(상품 vs 브랜드) 비교 (출처: 이노션 인사이트그룹)

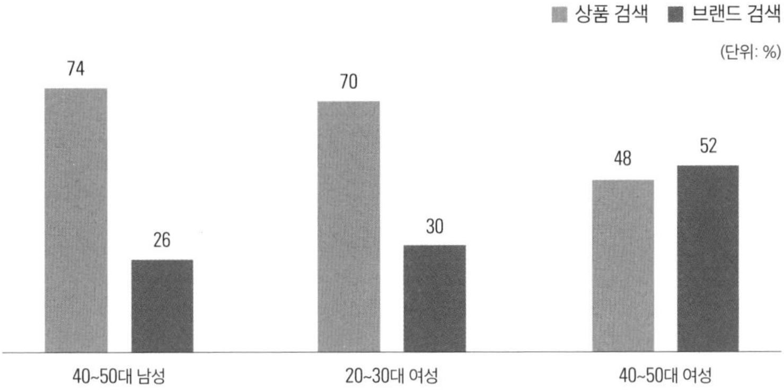

TPO에 맞는 패션 스타일이 중요한 세대

패션은 남들과 다른 이미지를 표현할 수 있는 대표적인 영역이다. 그렇다면 X세대는 어떠한 패션 스타일을 추구할까? 이를 알아보기 위해 2017년 2월부터 2022년 1월까지 5년간의 소셜데이터를 통해 연령별 패션 담론을 살펴보았다. 분석 결과에 따르면, 온라인상에서 '40대 패션', '중년 패션' 등 X세대를 특정할 수 있는 패션에 대한 버즈량이 지속적으로 증가하는 것으로 나타났다. 구체적으로 2017~2018년 25,331건에서 2021~2022년 29,194건으로 약 15.3% 증가했다. 또한 하객룩, 모임룩, 파티룩 등 특정 장소 또는 상황과 관련된 TPO 패션 스타일 언급 비중은 최근 1년 기준으로 볼 때 20~30대보다 40~50대에서 약 13배 높았다. 앞서 언급한 이노션 소비자 조사에서도 동일한 결과가 나타났다. 40~50대 여성으로 한정하여 패션에 대한 선호도를 조사한 결과, '나는 개성보다는 상황에 맞는 옷차림을 선호한다'의 비중이 63.8%로 가장 높게 나타났다. 다시 말해, 패션을 소비하는 데 있어서 이들에게는 특정 상황에 어울리는 이미지가 구매 준거로 중요한 역할을 한다. 예를 들어, 단순한 패션 스타일 제안보다는 '학부모 모임에 어울리는 스타일' 같은 특정 TPO가 포함된 정보가 구매를 일으키는 효과적인 방안이 될 수 있을 것이다.

TPO 패션 스타일에 대한 세대 간 언급량 비교
(출처: 이노션 인사이트그룹)
(단위: %)

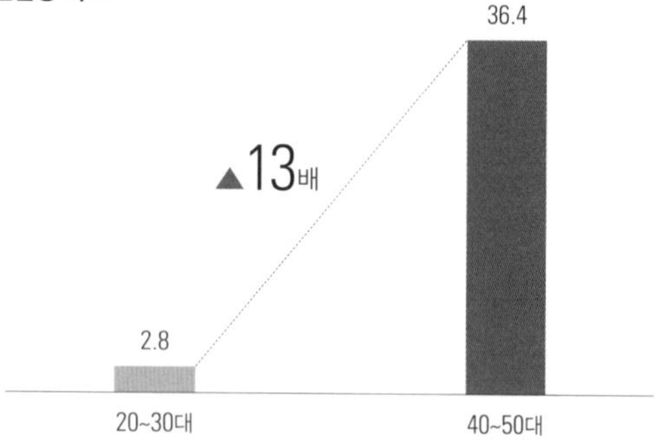

X세대 취향을 고려한 패션 플랫폼

주요 고객의 사용 맥락을 고려한 '퀸잇'

패션에 대한 X세대만의 취향 및 관심사를 직접 반영하여 서비스를 제공하는 플랫폼이 크게 성장하고 있다. 대표적인 플랫폼으로 퀸잇을 예로 들 수 있다. 최근 퀸잇은 배우 김희선을 전면으로 내세우며 MZ세대 패션 플랫폼과 차별화되는 캠페인을 전개하여 소비자에게 큰 인기를 끌고 있다. 실제로 모바일인덱스 분석 결과에서도 X세대를 겨냥한 퀸잇이 빠르게 성장하고 있는 것을 확인할 수 있다. 월간 활성 이용자 수(MAU)가 2022년 1월 128만 명 대비, 2022년 5월 185만 명으로 약 46%가량 증가한 것이다. 해당 플랫폼에는 올리비아로렌, 나이스클랍, 지센 등 1,000개 이상의 백화점 브랜드가 다수 입점했다. 현재는 중년 여성들을 위한 플랫폼답게 명품을 포함하여 다양한 상품 라인 확장을 시도하고 있는 중이다.

특히 퀸잇은 주요 타깃인 40~50대 여성들을 위한 인터페이스가 특징이다. 모바일 쇼핑에 익숙하지 않을 수도 있는 타깃을 고려하여 간편한 회원가입 절차를 적용하였으며, 제품 이미지와 글자 크기를 키워 화면에 소수의 제품만 노출함으로써 피로도를 최소화했다. 또한 사이

김희선을 모델로 한 퀸잇 캠페인
(출처: 퀸잇)

즈에 민감한 중년 고객을 배려하여 사이즈 기반 제품 탐색 기능을 강화하고 프리 사이즈 대신 구체적인 사이즈로 표기한 것도 퀸잇의 장점이다. 프리 사이즈라는 용어는 고객 입장에서 모호한 표현일 수 있다. 이에 퀸잇은 비교 평가가 용이하도록 55, 66 사이즈 등 수치로 표기하는 방식을 통해 소비자의 불편함을 해소했다. 나아가 최근에는 중년 여성들을 위한 패션 콘텐츠가 부족하다는 점을 고려하여 유튜브를 통해 이들만의 콘텐츠를 지속적으로 업로드함으로써 플랫폼의 락인(Lock-in) 효과까지 유도하고 있다.

최근 가파르게 성장중인 퀸잇과 포스티 (출처: 모바일인덱스)

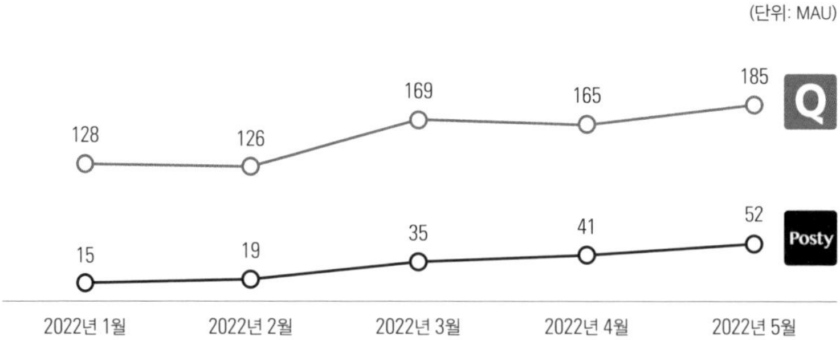

다양한 가격 혜택을 제공하는 '포스티'

카카오스타일이 출시한 포스티의 성장 또한 주목할 만하다. 포스티는 월간 활성 이용자수가 2022년 1월 15만 명 대비 2022년 5월 52만 명으로 3배 이상의 가파른 성장을 하고 있다. 해당 플랫폼에 입점한 브랜드는 올리비아로렌, 온앤온, 이엔씨, BCBG 등 500여 개 이상이다. 포스티는 주 이용자를 고려하여 사용자의 쇼핑 환경을 간단하게 하고 첫 화면에서 여러 정보를 한눈에 볼 수 있도록 구성했다. 플랫폼이 양적으로 다양해지는 상황에서 고객 입장에서 회원가입 같은 절차는 복잡하게 느껴질 수 있다. 하지만 포스티는 국민 대다수가 이용하는 애플리케이션인 카카오의 계정 연동을 통해 별도 회원가입 절차 없이 쉽게 구매할 수 있다. 특히 포스티는 고객에게 익숙한 브랜드 라인업에 대해 큰 폭의 가격 할인 혜택을 제공하는 것이 특징이다. 매일 특정 브랜드를 선정하여 한정된 시간에 대폭 할인하는 타임 딜을 진행한다.

카카오스타일은 20~30대 여성을 타깃으로 한 패션 플랫폼 지그재그도 운영하고 있는데, 이 플랫폼에서는 다양한 고객의 패턴을 파악하고 상품을 추천해주는 기능을 통해 추천 커머스로서의 위상을 강화하

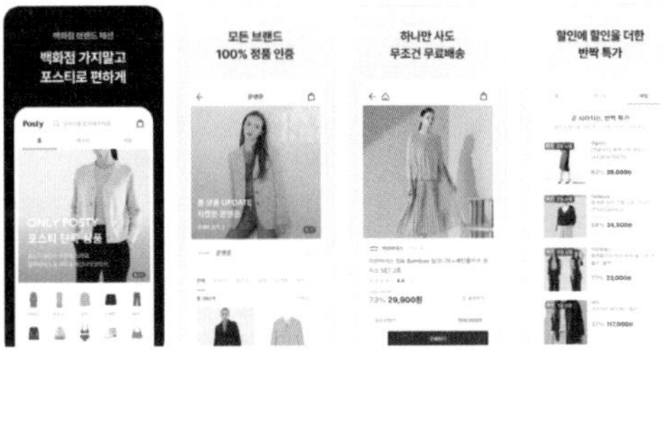

다양한 가격 혜택을 제공하고 있는 포스티 (출처: 포스티 앱스토어)

고 있다. 향후 포스티도 단순 가격 할인뿐 아니라, 관련 추천 기술을 통해 40~50대 여성에게도 차별적인 쇼핑 경험을 제공할 것으로 보인다.

콘텐츠 커머스를 강화하는 LF몰

LF는 닥스, 마에스트로, 헤지스, 질스튜어트 등 자사 브랜드를 성공적으로 안착시켜 꾸준히 성장하고 있는데, 그 중심에는 충성도 높은 X세대가 있다. LF의 대표적인 패션 플랫폼인 LF몰은 충성도가 높은 브랜드를 중심으로 라이브 방송과 같은 콘텐츠 커머스 서비스를 강화하고 있다. 실제로 LF몰은 타 패션 플랫폼과 다르게 'THE LIVE' 코너를 통해 시간대별로 콘텐츠 편성표를 구성하여 놓치기 쉬운 라이브 혜택과 방송 콘텐츠를 소비자에게 사전에 알려주는 알림 기능을 제공하고 있다.

40대 남성에게 꾸준한 사랑을 받고 있는 브랜드 마에스트로는 예술감독인 서희태 지휘자와 라이브 방송 '리더스 패션'을 진행했다. 마에스트로와의 각별한 인연, 마에스트로를 활용한 스타일 연출법 등의 콘텐츠를 구성한 것이 특징이다. X세대 패션 유튜버를 활용한 라이브 방송 콘텐츠도 주목할 만하다. 최근 유튜버 옆집언니 최실장과 진행한 기획 라이브 방송 '라떼 패션'이 대표적인 사례다. '5kg가 빠져 보이는 체형커버 꿀팁', '중년을 위한 고급스러운 스타일링' 등의 콘텐츠를 통해 LF몰의 주요 고객층인 40대에 집중했다.

단순 판매 제안이 아닌 소비자가 공감할 수 있는 콘텐츠는 이후 구매 단계에서 소비자의 의사결정을 보다 수월하게 만드는 장점이 있다.

그렇기에 X세대가 공감할 수 있는 차별화된 콘텐츠는 플랫폼 경쟁이 치열한 시장 상황에서 또하나의 효과적인 전략이 될 수 있다. LF는 단순 판매에 초점을 둔 일회성 콘텐츠가 아닌, 소비자의 공감 확보를 위한 예능 프로그램 등으로 콘텐츠 커머스 역량을 확대해나갈 것으로 예상된다.

LF몰 라이브 방송
리더스 패션 서희태 편 (출처: LF몰 홈페이지)

지금의 X세대는 '나를 위한 소비'에 익숙하다는 점에서 과거의 기성세대와 다르다. 이들은 수동적인 소비 주체를 넘어서, 축적된 노하우와 경험을 통해 자신이 입은 옷과 스타일을 남들에게 공유하기도 한다. 온라인 커뮤니티에서 자신만의 스타일이 화제가 되고, 유튜브에서는 자신만의 노하우를 활용해, 뻔한 아이템을 다양한 스타일로 연출하기도 한다. X세대가 지향하는 패션 스타일은 누군가에게 또하나의 패션 콘텐츠가 되어 타 소비 주체에게 새로운 구매 준거의 역할까지 하고 있음을 잘 보여준다.

X세대의 패션에 대한 관심과 남다른 구매력은 곧 새로운 비즈니스 기회가 되고 있다. 실제로 40~50대를 중심으로 한 버티컬 패션 플랫폼 비즈니스의 성장세가 이를 잘 보여준다. 단순히 코로나19의 일시적인 효과라고 보기에는 성장세가 가파르다. 앞으로 이들의 마음을 끌기 위해 UI 경험이나 가격 프로모션 혜택을 넘어 새로운 가치를 제공하기 위한 경쟁이 치열해질 것이다. 보다 주목해야 할 점은 오프라인과 다르게 온라인 플랫폼은 데이터가 축적되므로 고객의 니즈에 대응할 수 있다는 것이다. 앞으로 X세대만을 위한 서비스가 어떻게 전개될지 기대된다.

“

X세대는 획일화된 중년 이미지를 거부하고

본인만의 라이프스타일에 따라

패션 스타일을 연출하고 있다.

앞으로 패션 시장에서 **X세대의 마음을**

얻기 위한 마케팅은 더 치열해질 것이다.

”

미술관 옆 거래소:

예술에 투자하는 개미들

4

피카소, 반 고흐, 달리, 최근에는 뱅크시까지, 미술에 전혀 관심이 없는 사람이라도 여러 매체에서 이러한 예술가들의 이름을 한 번은 들어보았을 것이다. 이들의 작품은 모른다 하더라도 천문학적인 거래 가격을 알게 되면 깜짝 놀라며 예술가들의 유명세를 깨닫게 된다. 이처럼 비싸고 고귀하다고 여겨지는 미술품은 보통 사람들과는 거리가 먼 것으로 느껴질 수밖에 없다. 그러나 포스트 코로나 시대에 들어서며 예술작품의 유통과 소비가 일상으로 들어오게 되었다. 과거에는 미술관이나 갤러리에서만 전시를 볼 수 있었다면, 지금은 전시가 비대면으로 전환되며 미술작품을 온라인상에서 마주할 기회가 늘어났다. 대중은 미술가들의 개인 계정 혹은 전시 공간의 계정을 팔로우하며 미술 관련 정보를 지속적으로 얻고 관련 행사에도 참여하게 되었다. 또한 온라인상에서 작품 판매가 늘어나며 유명 작가의 값비싼 작품보다 신진작가들의 작품이나 새로운 형식의 작품에 대한 거래가 활발해지고 있다.

이렇게 새롭게 부상한 미술 소비 계층에게는 '아트테크(Art-Tech)'에 대한 인식이 자리잡고 있다. 아트테크는 아트와 재테크의 합성어로, 미술품 구입으로 매도 차익을 얻을 수 있는 투자 방식을 뜻한다. 단지 심미적 목적으로 미술품을 소장하기보다는 가치 상승을 기대하며 작품을 구매하는 것이다.

무엇이 미술품의 가격을 결정하는 것일까? 과연 예술의 효용은 가격으로 환산할 수 있을까? 이러한 물음에 누구도 쉽게 답할 수는 없지만 자산으로서 미술품은 분명 매력적이다. 다른 상품들과 달리 특별한 기능이 없음에도 높은 가격이 책정되는 이유는 작품이 지닌 역사적 가치 혹은 작품에 투영된 사람들의 욕망의 크기 때문이다. 이러한 소비 심리는 더이상 실물이 아닌 가상의 영역으로 미술 시장의 변화를 이끌고 있다.

©Markus Spiske, Unsplash

변화하고 있는 미술 시장

아름답지만 난해한 미술

20세기 이후 미술은 대상을 사실적으로 혹은 미화하여 표현하는 것을 넘어 눈으로 보이는 것 이상을 담아내게 되었다. 관람자의 태도나 작품이 차지하는 맥락이 더욱 중요한 의미를 가지면서 작품의 내용도 무한히 확장된 것이다. 현대 미술의 시작이라고 일컬어지는 마르셀 뒤샹(Marcel Duchamp)의 〈샘(Fountain)〉(1917)은 남성 소변기를 뒤집어 놓은 조각품으로, 눈에 보이는 대상이 아닌 작가의 의도가 곧 예술이 되는 개념 미술을 알렸다. 이때부터 미술은 난해하다는 평가를 얻으며 대중의 관심에서 멀어졌다.

이러한 개념 미술은 상품 경제의 생산과 소비 행태를 미술에 그대로 끌어들이게 되었고, 아직까지도 대중에게 크게 사랑받는 '팝 아트(Pop Art)'를 탄생시켰다. 대표적인 팝 아트 작가 앤디 워홀(Andy Warhol)은 자신의 작업실을 '팩토리'라 부르며 대량으로 복제와 생산이 가능한 실크스크린 기법을 활용하였다. 또한 실제 상품과 동일한 모습의 〈브릴로 상자〉와 같은 작품으로 미술품과 상품의 차이가 무엇인가에 관한 물음을 던졌다. 워홀은 대중매체를 활용하여 직접 영화를 제작하고 TV쇼에 출연하는 등 미술을 대중문화 속으로 적극적으로 끌어들였다.

국내 시장에서는 셀러브리티들의 미술활동 참여가 대중 미술에 큰 영향을 주었다. 하정우, 나얼, 솔비 등 다양한 직업군에 속해 있는 유명인들이 본인의 전업이 아님에도 취미생활로 혹은 치료 목적으로 작품활동을 하고 있다. 이들의 미술활동을 조금 더 확대해석해보면 미술이 개인의 표현 수단으로 활용될 수 있다는 것을 사람들에게 보여주었다고도 할 수 있다. 셀러브리티들이 개인전을 열고, 그들의 작품이 경매장에서 고가에 판매된다는 사실이 여러 방송매체를 통해 화제가 되며 사람들은 자연스럽게 이들의 작품활동에 관심을 갖게 되었다. 물론 비평가들은 이들의 작품은 '연예인 프리미엄'으로 인기를 얻은 것이라며 작품성을 평가절하했다. 하지만 셀러브리티들의 미술 참여가 일반인들이 그동안 어렵게 느껴왔던 미술을 더 친근하게 만들어준 것은 분명하다.

아트테크의 시작과 발전 요인

예술경영지원센터에 따르면, 최근 3년간 미술 시장 규모는 점차 증가하고 있는 추세다. 2020년에는 코로나19로 많은 화랑이 문을 닫고 경

한국 미술 시장 규모 예측 (출처: 예술경영지원센터, 「2021 한국 미술시장 결산 컨퍼런스 자료집」)

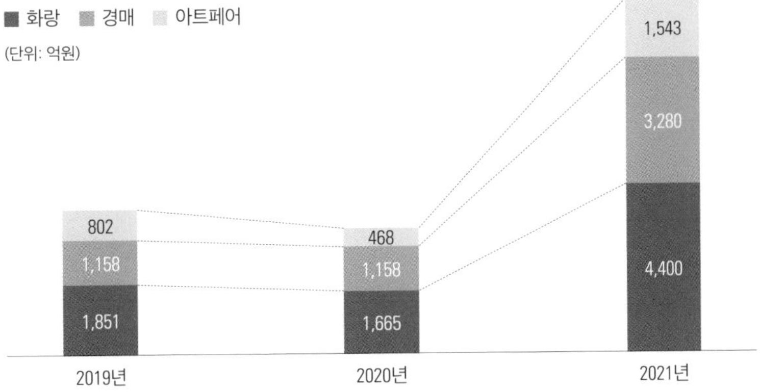

매와 아트페어가 취소되며 2019년 대비 소폭 하락한 것으로 보인다. 하지만 2021년에는 2020년 대비 약 3배 커진 것으로 관측된다.

해외 온라인 미술 시장 전문 보고서인 「히스콕스 온라인 거래 리포트」에 의하면, '미술품을 구매할 때 제일 중요한 동기 요소가 무엇인가?'라는 질문에 제일 중요한 요소로 '정서적 이점'(93%)이 뽑혔으며 '사회적 기여'(66%), '잠재적 자산 가치'(62%) 순으로 응답했다. '정서적 이점', '사회적 기여' 모두 2020년 대비 2022년 소폭 하락했으나 '잠재적 자산 가치'는 2020년(58%) 대비 2022년 4% 상승했다. 이렇

미술품 구매시 제일 중요한 동기 요소 (출처: 「히스콕스 온라인 거래 리포트」)

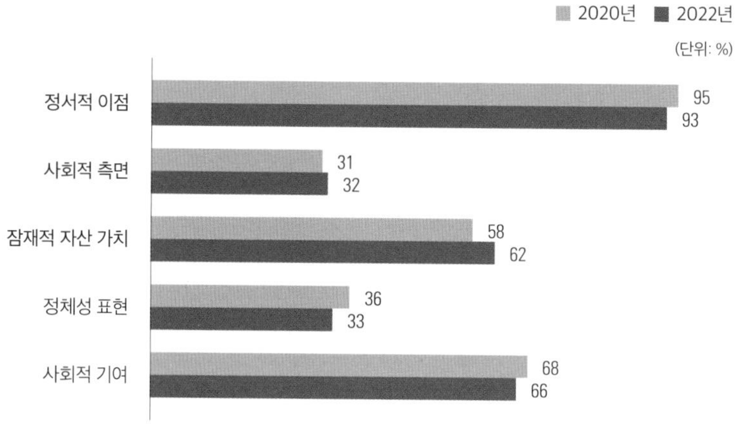

'미술' 키워드 언급량 및 검색량 추이 (출처: 이노션 인사이트그룹 / 2019년 8월~2022년 7월)

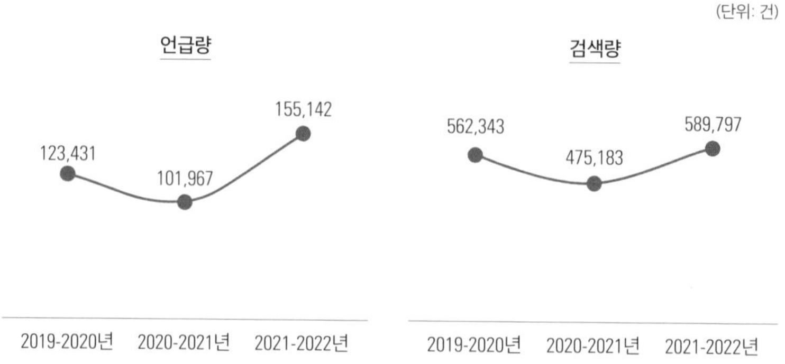

듯 현재 온라인 미술품 구매자들은 '재정적인 이득'을 우선시하는 양상을 보인다.

이러한 미술에 대한 관심의 변화는 이노션 인사이트그룹이 분석한 미술 관련 소셜데이터 분석에서도 확인할 수 있다. 최근 3년간 미술과 관련된 버즈량과 검색량을 살펴보면 버즈량, 검색량 모두 미술 시장 규모와 유사한 패턴을 보인다. 2020~2021년 소폭 하락세를 보이나 2021~2022년 다시 상승하는 것을 볼 수 있다. 특히 최근 3년간 미술 관련 담론 트렌드를 연관어 TOP30 중심으로 살펴보면 미술품 '구매'

'미술' 연관어 분석 (출처: 이노션 인사이트그룹 / 2019년 8월~2022년 7월)

2019-2020년			2020-2021년			2021-2022년		
순위	전체	count	순위	전체	count	순위	전체	count
1	관람	45,786	1	관람	35,433	1	관람	38,936
2	관심	38,311	2	작품	28,921	2	작품	35,885
3	작품	33,566	3	관심	27,398	3	관심	33,352
4	작가	28,840	4	작가	26,336	4	작가	29,228
5	그림	27,143	5	그림	20,334	5	그림	22,599
6	전시회	18,591	6	갤러리	15,983	6	공간	17,991
7	갤러리	17,197	7	공간	14,460	7	구매	17,505
8	공간	15,572	8	전시회	13,995	8	갤러리	17,130
9	문화	14,964	9	문화	11,101	9	전시회	16,863
10	미술관	12,249	10	전시	9,109	10	문화	13,493
11	미술	11,032	11	미술	8,451	11	전시	11,209
12	전시	11,030	12	미술관	8,372	12	미술관	9,949
13	디자인	10,814	13	구매	8,066	13	미술	9,684
14	개인전	6,881	14	디자인	7,359	14	판매	8,470
15	판매	6,756	15	개인전	7,203	15	디자인	8,462
16	취미	6,609	16	온라인	6,854	16	개인전	7,702
17	페어	6,185	17	판매	5,370	17	페어	6,000
18	아티스트	5,663	18	취미	4,998	18	온라인	5,102
19	일러스트	4,556	19	아티스트	4,506	19	아티스트	4,804
20	온라인	3,725	20	페어	4,071	20	취미	3,422
21	도슨트	2,759	21	일러스트	2,406	21	가치	3,230
22	구매	2,750	22	경매	2,284	22	가격	3,217
23	문화생활	2,729	23	아트페어	1,940	23	아트페어	2,996
24	가치	2,368	24	도슨트	1,909	24	경매	2,698
25	경매	2,331	25	문화생활	1,865	25	일러스트	2,232
26	아트페어	2,143	26	가치	1,850	26	도슨트	2,146
27	소장	950	27	가격	1,155	27	NFT	2,106
28	신진	895	28	소장	964	28	문화생활	1,685
29	가격	878	29	신진	729	29	소장	1,398
30	투자	333	30	투자	461	30	투자	1,211

구매 키워드

가치 투자 관련 키워드

에 대한 관심이 커지는 것을 볼 수 있다. 이러한 관심은 '가치', '가격', 'NFT', '투자' 등 미술품 가치 투자 관련 키워드의 상승으로도 확인할 수 있다.

이 변화의 중심에는 전시에 참여하거나 작품을 구입하는 세대의 변화가 있다. 국내 최대 아트페어라 불리는 한국국제아트페어(이하 KIAF)에 의하면 2021년 KIAF를 찾은 사람의 절반(54%)이 신규 방문객이었으며, 이중 60.4%는 MZ세대였다고 한다. 또한 작품을 구매한 고객 연령도 MZ세대가 61.3%로 높은 비중을 차지했다. 2022년 9월에는 세계 3대 아트페어로 알려진 프리즈(FRIEZE)와 공동으로 KIAF를 개최했는데, 개막 첫날 아트페어에 입장하려는 대기줄로 인산인해를 이루었으며 나흘 동안 6,500억 원어치의 작품이 판매된 것으로 알려졌다.

2021년 KIAF 방문객 데모 (출처: KIAF)

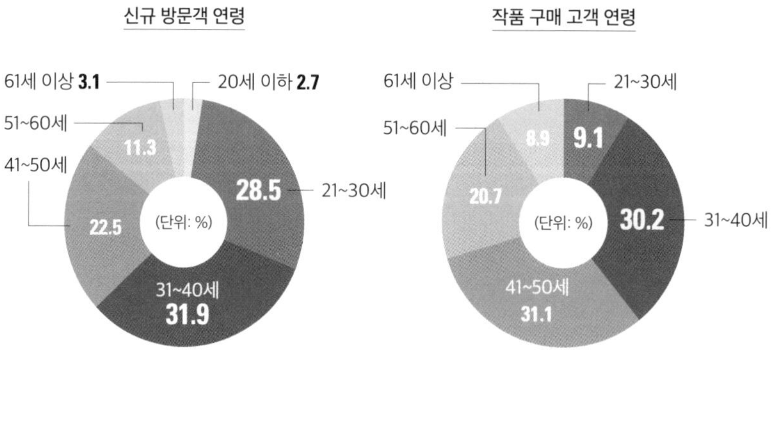

온라인으로 들어온 미술 시장

2020년, 코로나19 팬데믹으로 아트 시장이 오프라인에서 온라인 중심으로 확장되는 것을 볼 수 있었다. 물론 이전에도 온라인에서 VR 기술을 이용하여 온라인 쇼룸을 진행하거나 온라인 경매로 작품을 거래하는 일이 가능했다. 하지만 팬데믹 동안에는 많은 프로페셔널 수집가와 아마추어 수집가가 불가피하게 온라인 전시, 온라인 경매로 눈을 돌렸고, 이에 따라 온라인 미술 시장이 폭발적으로 성장했다.

온라인 거래가 활성화되면서 거래 방식 또한 변화했다. 이전에는 미술작품의 가격대가 높게 형성되어 있어 고액 자산가 이외의 사람들은 작품을 구매하기가 쉽지 않았다. 그러나 주식 시장에서 비싸게 평가받고 있는 증권이나 음악 저작권을 분할 구매할 수 있는 것처럼 미술 시장도 유사하게 변화하고 있다. 즉 고가의 미술품 지분을 다수의 투자자가 나눠 구매를 하는 방식인 '공동구매'가 아트 시장에서도 이루어지고 있는 것이다.

아트 구매의 대표적인 앱인 '테사(TESSA)'와 '소투(SOTWO)'는 오프라인 경매, 아트페어와 달리 모바일에서 수시로 공동구매가 진행되기 때문에 누구나 쉽게 참여할 수 있다. 또한 1,000원 단위의 소규모 지분 투자도 가능하기에 자본금이 적은 투자자들도 쉽게 투자할 수 있다는 이점이 있다. '아트앤가이드', '아트투게더' 역시 웹사이트에서 공동구매가 가능하다. 그리고 플랫폼을 통해 보유하고 있는 작품의 지분을 쉽게 거래할 수도 있다. 이와 같이 다양한 공동구매 플랫폼이 생겨나며 온라인 미술 시장의 대중화를 이끌고 있다.

디지털 아트의 새로운 가능성: NFT

NFT 기반 새로운 아트 판매 전략

앞서 미술 시장 분석에서 언급한 것처럼 최근 3년간 아트 시장에서 가장 떠오르는 이슈는 NFT다. 아트테크에 대한 관심은 실물을 넘어서 디지털 자산인 NFT로도 확장되었다. NFT는 'Non-Fungible Token'의 약자로, 블록체인 기술을 활용하여 디지털 자산의 소유주를 증명할 수 있는 가상의 토큰이다. NFT 내에서도 메타버스, 아트, 게임, 스포츠 등 다양한 시장이 존재하는데, 그중 아트는 메타버스에 이어 2위에 위치하고 있다.

2021년 12월, 세계적인 거리미술가 로버트 뱅크시(Robert Banksy)

NFT 내에서의 시장점유율 (출처: NonFungible 홈페이지)

(단위: %)

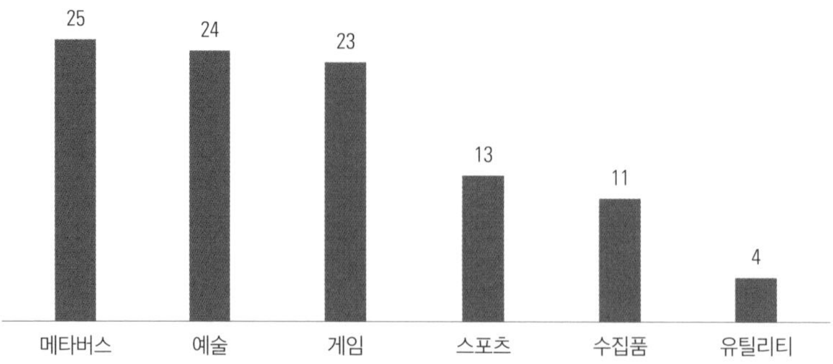

의 작품 〈사랑은 공중에(Love is in the air)〉가 1만 조각으로 나뉘어 NFT 형태로 판매돼 화제가 되었다. 2021년 5월, 벤처기업 '파티클(Particle)'은 이 작품을 1,290만 달러(한화 약 183억 원)에 구매했다. 해당 작품의 원본은 파티클이 설립한 재단에 기증해 특정 인물이 원본의 소유권을 주장할 수 없도록 계획을 세웠다. 파티클은 원본 자체가 실물로 거래되지 않는다면 발행한 NFT가 실제 원본과 유사한 가치가 있을 것으로 판단하였다. 이후 파티클은 작품을 가로세로 각 100개로 나누어 총 1만 개의 고유한 사각형 조각을 만들고, 각 조각 이미지에 해당하는 NFT를 발행해 개당 1,500달러(한화 약 213만 원)가량에 판매했다. NFT 구매자들은 이후 해당 NFT가 작품의 어느 부분인지 표시된 증명서를 발급받았고, 이를 다른 수집가에게 판매하여 수익을 얻을 수도 있었다. 실물 기반 NFT 판매라는 새로운 방식에서 주목할 점은 실물 작품을 NFT로 제작해 해당 조각의 소유권을 개인 간에 사고팔 수 있다는 것이다.

유연성을 갖게 된 아트 시장

미술 시장은 그 어떤 분야보다도 보수적이라고 할 수 있다. 특히 미술 경매 시장은 아트 전문가가 작가와 작품의 가치를 평가하고 그 감정평가에 기반하여 거래가 이루어지기 때문에 보수적일 수밖에 없다. 하지만 유명 경매회사들의 적극적인 NFT 판매 참여로 미술 시장이 유연하게 변하고 있는 것을 확인할 수 있다.

278년의 역사를 갖고 있는 소더비(Sotheby's)와 256년의 역사를 갖고 있는 크리스티(Christie's)는 전 세계적으로 유명한 미술품 경매 기업이다. 이들은 미술품, 주얼리, 명품 아이템, 부동산 등 가치 있는 다양한 실물을 중심으로 경매를 진행하는 것으로 유명하다. 하지만 크리스티 경매에서 2020년 10월 영국 예술가 벤저민 젠틸리(Benjamin Gentilli)의 NFT 작품 〈로버트 앨리스의 블록 21(Robert Alice's Block 21)〉이 13만 1,240달러(한화 약 1억 8천만 원)에 낙찰된 것을 시작으로, 최근에는 디지털 아티스트 비플(Beeple)의 〈매일: 첫 5,000일(Everydays: The first 5,000 Days)〉도 약 6,930만 달러(한화 약 986억 원)에 팔렸다. 이 작품들은 모두 NFT 기반 디지털 작품으로 판매된 것이다. 보수적인 아트 경매 시장에서도 NFT의 높은 거래 실적으로 인해 NFT의 가치를 어느 정도 인정하게 되었다.

NFT는 작가들에게 새로운 기회

신진작가, 무명작가 중심으로 자신의 작품을 알릴 수 있는 NFT 아트로 전환한 작가들이 많아졌다. 유명 작가들은 수많은 화랑, 전시, 아트페어에 적극적으로 초대받지만 신진작가, 무명작가들은 이러한 기회를 얻기 어려운 것이 현실이다. 그들은 조그만 전시 공간도 받을 수 없어 실력을 뽐낼 기회를 갖지 못한다. 하지만 NFT 아트 시장이 인기를 끌며 NFT 전시와 거래 플랫폼이 다양해졌고, 거래 플랫폼은 작가들의 작품과 아트 소비 시장을 잇는 연결고리 역할을 하게 되었다.

NFT의 인기와 함께 아트테크 플랫폼 기업들처럼 NFT 플랫폼 비즈니스를 시작한 기업들도 나타났다. 올해 초, 삼성전자는 CES 2022에서 TV의 '스마트 허브' 기능을 통해 NFT를 거래할 수 있는 NFT 플랫폼을 탑재하였다. 2022년 8월 초, SK텔레콤은 NFT 발행자와 구매자를 연결해주는 NFT 마켓플레이스인 'TopPort' 오픈 베타 서비스를 시작

NFT 플랫폼

삼성전자 스마트 허브 NFT 플랫폼 앱
(출처: 삼성전자 홈페이지)

SKT의 NFT 마켓플레이스 TopPort
(출처: SK텔레콤 홈페이지)

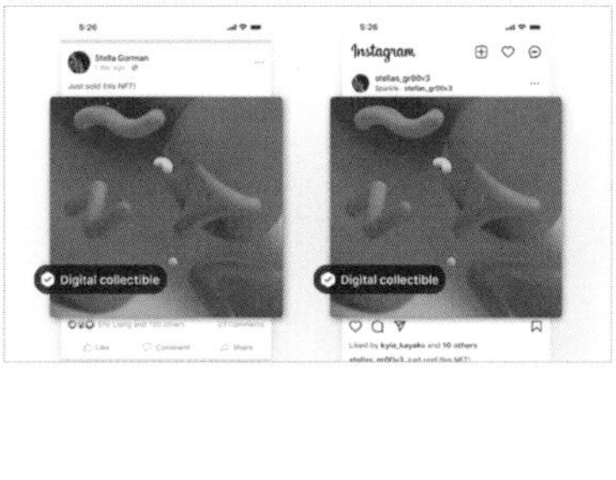

페이스북, 인스타그램에 NFT 게시를 지원하는 메타
(출처: 메타 홈페이지)

하였다. TopPort는 NFT 작가들에게 구성, 기획부터 민팅*, 커뮤니티 관리까지 다양한 기능을 제공하며 NFT 시장에 소프트랜딩할 수 있도록 하는 액셀러레이터* 역할도 한다. 2022년 8월 말, 메타는 자사 트위터를 통해 페이스북, 인스타그램 플랫폼에서 유저들의 디지털 지갑과 연동해 NFT를 게시할 수 있는 기능을 만들었다. 이처럼 유명 IT 기업을 중심으로 플랫폼이 생겨나며 작가들은 자신의 작품을 쉽게 알리고 판매할 수 있게 되었고 소비자는 작품을 쉽게 구매할 수 있게 되었다.

민팅(Minting) '화폐를 주조하다(Mint)'라는 의미를 갖고 있으며, NFT 시장에서는 가상화폐로 NFT를 제작하는 것을 뜻함

액셀러레이터(Accelerator) 스타트업 시장에서 주로 사용되는 단어로, 초기에 기업·개인이 빠르게 성장할 수 있도록 도움을 주는 역할(시드 투자, 사업 공간 제공, 멘토링, 기획 등 지원)

아트테크에 열광하는 MZ세대

뭐든 따라 하고 싶어하는 MZ세대

MZ세대는 핫한 것들은 다 따라 하고 싶어하는 경향이 있다. 빅뱅의 지드래곤, BTS의 RM과 같이 큰 팬덤을 갖고 있는 셀러브리티들의 전시 방문 및 작품 구입 소식은 큰 화제가 된다. 이러한 셀러브리티들의 관심사는 곧장 MZ세대의 관심사가 된다.

새로운 경험을 좋아하는 MZ세대는 아트 투자에 대해서도 적극적인 태도를 보인다. MZ세대는 관심 있는 작가들의 SNS를 팔로우하고 직접 전시회에 방문해 그들과 작품에 관해 소통하려고 한다. 그리고 실제 경매장에 가서 미술품 경매에 참여하거나, 앱과 플랫폼을 활용한 공동구매, 그리고 NFT 기반 아트 구입까지 다양한 방법으로 아트테크를 실행하고 있다. 미술품 구매에 대한 관심이 증가하고 관련 산업이 발전함에 따라 소비자들이 아트 시장에 더 쉽게 다가갈 수 있는 선순환이 이루어지고 있는 것이다.

MZ세대의 새로운 투자 수단

MZ세대는 주식, 펀드, 가상화폐 등 다양한 투자 방식에 관심이 많다. 이런 상황에서 미술품이 그들에게 새로운 투자 대상으로 떠오르고 있다. 이전에는 미술품 구매를 통해 심미적 만족을 느끼고자 하는 목적도 있었지만, 이제는 투자 및 수익 창출 수단으로 그 목적을 확장하고 있다. 지난 『친절한 트렌드 뒷담화 2022』 중 '명품에 대한 인식과 태도 변화'에서 언급한 것과도 유사하다. MZ세대는 명품 혹은 한정판 구매 대기 순번 1번이 되기 위해 아침 일찍 백화점 근처에서 대기하고 있다가 문이 열리자마자 매장으로 뛴다. 아트페어에서도 마찬가지다. 유명하거나 조금이라도 알려진 미술품을 구매하기 위해 오픈런을 한다. 구매한 가격보다 시세가 오르면 명품을 판매하는 것과 마찬가지로, 미술품도 수익을 위한 투자 수단으로 인식하는 것이다.

미술품 투자는 세제 혜택 면에서도 유리한 점이 있다. 주식, 자동차, 부동산은 구매 및 판매시 취득세, 보유세, 매도 차액에 대한 세금 등 다양한 세금을 추가로 납입해야 한다. 하지만 미술품에 대한 투자는 차익을 얻더라도 가격이 6천만 원 미만이면 과세하지 않기 때문이다.

아트테크: 해결해야 할 과제

미술품 & NFT 가치 무용론

아트테크에 기대하는 바가 큰 만큼 반대로 우려도 당연히 존재한다. 최근 1년간 사람들은 암호화폐 가격 상승과 메타버스 인기로 인한 관련 주식 상승으로 투자할 곳이 마땅치 않자 새로운 투자처로 미술작품과 NFT에 열광했다. 하지만 제품의 공급이 많아지고 수요가 줄어들면 가격이 낮아지는 당연한 시장 논리에 따라 최근 다양해진 미술품이나 NFT 작품들도 수요가 없어 가격이 하락하게 되었다. 또한 최근 1년간 지속적으로 하락한 비트코인 시세로 인해 NFT에 관심이 떨어져 가격이 하락하는 모습도 보였다.

지난해 290만 달러(한화 약 41억 원)로 구매한 NFT의 가치가 올해 초 280달러(한화 약 40만 원)로 평가되며 NFT 무용론자들에게 크게 화제가 되었다. 이 NFT의 정체는 트위터 창립자인 잭 도시(Jack Dorsey)가 2006년 3월 21일에 트위터 론칭 전 테스트 삼아 올린 'just setting up my twttr(지금 막 내 트위터를 설정했다)' 트윗이었다. 트위터 창립자의 첫 트윗이라는 상징성이 큰 만큼 말레이시아 블록체인 기업 '브리지 오라클(Bridge Oracle)'의 CEO 시나 에스타비(Sina

Estavi)가 높은 가격을 주고 구매했으나 현재 그 가치가 1만분의 1 가격으로 떨어졌다. 결국 시나 에스타비의 목표 판매액이었던 4,800만 달러(한화 약 682억 원)에 못 미쳐 경매가 유찰되었다.

최근 전문가들은 NFT 아트에 대한 투자 열기를 과거 17세기 네덜란드에서 불었던 '튤립 파동'과 비교하기도 한다. 튤립 파동은 최초의 투기로 인한 거품 경제 현상으로 알려져 있다. 1630년대 튀르키예(터키)에서 네덜란드로 새롭게 수입된 튤립은 큰 인기를 끌었고 서민, 부자 할 것 없이 모두 튤립을 구매해 가격이 천정부지로 높아졌다. 또한 튤립 가격을 먼저 계산한 후 나중에 실물을 받는 세계 최초의 선물 거래도 나타났다. 하지만 이후 튤립의 가치 실용성에 대한 문제가 불거지자, 수요가 줄어들어 시세가 폭락하면서 많은 네덜란드 사람이 재산상의 손해를 보게 되었다. 즉 전문가들은 NFT 아트에 대한 투자는 가치가 아니라 일시적인 가격 상승으로 인기를 끄는 것이므로 관심이 줄어들면 가격이 폭락할 것으로 예상하는 것이다.

아트테크 미술품 & NFT 저작권 문제

실제 미술품을 NFT로 제작할 때 소유권과 저작권 관련 문제도 있다. NFT를 제작할 때는 저작권자의 허락을 받아서 NFT를 구성해야 한다. 국내 저작권법에 의하면 작가의 사후 50~70년까지는 저작권이 보호되기 때문에 저작권을 갖고 있는 유족들의 협의 없이는 만들 수 없다. 물론 작가 사후 50~70년 이후의 작품들은 문제되지 않지만, 이윤을 목적으로 판매하기에는 사회적·윤리적으로 문제가 될 수도 있다. 실제로 2021년 3월, 해외의 한 단체에서 클림트, 반 고흐 등 유명 예술가들의 작품을 기반으로 NFT 민팅을 하려고 했으나 실제 작품들을 소장하고 있는 미술관의 항의로 취소되었다. 이처럼 개인의 창작물이 아닌 다른 사람의 창작물을 활용한 민팅은 분명 법적으로 문제가 될 수 있다. 그러므로 관련 산업이 확장되기 위해서는 소유권, 저작권과 얽힌 근본적인 문제부터 해결해야 한다.

1955년, 한 미술 애호가가 쌀 열 가마니를 주고 이중섭 화백의 그림 세 점을 구매했다. 이 세 점의 그림에는 그 유명한 〈황소〉가 포함되어 있었다. 〈황소〉를 쌀 세 가마니로 구매한 셈이다. 쌀 세 가마니는 현재 물가로 환산하면 약 200만 원으로 평가된다. 이후 긴 세월이 흘러 이중섭 화백과 그의 작품의 가치가 상승해 〈황소〉는 2010년 35억 6천만 원에 판매되었다.

보수적인 이미지가 강했던 아트 시장은 팬데믹을 거치며 현재 많은 변화를 겪고 있다. 오프라인에서 온라인 중심으로, 그리고 온라인 중심에서 디지털(NFT) 중심으로도 확장되고 있다. 아트테크와 관련해서는 낙관론과 비관론이 공존한다. 즉 구매한 작품들의 가치가 상승할 것이라는 기대감과, 이러한 NFT는 실체가 없는 무형 자산이기 때문에 아무런 가치가 없다는 평가가 동시에 존재하는 것이다. 하지만 후대에 자신들이 소유하고 있는 것들이 어떤 평가를 받을지는 현재로서는 아무도 알 수 없다. 이중섭 화백의 〈황소〉처럼 가격이 오를 수도, 아니면 잭 도시의 첫 트윗 NFT처럼 가격이 하락할 수도 있는 것이다. 미술작품에 대한 기대 가치가 커지며 현재 아트 시장은 급격하게 커지고 있다. 하지만 앞으로 아트 시장이 확대되기 위해서는 미술·디지털 자산의 가치에 대한 불확실성 문제를 해결하는 것이 가장 중요할 것이다.

“

다른 상품들과 달리 특별한 기능이 없음에도

미술 작품에 높은 가격이 책정되는 이유는

작품이 지닌 **역사적 가치** 혹은

작품에 투영된 **사람들의 욕망의 크기** 때문이다.

이러한 소비 심리는

실물을 넘어 **가상의 영역**으로

미술 시장의 변화를 이끌고 있다.

”

마케팅

Part 4

비즈니스 현장의 마케팅 전문가들이 주목한
라이프스타일 인사이트

미미(美味)를 찾아서:

테이스팅 럭셔리

1

코로나19 이후 명품 브랜드들의 식음료(F&B) 사업 진출이 부쩍 늘어났다. 최근 구찌, 루이비통, 디올 등을 비롯해 수많은 명품 브랜드가 카페, 레스토랑 등 미각의 즐거움을 선사하는 F&B 매장을 운영하며 명품을 다양하게 즐길 수 있는 기회를 제공하고 있다. 이러한 공간은 짧게는 한 달, 길게는 6개월까지 한시적으로 운영되기도 한다. 주로 앱을 통해 방문 신청을 받는 방식인데, 한 달 치 예약이 몇 시간 만에 마감되는 등 예약 경쟁이 치열하다. 오랜 기간 폐쇄적 마케팅을 해온 명품 브랜드들이 더 많은 사람에게 다가가기 위해 문턱을 낮추는 이유는 무엇일까?

명품 브랜드의 F&B 비즈니스는 단순히 기존 매장 한쪽에 유명 커피나 외식 프랜차이즈 브랜드를 입점시키는 것이 아니라 직접 운영에 참여해 미슐랭 스타 셰프와 머리를 맞대어 함께 신메뉴를 개발하고, 브랜드의 아이덴티티를 느낄 수 있도록 공간을 새롭게 구성하는 식으로 진화하고 있다.

명품 브랜드들의 이러한 시도는 주력 소비층인 X세대를 넘어 MZ세대까지 다양한 세대와 접점을 만들기 위함이다. 즉, 음식이라는 매개체를 통해 더 많은 사람이 브랜드의 정체성을 간접적으로 경험할 수 있게 하는 것이 그동안 VIP에 초점을 맞춰 보수적으로 마케팅을 전개해온 명품 브랜드들이 F&B 비즈니스에 진출하는 주된 목적이다. 이들은 브랜드 충성도가 높은 기존 고객의 니즈를 충족시킬 뿐 아니라 이색적이고 다양한 경험을 즐기고자 하는 MZ세대를 겨냥하여 브랜드 팬덤을 구축하기 위해 노력하고 있다.

©Edward Howell, Unsplash

명품 브랜드, F&B 비즈니스로의 확장

판매 공간에서 미식 공간이 되기까지

해외에서는 수년 전부터 명품 브랜드들이 단순 제품 판매 공간을 넘어 브랜드 철학, 컨셉, 브랜드 스토리를 접목한 '미식' 경험 공간을 만들기 시작했다. 오감으로 브랜드를 느낄 수 있도록 정교하게 설계한 복합 공간을 제공함으로써 매장에서 체류하는 절대시간을 늘리고 있는 것이다. 이 공간에서는 명품 브랜드의 명성에 걸맞게 인테리어, 메뉴, 조명과 식기까지 브랜드 이미지를 충실히 담아낸다.

이탈리아 밀라노 외곽에 위치한 '10 꼬르소 꼬모(10 Corso Como)'는 F&B가 결합된 세계 최초의 컨셉스토어다. 이탈리아 〈보그〉 편집장 출신인 카를라 소차니(Carla Sozzani)가 수십 년간 쌓아온 패션 트렌드와 취향을 바탕으로 1991년에 문을 열었다. 많은 사람이 그녀의 취향이 반영된 패션, 예술, 음악, 디자인, 음식 등 종합예술문화가 결합된 공간 경험에 열광했고, 그 결과 10 꼬르소 꼬모는 관광명소가 되었다. 브런치를 먹으며 책을 읽기도 하고, 정원을 즐기며 쇼핑할 수도 있는 최초의 '슬로 쇼핑(Slow shopping)' 공간이기도 하다.

10 꼬르소 꼬모 이후 패션과 F&B 문화를 결합한 매장이 세계 주요

도시에 모습을 드러냈다. 2004년 명품 브랜드의 대명사인 샤넬은 도쿄의 중심지인 긴자에 위치한 샤넬 플래그십 매장 최상층에 철저한 예약 시스템으로 운영되는 '베이지 알랭 뒤카스(Beige Alain Ducasse)' 레스토랑을 오픈했다. 이 레스토랑은 오픈 후 미슐랭 2스타를 받으며 도쿄 최고의 파인 다이닝 레스토랑으로 자리매김했다. 패션쇼의 런웨이처럼 시즌별 요리 컨셉이 바뀌는 '컬렉션(Collection)'이 이곳의 대표 메뉴다. 컬렉션이라는 주제에 맞게 디너 타임에는 블랙 색상의 드레스 코드를 지켜야 입장이 가능하며 12세 미만 어린이는 입장이 불가하다. 또한 샤넬 엘리베이터 버튼과 트위드 의자로 꾸며진 내부 인테리어, 샤넬 유니폼을 입은 스태프들의 서빙, 식사 마지막에 제공되는

샤넬 베이지 알랭 뒤카스 레스토랑의
내부 전경과 메인 요리 (출처: 샤넬 홈페이지)

이탈리아의 10 꼬르소 꼬모 레스토랑
(출처: 10 꼬르소 꼬모 홈페이지)

샤넬 초콜릿 선물 세트 등 입장부터 퇴장까지 통일된 브랜드 정체성을 느낄 수 있는 공간으로 정평이 나 있다.

이 외에도 플래그십 매장 내 레스토랑이나 카페를 오픈하는 명품 브랜드가 점차 증가하고 있다. 세계적인 주얼리 브랜드인 티파니앤코는 이미 2017년에 뉴욕 5번가 플래그십 매장 내 '더 블루 박스 카페(The Blue Box Café)'를 오픈한 바 있으며 국내에서도 에르메스가 이미 2014년에 '카페 마당'이라는 F&B 공간을 오픈했다. 일명 '에르메스 카페'로 불리는 카페 마당은 2006년 에르메스가 전 세계에서 네번째로 서울에 오픈한 메종 에르메스 지하 1층에 위치하고 있으며, 신라호텔이 운영하는 카페다. 음료와 디저트뿐만 아니라 신라호텔 30년 경력 셰프가 만든 요리도 즐길 수 있다. 카페 마당은 오픈한 지 꽤 오랜 시간이 지났음에도 주말이면 여전히 대기 시간이 길다. 카페에서 사용되는 식기는 물론 소파까지 모두 에르메스 제품으로, 쉽게 체험할 수 없는 특별한 경험을 제공하기 때문이다.

최근 MZ세대에게 큰 인기를 끌고 있는 디올도 2015년 서울 청담동 플래그십 부티크인 '하우스 오브 디올'의 루프탑에 디저트 카페를 선보였다. 하우스 오브 디올은 아시아에 있는 디올 매장 중에서 가장 큰 규모로, 건축계의 노벨상이라고 불리는 프리츠커 건축상을 수상한 프랑스 건축가 크리스티앙 드 포잠박(Christian de Portzamparc)이 설계한 혁신적이고 아방가르드한 디자인의 부티크로 알려져 있다. 5층에 위치한 카페 디올은 유명 페이스트리 셰프 피에르 에르메(Pierre Hermé)와의 협업뿐만 아니라 사진 찍기 좋은 공간 구성, 초콜릿 파우더를 디올 로고 모양으로 뿌린 라테 등 인스타그래머블한 체험 요소를 갖춤으로써 많은 사랑을 받고 있다.

이 공간들의 특징은 일반인들이 들어가기에 부담을 느끼는 명품 플래그십스토어 안에 레스토랑이나 카페를 만들어 심리적 거리감을 낮추고, 자사 브랜드의 식기로 서빙을 함으로써 고객들이 자연스럽게 브랜드를 체험할 수 있도록 한다는 것이다. 또한 유명 셰프와의 협업으로 특별한 미식 경험을 제공하여 인스타그램으로 일상을 공유하기를 좋아하는 MZ세대의 방문 욕구를 자극한다. 이 공간을 방문한 소비자들은 레스토랑이나 카페를 드나드는 과정에서 매장에 디스플레이된 상품 또한 부담 없이 구경할 수 있다.

에르메스의 카페 마당 (출처: 에르메스 홈페이지)

하우스 오브 디올 외관 (출처: 디올 홈페이지)

미식 경험 목적의 특별한 공간 오픈

대다수의 브랜드가 다차원적인 브랜드 경험을 제공하기 위해 이미 운영중인 플래그십스토어 내에 식음료 매장을 오픈하지만, 기존 매장과는 별도로 브랜드의 정체성을 담은 미식 공간을 오픈하는 브랜드도 있다. 예를 들어, IWC 샤프하우젠은 성수동 센터커피와 협업하여 2021년 7월 롯데백화점 본점 5층에 세계 최초 IWC 공식 커피 매장인 '빅 파일럿 바(BIG PILOT BAR BY IWC & CENTER COFFEE)'를 오픈했다. 이 공간은 IWC의 상징적인 빅 파일럿 시계에서 영감을 받아 볼드한 이미지를 표현하고 있으며, 재활용 소재인 폐비닐과 폐유리를 사용한 인테리어로 눈길을 끌고 있다.

한시적인 팝업스토어이기는 하지만, 불가리도 2022년 7월 제주도 중문단지의 '파르나스호텔 제주' 로비에 '불가리 선셋 인 제주'를 오픈해서 휴가철 관광객들의 많은 관심을 받았다. 2022년 리조트 컬렉션의 주제인 '선셋 인 에덴'을 컨셉으로 공간을 구성하고, 불가리의 상징인 B 로고의 대형 장식물을 설치함으로써 불가리의 공간임을 자연스럽게 알 수 있게 했다. 그뿐만 아니라 카페 옆에 위치한 리조트 컬렉션의 전시 및 판매 공간에서 자연스럽게 상품 체험으로 이어지도록 했다. 국내에는 아직 입점하지 않았지만 론칭 검토중이라는 소식이 들리는 '랄프스 커피(Ralph's Coffee)'는 미국의 대표적인 패션 브랜드 랄프 로렌이 운영하는 공간이다. 뉴욕, 파리, 베이징, 도쿄 등에 이미 카페를 오픈하여 많은 화제가 되고 있는 랄프스 커피는 랄프 로렌의 컬러인 그린과 화이트를 컨셉으로 공간을 구성하고, 특유의 클래식한 분위기로 소비자들의 많은 관심과 사랑을 받고 있다. 또한 뉴욕 록펠러센터

앞에 상설 매장이 아닌 팝업 밴을 운영하여 고객들의 발길을 사로잡기도 했다.

이처럼 별도 매장을 운영하는 것은 플래그십스토어 내에 식음료 매장을 오픈하는 것에 비해 입지 선정이 보다 자유롭고 유연하다는 장점이 있다. 물론 브랜드스토어 내에 위치하는 것이 이미 전시되어 있는 많은 상품을 자연스럽게 경험할 수 있도록 하는 효과가 있지만, 여전히 소비자들이 시간을 내어 찾아가야 한다는 한계가 있다. 하지만 독립 매장의 경우 불가리의 사례처럼 특정 시즌의 컨셉에 맞는 공간을 선정하여 고객들이 있는 곳으로 직접 찾아갈 수 있고, 고객들이 의도하지 않은 상황에서 브랜드를 체험할 수 있게 하는 긍정적인 효과가 있다.

IWC 샤프하우젠에서 운영하는 빅 파일럿 바
(출처: IWC 샤프하우젠 홈페이지)

명품 브랜드 F&B, 왜 주목받는가?

브랜드 정체성이 깃든 오감 체험 공간

거리두기가 해제되면서 문화 소비에도 변화가 생겼다. BC카드 신금융연구소에 따르면 2020년 대비 오프라인 문화 소비가 크게 늘어났다. 대면활동과 야외활동이 재개되면서 외출 및 소비 심리가 되살아난 것이다. 거리두기 해제 상황을 주시하며 브랜드들도 오프라인 마케팅 재개를 준비해왔으며, 명품 브랜드들 또한 이러한 상황에서 소비자와의 접점을 늘리기 위해 브랜드 경험 극대화에 초점을 둔 오프라인 공간을 오픈했다. 로열티 비즈니스 마케팅 전문가인 프레드 라이켈트(Fred Reichheld)는 "오감을 통한 경험은 소비자가 상품이나 서비스를 구매하기 전에 정보를 취득할 수 있는 가장 좋은 방법이며, 감각을 통한 지각은 브랜드 충성도를 형성하는 데 중요한 역할을 한다"고 했다.

최근 2년간 오프라인 문화 소비와 OTT 매출 증감률 (출처: BC카드)

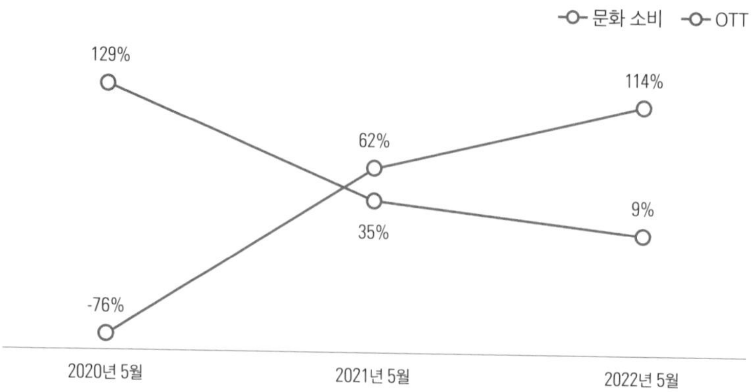

2022년 3월, 구찌는 이탈리아, 미국, 일본에 이어 네번째 F&B 공간을 서울 한남동에 오픈했다. 한국 문화를 더한 모던 이탈리안 파인 다이닝 레스토랑 '구찌 오스테리아 다 마시모 보투라(Gucci Osteria da Massimo Bottura)'를 구찌 가옥 6층에 선보인 것이다. 이 공간은 구찌 전통 아이콘을 활용한 인테리어로 브랜드 정체성을 각인시켰다. 구찌의 시그니처 컬러를 활용한 인테리어와 식기, 소품 등 문화와 음식, 패션의 세계를 엮어 잊지 못할 최상의 경험을 선사하는 것을 목표로 하였다. 오픈 전부터 SNS를 뜨겁게 달구었던 이곳은 한 달 치 예약이 오픈 20분 만에 전부 마감될 정도로 예약하기가 '하늘의 별 따기'인 핫플레이스가 되었다.

구찌 오스테리아의
에밀리아 버거, 파리나타,
매장 내부 전경
(출처: 구찌 홈페이지)

이노션 인사이트그룹의 검색 데이터 분석 결과, 2021년 8월부터 2022년 7월까지 '구찌 가옥'을 가장 활발하게 검색한 연령대는 30대로 나타났다. MZ세대를 타깃으로, 긴 시간 오감으로 즐기는 브랜드 체험에 초점이 맞춰진 구찌 가옥은 백화점을 연상시킨다. 매장 꼭대기에서 식사한 후 자연스럽게 1층까지 내려오며 쇼핑을 즐길 수 있는 동선으로 이루어져 있기 때문이다. 의류, 액세서리 제품은 물론 식사하면서 사용한 식기나 소품 등 라이프스타일 제품도 진열되어 있어 자연스럽게 쇼핑할 수 있도록 매장이 꾸며져 있다. 브랜드 스토리에 미식이라는 경험을 더하여 맛보고 입어보고 즐기며 공간 전체에서 명품 브랜드를 느낄 수 있도록 하는 것이다.

연령별 '구찌 가옥' 검색량 (출처: 이노션 인사이트그룹 / 2021년 8월~2022년 7월)

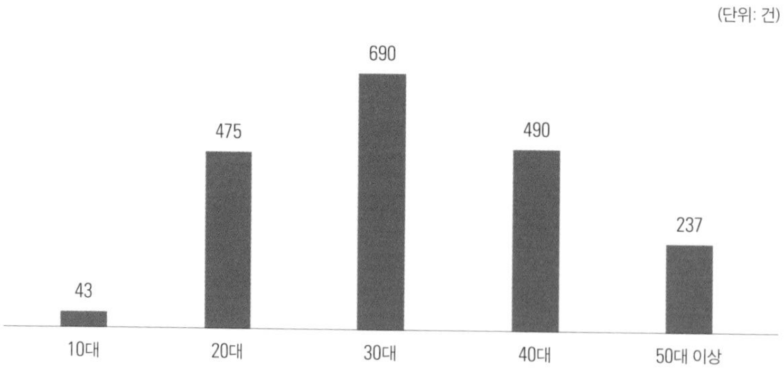

MZ세대의 새로운 플렉스 놀이가 된 럭셔리 미식 체험

롯데멤버스에 따르면 코로나19 이후 명품 구매 건수는 코로나19 이전보다 23% 증가한 것으로 나타났다. 또한 2018년 대비 2021년 명품 구매량 증가율은 20대가 70.1%로 가장 높았다. 글로벌 컨설팅 기업 베인앤컴퍼니(Bain & Company)의 조사 결과에서도 개인 명품 시장에서 Z세대의 비중은 2년 전에 비해 두 배 이상 커졌고, 밀레니얼세대의 비중은 2019년 36%에서 2021년 46%로 높아졌으며, 2025년에는 명품을 사는 10명 중 7명이 40세 이하일 것이라고 전망하고 있다.

이처럼 럭셔리 소비가 점점 늘어가고 있는 MZ세대 사이에서 럭셔리의 의미와 접근 방식이 달라지고 있다. 기성세대가 럭셔리를 사치품으로 생각해서 과감하게 구입하는 것을 망설였다면, 이 세대에게 럭셔리 소비는 일종의 자기보상 행위이자 자기표현의 수단으로 인식되고 있다. 따라서 '내돈내산'의 당당함을 기반으로 SNS에 공유하여 동일한 세대 혹은 비슷한 라

코로나19 전후 명품 구매량 변화
(출처: 롯데멤버스)

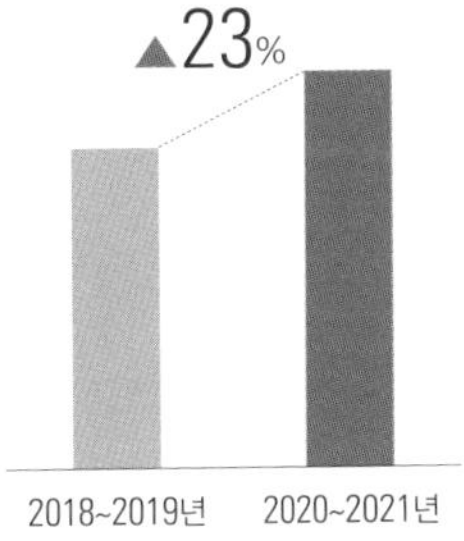

2018년 대비 2021년 연령대별 명품 구매량 증가율 (출처: 롯데멤버스)

이프스타일을 꿈꾸는 사람들에게서 동경과 인정을 받기도 한다. 끊임없이 힙한 트렌드를 좇고 취향을 자랑하는 MZ세대의 성향에 맞춰 럭셔리 소비 문화는 일종의 '플렉스' 놀이로 변모하고 있는 것이다.

명품 브랜드의 F&B 체험 또한 이들에게는 또다른 플렉스 놀이 문화가 되고 있다. 명품 브랜드의 식음료 공간인 만큼 가격대가 상당히 높은 편임에도 모든 공간은 예약이 쉽지 않다. 특히 한정된 기간 동안 열리는 팝업 레스토랑의 경우에는 더더욱 관심을 끈다. '한정판'은 MZ세대가 상품을 구입할 때 중요하게 고려하는 요소이기 때문이다. 돈이 있어도 쉽게 살 수 없는 제품을 소유하거나, 소수만이 누릴 수 있는 경험 등을 SNS에 과시할 수 있기 때문에 MZ세대는 한정판 문화에 열광하고 있다.

2022년 5월, 루이비통은 자사의 미학을 살린 프랑스 레스토랑 '피에르 상 앳 루이비통(Pierre Sang at Louis Vuitton)' 팝업스토어를 오픈했다. 프랑스와 일본 등에서 카페와 레스토랑을 각각 운영한 적은 있

피에르 상 앳 루이비통의 매장 내부 전경과 메인 요리
(출처: 루이비통 홈페이지)

피에르 상 앳 루이비통 방문 후기 유튜브 영상
(출처: 아임쿠이 유튜브)

지만, 팝업 레스토랑을 연 것은 세계적으로 서울이 처음이다. 한정된 기간 동안 루이비통의 미식 경험을 할 수 있다는 희소성 때문에 예약이 개시되자마자 5분 만에 38일 동안 운영되는 전 좌석 예약이 마감되었으며, 중고거래 플랫폼에서는 웃돈을 붙여 예약권이 거래될 만큼 큰 인기를 얻었다. 피에르 상 보이에(Pierre Sang Boyer)와의 협업 레스토랑이 큰 성공을 거둔 후 루이비통은 미슐랭 스타 셰프 알랭 파사르(Alain Passard)와 함께 두번째 팝업 레스토랑을 2022년 9월에 오픈하였다. 오픈하자마자 사전 예약이 한 시간 만에 조기 마감되는 등 두 번째 팝업 역시 엄청난 성공을 거두었다.

한국적 요소를 담은 문화적 공감대

이름부터 한국 문화를 담은 플래그십스토어 구찌 가옥이 2022년 오픈 1주년을 맞이하여 준비한 돌잔치에서 서양의 파티 음식이 아닌 전통 한식과 전통주가 사용돼 화제가 되었다. 오랜 역사를 지닌 럭셔리 브랜드들은 그 브랜드 철학에 자국의 정서나 문화가 담겨 있는 것이 일반적이다. 럭셔리 특유의 권위적인 자세로 현지 문화를 반영하거나 동화되려는 시도도 잘 하지 않는다. 하지만 최근 국내에서 플래그십스토어를 열거나 레스토랑 등을 운영하는 럭셔리 브랜드들은 과거의 폐쇄적인 자세를 버리고 한국적인 정서를 담기 위해 많은 노력을 기울이고 있다.

예를 들어, 2022년 5월 성수동에 오픈하며 MZ세대에게 핫플레이스로 떠오른 '디올 성수'는 프랑스 파리에 있는 크리스찬 디올의 플래그십 매장 '30몽테인'을 축소한 형태로 지었지만, 한국적인 요소를 내부 곳곳에 배치하여 한국과 프랑스 문화 간의 조화를 추구했다. 정원에도 소나무나 모란 같은 한국의 식물들을 심었을 뿐만 아니라 한국 작가의 작품들을 조화롭게 배치했고, 슈즈존의 벽지는 한지를 사용하여 눈길을 끌었다. 럭셔리 브랜드다운 화려한 외관과 이색적이면서도 인스타그래머블한 공간 구성은 MZ세대의 관심을 끌기에 충분했다. 이노션 인사이트그룹의 검색 데이터 분석 결과, 2022년 2월부터 2022년 8월까지 '디올 성수'를 가장 활발하게 검색한 연령대는 20대였다. 오픈 전부터 MZ세대에게 엄청난 인기를 끌어 인스타그램에 #디올성수 해시태그가 태그된 포스트가 1만 2,000건 넘게 게시될 정도로 디올 성수는 MZ세대에게 대표적인 핫플이 되었다.

연령별 '디올 성수' 검색량 (출처: 이노션 인사이트그룹 / 2022년 2월~2022년 8월)

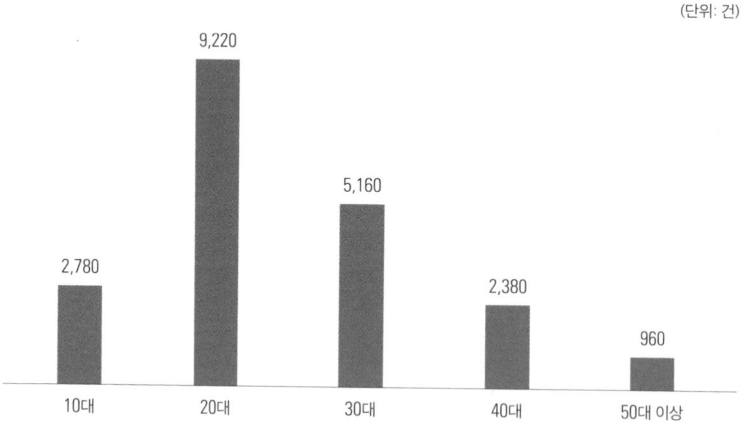

구찌나 디올처럼 공간 구성에 한국적인 요소를 반영하는 브랜드가 있다면 음식에 한국적인 색채를 가미하는 경우도 있다. 앞서 언급했던 루이비통의 첫번째 팝업스토어에서는 프랑스 고속전철 테제베(TGV)에서 한국의 비빔밥을 선보인 적이 있는 한국계 프랑스인 피에르 상 보이에 셰프가 한국적 재료를 활용한 프랑스 요리를 선보였다. 꽃비빔밥, 명이나물을 곁들인 한우 스테이크 등 한국의 전통 음식이나 재료를 이용하여 한국적 색채가 가미된 메뉴를 구성한 것이다. 이러한 메뉴 구성은 문화와 예술을 중시하는 루이비통의 세계관을 은근히 드러냈다.

제주도의 불가리 팝업 카페 역시 제주도의 특산물인 귤을 재료로 한 무스케이크를 애프터눈 티 세트에 선보여 지역 사회와 동화하려는 시도가 돋보였다. 럭셔리 브랜드의 F&B 비즈니스 진출이 소비자에게 한 걸음 더 가까이 다가가려는 시도인 만큼, 그들의 브랜드에 한국 고유의 문화나 특색을 담아내려는 노력은 소비자들이 브랜드를 조금 더 친숙하게 느낄 수 있는 계기가 될 것이다.

디올 성수의 외부 전경
(출처: 디올 홈페이지)

음식에서 느낀 후각과 미각은 우리 뇌에서 오랫동안 강렬하게 기억된다. 시간이 지날수록 맛에 대한 정교한 기억은 사라져도 그 공간에서의 특별한 경험에 대한 기억은 오래 지속된다. 수년 전 유럽 여행에서 방문한 미슐랭 레스토랑이 지난주에 방문한 식당에서의 경험보다 더욱 생생히 기억나는 것처럼 말이다. 의식하지 못하는 사이 우리는 음식을 먹으며 공간과 공기와 분위기까지 맛보는 셈이다.

가브리엘 보뇌르 샤넬(Gabrielle Bonheur Chanel)은 패션이 단순히 옷에 그치는 것이 아니라 "살면서 접하는 모든 것"이라고 말했다. 명품 브랜드들이 제안하는 패션의 범위가 의상, 액세서리, 향수, 가구, 소품 등에서 이제는 미식의 범주까지 이르렀다. 이와 더불어 그들의 정체성이 담긴 공간을 만들고 오감을 자극하는 경험 전달에 집중하여 당장의 매출 자체보다 브랜드에 대한 선호도를 높이는 데 집중하고자 한다.

이러한 맥락에서 명품 브랜드들의 F&B 비즈니스 진출은 점차 활발해지고 있으며, 그들이 제공하는 프리미엄 미식 경험의 주제와 카테고리 역시 더욱 확장될 것으로 예측된다. 소비자들의 시간을 사로잡기 쉽지 않은 시대에 명품 브랜드가 미식이라는 새로운 콘텐츠를 통해 MZ세대의 관심과 체류 시간을 확보했다면, 향후 어떤 취향을 겨냥하여 어떤 새로운 모습과 콘텐츠를 통해 다가갈지 기대된다.

“

명품 브랜드의 F&B 비즈니스로의 확장은
주력 소비층인 X세대를 넘어 MZ세대까지
다양한 세대와 접점을 만들기 위함이다.
즉, 음식이라는 매개체를 통해
더 많은 사람이 **브랜드의 정체성을**
간접적으로 경험할 수 있게 하는 것이
주된 목적이다.

”

혜택이 머니?:

멤버십 구독 서비스

2

우리는 누구나 한 개 이상의 멤버십을 보유하고 있다. 신용카드 멤버십부터 통신사, 가전 등 그 영역도 매우 다양하다. 하지만 자신이 보유한 멤버십이 몇 개나 있는지, 그 혜택이 무엇인지 정확하게 인지하고 멤버십을 활용하는 사람은 생각보다 많지 않다. 멤버십을 최대한 활용하려고 노력하기보다는 몇 가지 혜택 위주로 쓰기 마련이다. 기업들은 소비자에게 유용한 혜택을 제공하여 주목받기 위해 노력하고 있지만, 소비자의 피로도는 점차 높아지고 있다. 각종 멤버십 혜택 속에서 차별성은 희석되고 멤버십은 일종의 '구색'으로 여겨지고 있는 것이 현실이다. 구매 고객을 대상으로 포인트 적립이나 제휴 할인 등을 제공하여 충성 고객으로 전환시키고 지속적인 고객 관계를 형성해가는 멤버십 본연의 목적을 점차 달성하기 어려운 환경이 되어가고 있는 것이다.

이런 상황에서 최근 'OO패스'와 같이 멤버십 자체를 유료로 구독하는 새로운 형태의 멤버십 서비스가 주목받고 있다는 점은 신선하게 다가온다. 이커머스를 중심으로 시작된 멤버십 구독 서비스가 최근에는 다양한 영역까지 확장되면서 새로운 멤버십 유형으로 자리 잡기 시작했다. 상품이나 서비스를 구매하면 따라오는 일종의 '덤'으로 여겨졌던 기존의 멤버십에 대한 소비자들의 인식이 달라지기 시작한 것이다. 기업의 마케팅, CRM 담당자에게는 기존의 멤버십에서 벗어나 새로운 멤버십으로의 변화에 적극적으로 대응하려는 고민이 필요한 시기가 도래하고 있다.

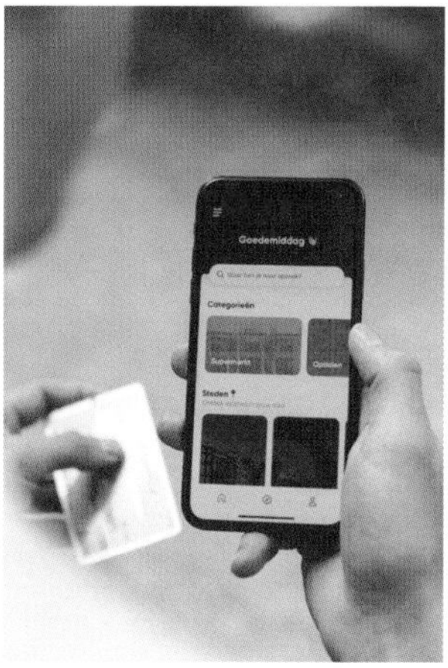

©CardMapr.nl, Unsplash

구매 대상이 된 멤버십

모든 것을 구독하는 세상

요즘에는 구독 서비스를 이용한다는 말이 그렇게 낯설게 느껴지지 않는다. 넷플릭스나 멜론과 같은 구독 서비스를 이용하는 것이 보편화되었기 때문이다. 이러한 구독 경제 영역은 최근 들어 더욱 다각화되어 미디어, 콘텐츠뿐 아니라 식품, 헬스케어, 책, 육아용품, 화장품 등 다양한 라이프스타일 영역까지 확장되고 있다. 구독 경제가 소비자의 일상으로 스며들고 있는 것이다. 코로나19로 인한 사회적 거리두기는 타인과의 재화·서비스 공유를 기반으로 하는 공유 경제의 성장을 주춤하게 했다. 그사이 디지털 플랫폼에 기반한 구독 경제가 비대면 시대의 소비 트렌드로 자리잡기 시작했다.

모든 것을 구독하는 세상이라지만, 멤버십 구독은 다른 구독 서비스보다 더 주목할 필요가 있다. 일반적인 구독 서비스는 니즈가 생길 때마다 독립적으로 상품 및 서비스를 구매하던 소비 패턴을 구독의 형태로 전환하는 것이다. 지금까지의 멤버십은 구매 또는 구독의 대상이 아니라 받을 수 있는 혜택으로 인식되는 경우가 대다수이며, 무료로 제공해오던 혜택을 구매의 대상으로 전환하기는 매우 어렵다는 것은 자명한 사실이다. 그럼에도 멤버십 구독 서비스는 가파르게 성장중이다. 2017년부터 최근 5년여간 트위터, 블로그, 커뮤니티 등 온라인상에서 '멤버십'과 '구독, 유료, 패스'라는 키워드를 동시에 언급한 추이를 살펴보면, 2017년에는 1,670건에 불과하지만 2018년까지 약 2배 가까이 급격한 증가가 일어났음을 확인할 수 있다. 최근까지도 멤버십 구독 서비스에 대한 언급량은 지속적인 증가 추세로, 명실공히 멤버십의 새로운 유형으로 자리잡아가고 있음을 확인할 수 있다.

2022년 상반기, 멤버십 구독 서비스와 관련한 감성 연관어는 '가능하다, 차별화, 강화, 즐기다' 등 긍정어의 비중이 약 53%인 것으로 나타났다. '부담, 비싸다' 같은 부정적인 연관어도 존재하나, 이는 약 8%

'멤버십+구독·유료·패스' 키워드 언급량 추이 (출처: 이노션 인사이트그룹)

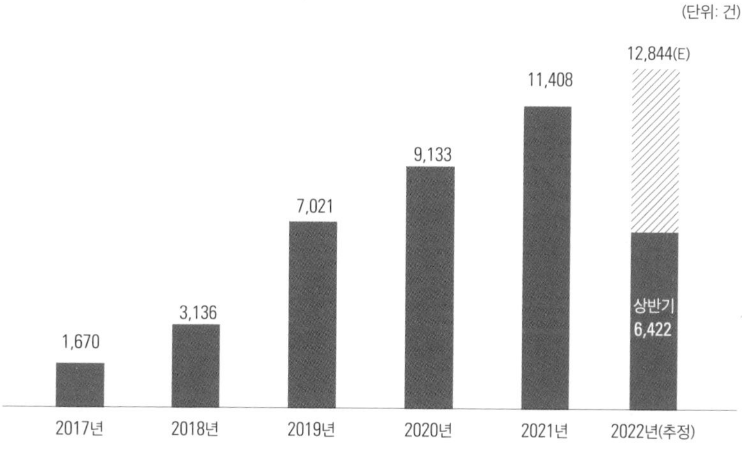

로 상대적으로 미미한 수준이다. 이러한 결과는 비용을 지불함에도 불구하고 소비자들이 멤버십 구독 서비스로 얻는 편익을 더 크게 인식하기 때문인 것으로 보인다. 이는 소비자들이 유료 멤버십을 자연스럽게 받아들이고 있음을 의미한다.

이렇게 멤버십 구독 서비스가 자연스럽게 받아들여진 배경에는 구매 과정에서 기업이 제공하는 서비스 영역이 세분화되고, 고객이 점차 각각의 세분화된 영역에 독립적인 지불 가치가 있음을 인식하는 환경으로의 변화가 있다. 예컨대 이전에는 중국집에서 음식을 시키면 음식과 배달이 모두 포함된 하나의 경험을 통합적으로 구매하는 형태였다면, 최근에는 음식점과 배달하는 주체가 구분되어 각각 서비스를 제공하고 소비자들은 이에 대한 비용을 따로 지불하는 것이 자연스러운 환경으로 변화한 것이다.

'멤버십+구독·유료·패스' 관련 감성 연관어 및 긍정 연관어 워드 클라우드
(출처: 이노션 인사이트그룹 / 2022년 1월~2022년 6월)

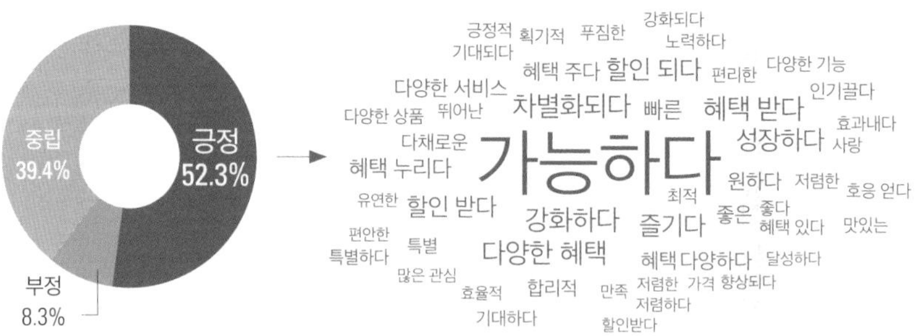

이커머스 중심의 빠른 성장

멤버십 구독 서비스가 가장 활발하게 전개되고 있는 영역은 이커머스 산업이다. 쿠팡의 '와우 멤버십', 네이버쇼핑의 '네이버플러스 멤버십', 11번가를 운영하는 SKT의 '우주패스', SSG와 G마켓의 통합 멤버십 '스마일클럽' 등 이들은 무료배송, 적립률 강화 등의 차별적 서비스와 함께 OTT 등의 콘텐츠 구독을 연결하여 고객들에게 어필하고 있다. 자체적인 물류 체계를 보유하고 있는 쿠팡의 와우 멤버십은 무료배송을, 네이버플러스 멤버십은 추가 적립을 핵심 혜택으로 제공한다. 상대적으로 후발 주자인 SKT와 SSG·G마켓은 쿠팡과 네이버가 보유한 핵심 혜택뿐만 아니라 이커머스 플랫폼 간의 연계를 통한 경쟁력 확보를 도모하고 있다. 우주패스는 아마존과의 연계를 통해 해외 직구시 무료배송 혜택을, 통합 멤버십인 스마일클럽은 SSG, G마켓, 옥션이라는 세 개의 이커머스 플랫폼을 연계하여 보다 넓은 범위의 멤버십 경험을 제공한다. 특히 스마일클럽은 향후 그룹의 유통 네트워크를 활용하여 이마트, 트레이더스와 같은 오프라인 채널까지 통합한 영역 확장을 계획하고 있다. 국내를 대표하는 이커머스 플랫폼들이 각자 멤버십 구독 서비스를 보유함에 따라 2023년부터는 멤버십 서비스를 중심으로 본격적인 경쟁이 가속화될 것으로 예상된다.

이커머스 멤버십 구독 서비스의 혜택에서 특징적으로 나타나는 부분은 OTT, 뮤직, 웹툰 등 콘텐츠 구독과의 결합이다. 쿠팡은 자체 보유한 OTT 쿠팡플레이와 결합하여 운영하고 있으며, 네이버, SKT, SSG는 티빙, 웨이브, 유튜브 프리미엄 등의 콘텐츠 플랫폼과 연동하여 무료 서비스를 제공하고 있다. 콘텐츠 무료 구독은 멤버십 서비스

이용에 비용을 지불하는 것에 대한 저항감을 가진 소비자의 부담을 경감하고, 멤버십 가입을 유도하거나 유지하기 위한 장치로 활용되고 있다. 실제로 2022년 7월, 쿠팡은 손흥민 선수가 소속된 영국 프리미어리그 '토트넘 홋스퍼'의 내한 경기 단독 중계와 경기 티켓 판매를 멤버십 회원에게만 제공하는 '쿠팡플레이 시리즈', 수지가 출연한 〈안나〉 등의 독점 콘텐츠를 공격적으로 출시하였다. 2022년 6월부터 기존 대비 2배에 가까운 멤버십 구독 가격의 인상을 단행하면서, 가격 인상에 따른 이탈을 최소화하기 위해 쿠팡플레이를 활용한 것이다. 최근에는 OTT 점유율이 점차 높아짐에 따라 쿠팡플레이의 독점 콘텐츠를 보기 위해 와우 멤버십에 가입하는 이들도 나타나고 있다.

이커머스 멤버십 구독 서비스 (출처: 쿠팡 홈페이지, 네이버플러스 멤버십 홈페이지)

다양한 멤버십으로의 영역 확장

우리가 흔히 알고 있는 할인·적립을 핵심으로 하는 무료 멤버십은 항공사, 신용카드, 통신사 등의 산업에서 시작되었지만, 지금은 편의점, 음식점 등 일상에 매우 가까운 영역까지 확장되었다. 멤버십 구독 서비스 역시 이커머스에서 시작되었으나, 최근에는 영역을 점차 넓히고 있다. 그 대표적인 예로, 2021년 11월에 출시한 요기요의 '요기패스'는 배달료 할인 구독 서비스에 제휴사 할인 혜택을 결합한 유료 멤버십이다. 오랜 시간 시장에서 2위를 차지하고 있던 요기요는 강력한 선두 주자인 배달의민족과 무섭게 성장하고 있는 후발 주자인 쿠팡이츠의 추격을 막고 점유율을 확대하기 위해 요기패스를 도입하였다. 요기패스는 출시 5개월 만에 누적 가입자 90만 명을 확보하여 요기요의 새로운 경쟁력을 확보하는 데 기여했다. 특히 쿠팡이츠의 '한집배달'을 시작으로 배달 속도 중심으로 배달 플랫폼 간 경쟁 구도가 새롭게 형성되고 있던 시점에서, 요기패스는 빈번한 배달 주문으로 배달료에 부담감을 느끼고 있던 소비자들의 불충족 욕구(Unmet needs)를 효과적으로 공략하여 경쟁의 주도권을 잃지 않고 새로운 존재감을 형성했다.

또한 2022년 5월, 현대차에서는 전기차 시장 확대를 위하여 전기차 고객 대상으로 충전 할인을 제공하는 '럭키패스 H'를 출시하였다. 럭키패스 H는 가입한 고객이 매달 일정 비용을 내면 약정한 충전량 한도 내에서 충전 요금을 할인받을 수 있는 상품이다. 친환경적인 소비 성향을 보일 뿐만 아니라 경제적으로도 민감한 전기차 고객들에게 경제적 혜택을 강화할 수 있는 새로운 충전 옵션을 제시함으로써 전기차 시장의 활성화에 기여하고자 했다.

멤버십 구독 서비스는 B2C 영역뿐만 아니라 B2B 영역까지도 확장되고 있다. 도매 의류 중개 플랫폼을 운영하는 '링크샵스'는 동대문 의류 상인을 대상으로 한 구독형 멤버십 서비스 '커플링패스'를 출시하였다. 커플링패스는 상인들이 동대문 의류 사입시 필수로 발생하는 배송, 검수, 상품 교환 등에 따르는 모든 배송비와 이용료를 월 구독 모델 이용시 무제한 무료로 제공하는 멤버십 서비스다. 무료배송, 무료 검수에 따른 비용 절감, 재고 운영 부담의 감소 등 이용 고객의 만족도가 98%에 달한다고 한다.

요기패스와 럭키패스 H
(출처: 요기요 홈페이지, SSCharge 홈페이지)

멤버십 구독 서비스가 주목받는 이유

높은 구매 유도력

멤버십 구독 서비스는 구독료 지불에 대한 저항을 넘어야 한다는 큰 진입 장벽을 보유하고 있다. 하지만 초기 가입 혜택, OTT 이용권 제공 등으로 초기 비용에 대한 저항을 극복하고 멤버십 구독으로 전환시킬 경우, 가입 고객의 재구매율이 비가입자 대비 매우 높다는 큰 장점이 있다. 와우 멤버십 가입 고객은 비가입자 대비 4배 이상 높은 구매력을 보이며, 요기패스는 비가입자 대비 3배 이상의 높은 사용 빈도를 보인다고 한다. 이러한 높은 구매력의 심리적 기저에는 '매몰비용 효과'가 깔려 있다. 매몰비용 효과는 돈, 시간, 노력 등 이미 투자된 비용으로 인해 지속적으로 현상태를 유지하려는 성향을 의미한다. 멤버십 구독 비용이 더 많은 혜택을 누리기 위한 일종의 투자 개념으로 소비자에게 인식되기 때문에 고객은 자신이 최대한 많이 쓴다면 얼마나 활용할 수 있을지를 두고 멤버십 구독의 가치를 저울질하게 된다.

풍부한 고객 데이터 확보

최근 개인 정보 보호의 중요성이 높아지면서 온라인상에 떠도는 개인 정보인 서드파티 데이터*의 활용이 점차 어려워지고 있다. 이에 따라 기업이 사용자로부터 직접 받은 정보인 퍼스트파티 데이터*의 중요성이 부각되고 있다. 멤버십 구독 서비스는 풍부한 양질의 고객 데이터를 확보할 수 있다는 점에서 강점이 있다. 구매 데이터 분석을 통해 효율적인 재고 관리가 가능할 뿐만 아니라 고객별 맞춤 마케팅 전략을 수립할 수도 있다. 예를 들어, 아마존의 멤버십 구독 서비스인 '아마존 프라임'은 고객들이 프라임 비디오 등 멤버십에 포함된 다양한 콘텐츠를 이용하면서 남긴 취향 데이터를 확보하고 있다. 이렇게 수집된 취향 데이터는 아마존의 상품 추천 서비스에 활용된다.

고객 데이터는 제휴처 확대나 추가적인 멤버십 서비스 출시 등 멤버십 개선에 활용되기도 한다. SKT는 T우주 이용자의 사용 패턴 분석을 통해 식음료 관련 상품에 니즈가 높음을 확인하고, '우주패스 all'에 CJ더마켓, GS프레시몰 등 식음료 관련 제휴처를 추가했다. 네이버는 멤버십 회원 중 쇼핑만을 이용하거나 콘텐츠만을 즐기는 경우가 있는 것을 발견해, 일부 기능만 사용하더라도 부담 없이 가입이 가능하도록 가족끼리 멤버십을 공유하여 사용할 수 있는 패밀리 기능을 마련했다.

서드파티(3rd party) 데이터 데이터를 수집하는 기업과 수집되는 고객 간의 직접적인 관계 없이 수집되는 데이터

퍼스트파티(1st party) 데이터 기업이 고객에게서 직접 수집하는 데이터

새로운 비즈니스로의 확장

멤버십 구독 서비스를 통해 확보된 고객 기반은 새로운 비즈니스로의 확장 기회를 제공하기도 한다. 일례로 멤버십 구독 서비스의 시초인 아마존 프라임은 '아마존 프라임 에어', '아마존 대시', '아마존 고', '아마존 프레시', '프라임 비디오', '아마존 웹 서비스(AWS)' 등 아마존 고유의 신규 서비스를 도입하기에 앞서, 아마존 프라임에 번들 서비스 또는 무료 서비스로 제공하여 테스트베드로 활용했다. 또한 최근에는 헬스케어, 게임 등의 서비스를 추가하며 멤버십 플랫폼을 통해 신사업을 전개하고 생태계를 확장하고 있다. 아마존은 강력하게 형성된 고객 기반을 활용하여 고객 가치를 개선하는 방법을 지속적으로 조사하고, 고객이 원하는 새로운 기능 또는 서비스를 도입하는 전략으로 아마존 중심의 생활 생태계를 구축하고 있다.

멤버십 구독 서비스 설계를 위한 체크리스트

수익성을 고려한 혜택 범위

멤버십 구독 서비스는 고객이 지불하는 비용을 고려하여 멤버십 혜택의 범위를 설정해야 한다. 단순히 퍼주기식의 멤버십이 되어서는 안 된다. 할인, 무료배송 등을 제공하는 서비스 특성상 이용 횟수의 증가는 기업의 수익 구조에 악영향을 미칠 수밖에 없기 때문이다. 실제로 미국에서 월 9.95달러에 영화를 매일 한 편씩 예매할 수 있는 멤버십을 제공했던 '무비패스'는 수요 예측 실패로 파산했다. 일부 고객이 화장실에 가기 위해 예매를 진행하는 등 혜택을 남용하게 만들었는데, 이는 정교하지 못한 멤버십 설계에 따른 결과였다. 네이버플러스 멤버십은 이러한 수익성의 감소를 고려하여 월 20만 원까지의 구매에 대해서는 5%의 적립을 제공하지만, 초과분에 대해서는 2%를 적립해주는 단계별 혜택을 제공하고 있다. 또한 스마일클럽도 중요 혜택 중 하나인 스타벅스 사이즈업을 매월 2회로 제한하는 등의 장치를 마련하여 무분별한 혜택 제공으로 수익성을 해치지 않도록 멤버십을 설계하고 있다.

매몰비용 효과를 고려한 적정한 가격

적정한 멤버십 구독 비용에 대한 검토 또한 중요하다. 흔히 가격은 싸면 쌀수록 좋은 것으로 인식되지만, 멤버십 구독 서비스는 가격이 너무 낮으면 혜택에 대한 체감이 낮거나 매몰비용 효과를 기대하기 어렵다. 매몰비용 효과가 발현하기 위해서는 적정 이상의 투자가 수반되어 이에 대한 보상 심리가 작동해야 하기 때문이다. 소비자 입장에서 너무 낮은 가격은 낮은 기대 수준을 형성하게 되어 투자 가치를 잃어버리게 된다. 기업 입장에서도 낮은 가격은 초기에 많은 고객을 확보하기에는 유리하겠으나, 장기적으로는 수익성에 악영향을 줄 수 있다는 점도 간과해서는 안 된다. 반면에 가격이 너무 높으면 고객을 유입하는 데 진입 장벽이 된다.

초기에 설정된 멤버십 구독 비용을 변경하기 위해서는 많은 노력이 필요하다. 2022년 6월 쿠팡은 수익 구조를 개선하기 위해 와우 멤버십 가격을 월 2,900원에서 4,990원으로, 요기패스는 초기의 할인 프로모션이 종료됨에 따라 월 4,900원에서 9,900원으로 인상했다. 전반적으로 가격 인상에 따른 회원 이탈 등의 영향은 크지 않고 안정적으로 시장에 안착하고 있는 것으로 평가되고 있으나, 와우 멤버십 가입자의 역차별 문제가 불거지는 등 비용 변경에 따른 소비자 반발은 여전히 극복이 필요한 과제로 보인다.

정교한 경험 설계

상품이나 서비스의 직접적인 제공이 어려운 멤버십의 특성상, 보다 정교한 경험 설계가 요구된다. 초기에는 가격에 대한 저항감을 낮추기 위한 장치가 필요하다. 가입시 일정 기간 동안의 구독 비용 할인을 통해 사용 경험을 유도하거나, OTT 같은 콘텐츠 플랫폼 등 즉시 사용할 수 있는 부가적인 혜택 등을 제공하는 것도 방법이다. 구독중에는 멤버십이 제공하는 혜택이 지불한 금액보다 가치가 높다는 것을 지속적으로 인지할 수 있는 장치를 마련해야 한다. 와우 멤버십은 무료배송 혜택 및 와우 멤버 전용 추가 할인 혜택을 어느 정도 받았는지를 금액으로 환산하여 표시해주고 있다. 그뿐만 아니라 다양한 와우 멤버십 혜택의 사용 정도를 보여주고 다른 혜택도 추가적으로 활용할 수 있도록 유도하여 지속적으로 멤버십을 유지할 수 있도록 설계했다.

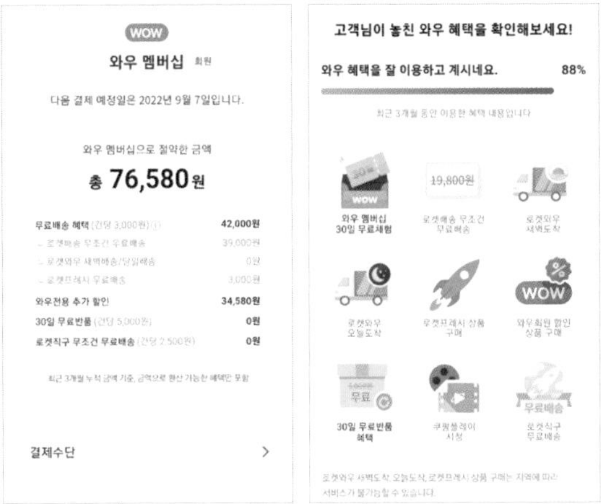

와우 멤버십의 경험 설계
(출처: 쿠팡 앱)

멤버십 유형의 세분화

지금까지의 일반적인 멤버십이 다양한 타깃과 등급 기반으로 혜택을 세분화하여 제공하였듯이, 멤버십 구독 서비스 또한 표준화된 혜택을 구성하는 형태에서 점차 유형을 세분화하는 방향으로 진화할 것으로 보인다. 가장 앞서 이러한 움직임을 보이고 있는 것은 네이버플러스 멤버십으로, 연령대별 선호 혜택에 차이가 있음에 착안하여 Z세대 전용 멤버십을 출시하려고 계획중이다. 주 사용 연령을 특정짓지 않은 기존 멤버십과 달리 Z세대의 선호도가 높은 웹툰·웹소설·뮤직 스트리밍 등의 콘텐츠 관련 혜택을 강화하고, 게임, 엔터테인먼트, 교육 등 특화 혜택을 추가적으로 제공하는 것이 주요 특징이다.

멤버십 구독 서비스가 안정적인 고객 기반을 형성하는 데 기여할 수 있기에 향후 기업들의 참여가 보다 활발해질 것으로 예상된다. 그만큼 앞으로의 경쟁도 치열해질 것이다. 멤버십 구독 서비스가 늘어날수록 소비자의 비용 부담은 높아질 것이므로, 궁극적으로는 본인에게 가장 유용하다고 판단되는 일부 서비스만 유지하고 그 외의 멤버십은 해지하는 경향이 확산될 것이다. 온라인으로 정보를 공유하는 것이 일상화된 현대의 소비자들은 서비스를 이용함에 따라 제공받는 혜택의 금전적 가치를 쉽게 계산할 수 있다. 따라서 단순히 명목상의 혜택을 제공하는 것이 아니라 실질적으로 고객에게 명확하게 도움이 되는 혜택을 신중하게 구성해야 한다. 특히 금방 나타났다가 사라지는 멤버십은 오히려 좋지 않은 인상을 줄 뿐만 아니라, 궁극적으로는 소비자의 충성도를 낮추는 결과를 야기할 수 있음을 간과해서는 안 된다.

선택된 멤버십을 중심으로 소비활동이 집중될 뿐만 아니라 기업 입장에서는 새로운 사업 기회를 발견할 수도 있기 때문에 멤버십 고객 확보 여부는 기업의 경쟁력에 중요한 영향을 미치게 될 것이다. 멤버십이 더이상 공짜로 제공되는 서비스가 아닌 구매의 대상이 됨에 따라, 일반적인 상품·서비스의 변화 트렌드와 같이 데이터에 기반하여 개인화된 맞춤형 멤버십으로 세분화하는 움직임이 활발해질 것으로 보인다. 따라서 멤버십 선별 과정에서 살아남기 위해서는 각각의 고객 니즈에 부합하는 맞춤형 혜택을 제공하는 것이 더욱 중요해질 것이다. 구색에 지나지 않았던 멤버십이 기업의 비즈니스 환경을 변화시킬 수 있는 중요한 요소로 거듭나기를 기대해본다.

퍼포먼스 마케팅 2.0:

브랜딩과 만나다

3

요즘은 네이버나 구글보다 유튜브에서 검색을 시작한다. 그러면 유튜브는 이전의 행동을 분석해서 추천 알고리즘으로 취향에 딱 맞는 콘텐츠를 제시해준다. 이것은 유튜브 광고도 마찬가지다. 이용자의 신상 정보뿐 아니라 기존의 유튜브 동영상 시청 이력과 검색했던 키워드에 따라 개인화된 맞춤 광고가 뿌려지는 것이다. 마켓컬리는 새벽배송 주문이 뜸해지면 어김없이 할인 쿠폰을 보내면서 알고리즘이 기존의 구매 아이템을 분석해 사용자가 선호할 만한 상품을 추천해준다.

이보다 더 일반적인 경우는 포털 사이트에서 검색했을 때다. 모두가 한 번쯤 경험해봤을 것이다. 특정 검색어를 입력하면 이후에는 어느 사이트를 가든 이상하게 관련 광고가 계속 보인다. 예를 들어, 여행지를 검색하면 호텔 광고가 어디를 가든 눈에 띈다. 페이스북을 보든, 뉴스 기사를 보든, 이메일을 체크하든, 관련 광고가 나를 따라붙는다.

이처럼 우리는 알게 모르게 퍼포먼스 마케팅에 둘러싸여 있다. 이제는 업종에 관계없이 모든 브랜드가 퍼포먼스 마케팅을 기본으로 한다. 그러다보니 역효과가 나기 시작했다. 퍼포먼스 광고가 보편화되면서 쫓아다니는 타기팅 광고가 너무 만연해서, 소비자들이 광고 자체를 회피하기 시작했다. 기업에서는 퍼포먼스 마케팅의 맹점인 단기 성과주의에 빠져서 마케팅 효율만 생각하다보니 브랜드의 중장기적 효과가 사라졌다. 아이러니하게도 퍼포먼스 마케팅이 마케팅의 주류로 급부상한 지금, 대안적 접근 방법이 다시 모색되고 있다.

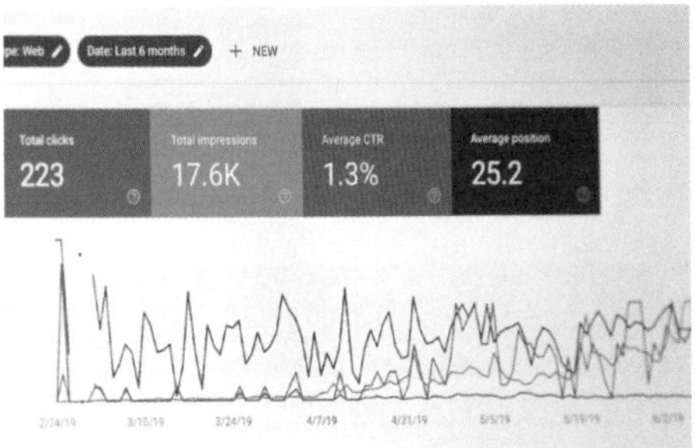

©Stephen Phillips, Unsplash

마케팅 주류로 부상한 퍼포먼스 마케팅

전통 매체를 넘어선 디지털

코로나19로 지난 3년간 우리의 일상은 디지털로 자연스럽게 이동해 모든 영역에서 디지털 전환이 가속화되었다. 광고 비즈니스도 역시 디지털을 중심으로 지각변동이 일어났다. 몇 년 전만 해도 전 세계 광고회사 매출 순위를 보면 전통적인 광고대행사가 우위를 차지했었다. 그런데 최근에는 전략 컨설팅에 뿌리를 둔 디지털 광고회사들이 TOP10의 다수를 차지하고 있다. '액센추어 인터랙티브', 'PWC 디지털', '딜로이트 디지털', 'IBM iX' 모두 디지털 중심의 광고대행사다. 이들은 데이터 분석 전문성과 퍼포먼스 마케팅의 경쟁 우위를 바탕으로 광고업계에서 선두 주자로 등극했다.

글로벌 광고대행사 매출 순위 (출처: 애드에이지)

순위		기업명	매출액(단위: 10억 달러)	
2021년	2020년		2021년	2020년
1	1	WPP (런던)	17.6	15.4
2	2	옴니콤 그룹 (뉴욕)	14.3	13.2
3	3	퍼블리시스 그룹 (파리)	13.9	12.3
4	4	액센추어 인터랙티브 (뉴욕)	12.5	10.6
5	5	인터퍼블릭 그룹 (뉴욕)	10.2	9.1
6	6	덴츠 그룹 (도쿄)	9.9	8.8
7	8	PWC 디지털 (뉴욕)	8.9	7.7
8	7	딜로이트 디지털 (뉴욕)	8.7	8.0
9	12	하쿠호도 홀딩스 (도쿄)	7.5	2.4
10	10	IBM iX (아몽크, 뉴욕)	6.4	5.5

디지털 중심 광고대행사

2019년, 전 세계 광고 시장에서 온라인 광고의 비중이 처음으로 50%가 넘은 이래로 디지털 광고는 놀라울 정도로 성장하고 있다. 이는 우리나라도 마찬가지다. 국내 디지털 광고 시장은 2022년 6.7조 원으로 예측되고 전체 광고 시장의 52%를 차지하며 성장세를 이어갈 전망이다. 디지털 영역 안에서는 퍼포먼스 마케팅이 중심이 되어 기존에 비해 상대적으로 아주 적은 비용으로도 광고를 시작할 수 있게 되었고, 결정적으로 다른 광고 대비 좋은 성과가 나오기 시작하면서 광고 시장은 점점 오프라인에서 온라인으로 이동했다. 퍼포먼스 마케팅이 주류가 되면서 온라인 광고의 영향력은 나날이 커지고 있다.

디지털 광고 시장 규모 (출처: 메리츠증권 리서치센터)

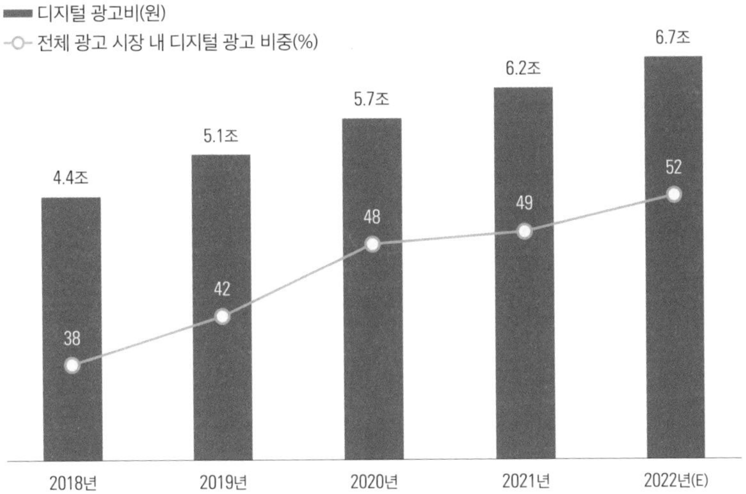

퍼포먼스 마케팅의 현재

일반적으로 퍼포먼스 마케팅은 퍼포먼스 광고를 중심으로 이야기한다. 하지만 퍼포먼스 마케팅을 좀더 폭넓게 정의하면, 구매 가능성이 높은 소비자를 자사 사이트에 더 많이 들어오게 하고 그 유저들이 더 많이 구매할 수 있도록 구매전환율을 높이는 모든 활동이라 할 수 있다. 브랜드 마케팅은 소비자의 인식 변화에 초점을 두고 있지만, 퍼포먼스 마케팅은 소비자의 행동 변화에 집중한다.

퍼포먼스 마케팅에서 중요한 것은 '퍼포먼스'의 의미 그대로 성과다. 마케팅의 ROI(Return On Investment)를, 더 구체적으로는 타깃 행동성과를 증가시키는 것이 주요한 목표다. 그래서 퍼포먼스 마케팅이라고 하면 CPM*, CPC*, CPA*, CPS*, ROAS* 등의 성과 지표가 언급된다. 대부분 노출이나 고객의 행동을 기준으로 퍼포먼스를 측정하지만, 단기적인 성과가 아니라 구매 유도를 위한 지속적 메시지 관리를 통해 마케팅을 최적화해야 한다. 이를 위해서는 결국 데이터가 핵심이다. 데이터 분석을 통해 정확한 타깃을 선별하고 그들에게만 마케팅 메시지를 전달해야 한다. 이처럼 퍼포먼스 마케팅은 데이터를 보다 체계적이고 적극적으로 활용해 구매와 참여 등의 직접적인 행동을 유도할 수 있는 방향으로 변화하고 있다.

퍼포먼스 마케팅 도입 초기에는 모두가 엄청난 효과를 냈다. 소비자들에게 딱 맞는 개인화된 타깃 광고가 제공됐기 때문이다. 그러나 디지털이 주요 매체가 되고 퍼포먼스 광고가 주류가 되면서 이제 마케팅의 기본이 되었다. 이에 따라 소비자를 따라다니는 타기팅 광고가 범람하는 지경에 이르자, 광고 피로도가 급격히 증가해 광고를 회피하게

★

CPM(Cost Per Mille) 광고 1,000회 노출당 비용 CPC(Cost Per Click) 광고 클릭당 비용
CPA(Cost Per Action) 타깃 행동당 비용 CPS(Cost Per Sale) 매출당 비용
ROAS(Return On Ad Spending) 광고 지출 대비 효과

되었다. 무엇보다도 소비자들이 자신이 타깃이 되고 있다는 퍼포먼스 마케팅 원리를 간파해버렸다. 기업들은 단기 성과주의에 빠졌고 효과는 없이 효율만 남았다. 단기적 마케팅 효율만 생각하다보니 정작 중요한 중장기적 효과가 사라진 것이다. 현재는 개인화에 초점을 맞춘 퍼포먼스 광고가 브랜드 자체에 해가 될 수 있다는 경고가 속속 등장하고 있다.

퍼포먼스 마케팅이 최근 마케팅의 주류로 부상했다는 사실은 데이터로도 확인할 수 있다. 퍼포먼스 마케팅의 최근 3개년 검색량 추이를 살펴보면, 2019~2020년 43,168건에서 2020~2021년 65,939건으로 전년 대비 52.7% 성장률을 보이며 2020년 이후부터 급상승하는 경향을 보인다. 최근 2021~2022년에는 71,458건을 기록하며 전년 대비 8.4%로 완만하게 성장세를 이어가고 있다. 지난 3년간 '퍼포먼스 마케팅' 관련 세부 담론의 추이를 분석해보면, '데이터', '분석', '목표', '성과'와 같은 퍼포먼스 마케팅의 핵심 키워드도 증가했지만, '브랜드', '경험', '콘텐츠'와 같은 브랜드 관련 키워드도 함께 성장하고 있는 것을 확인할 수 있다. 퍼포먼스 마케팅이 데이터를 기반으로 단기 목표와 성과를 달성하는 기본 담론에서 퍼포먼스 마케팅의 한계로 지적되는 브랜드 가치 제고와 관련한 담론으로 확장되고 있는 것이다.

'퍼포먼스 마케팅' 검색량 추이 (출처: 이노션 인사이트그룹 / 2019년 8월~2022년 7월)

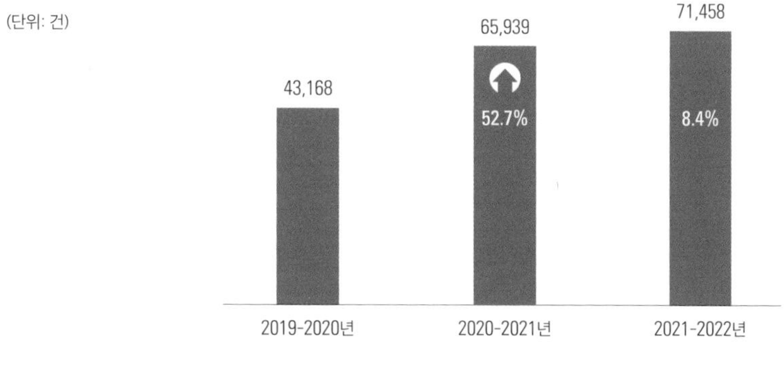

'퍼포먼스 마케팅' 연관어 변화 (출처: 이노션 인사이트그룹 / 2019년 8월~2022년 7월)

2019-2020			
순위	키워드	언급량	언급비중
1	미케팅	2,019	15.7%
2	퍼포먼스	1,039	8.1%
3	광고	916	7.1%
4	디지털	649	5.0%
5	브랜드	520	4.0%
6	고객	473	3.7%
7	성장	341	2.7%
8	온라인	341	2.7%
9	분석	339	2.6%
10	필요	302	2.4%
11	데이터	301	2.3%
12	매출	295	2.3%
13	시장	279	2.2%
14	전략	267	2.1%
15	기획	247	1.9%
16	업무	241	1.9%
17	플랫폼	240	1.9%
18	운영	235	1.8%
19	사업	231	1.8%
20	경험	226	1.75%
21	콘텐츠	219	1.7%
27	성과	185	1.44%
29	목표	175	1.36%

2020-2021			
순위	키워드	언급량	언급비중
1	마케팅	3,770	14.1%
2	광고	2,220	8.3%
3	퍼포먼스	1,657	6.2%
4	디지털	1,312	4.9%
5	브랜드	1,106	4.1%
6	고객	882	3.3%
7	데이터	716	2.7%
8	콘텐츠	614	2.3%
9	온라인	601	2.2%
10	분석	592	2.2%
11	성장	592	2.2%
12	시장	573	2.1%
13	전략	556	2.1%
14	경험	513	1.9%
15	기획	504	1.9%
16	매출	485	1.8%
17	운영	468	1.8%
18	사업	465	1.7%
19	캠페인	439	1.6%
20	성과	426	1.6%
22	목표	423	1.58%

2021-2022			
순위	키워드	언급량	언급비중
1	마케팅	4,375	13.6%
2	퍼포먼스	2,045	6.4%
3	광고	1,928	6.0%
4	브랜드	1,379	4.3%
5	고객	1,349	4.19%
6	디지털	1,233	3.8%
7	데이터	998	3.1%
8	경험	911	2.8%
9	콘텐츠	905	2.8%
10	성장	865	2.7%
11	분석	825	2.6%
12	시장	674	2.1%
13	전략	629	2.0%
14	운영	627	2.0%
15	기획	605	1.9%
16	성과	581	1.8%
17	온라인	578	1.8%
18	소비자	542	1.7%
19	사업	521	1.6%
20	목표	519	1.6%
24	매출	460	1.43%

퍼포먼스 마케팅 기본 키워드

브랜드 마케팅 관련 상승 키워드

퍼포먼스 마케팅 관련 상승 키워드

퍼포먼스 마케팅 VS 브랜드 마케팅

퍼포먼스 마케팅과 브랜드 마케팅 사이의 효과 문제는 꾸준히 이야기되어왔다. 퍼포먼스 마케팅은 단기간 내 성과를 검증할 수 있는 방법이다. 반면에 브랜드 마케팅은 장기간에 걸쳐서 브랜드의 인지도와 호감도를 높이는 과정으로, 캠페인을 통해 차별화와 강력한 이미지를 구축하는 것에 초점을 맞춘다. 하지만 디지털 기술의 발전, 무수히 많은 데이터, 소비자를 만나는 직접 채널의 확대 등으로 즉각적인 성과를 중시하는 트렌드가 마케팅을 지배하고 있다. 이러한 마케팅 트렌드로 인해 장기적인 브랜드 구축의 가치가 퇴색됐다는 평가가 주를 이룬다. 아래의 그래프가 보여주는 것처럼 퍼포먼스 마케팅의 매출은 단기 효과를 보이고 이내 사라진다. 하지만 브랜드 마케팅의 장기적인 매출 효과는 누적되며 상승한다. 단기적 성과에만 초점을 맞춰 마케팅을 지속한다면 브랜드 측면에서는 악영향을 받을 수 있는 것이다. 브랜드 구축이 선행되지 않는다면, 퍼포먼스 마케팅도 지속적인 성과를 내기 어렵다.

퍼포먼스 마케팅과 브랜드 마케팅의 시계열적 세일즈 효과 (출처: IPA, 「디지털 시대의 마케팅 효과」)

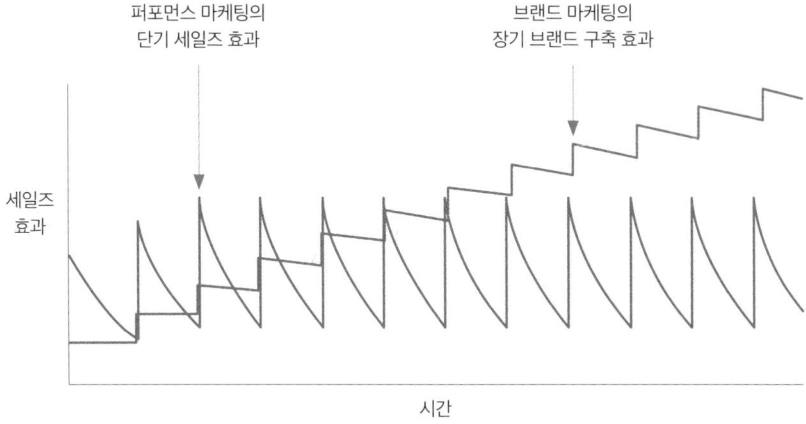

결국 브랜드 마케팅과 퍼포먼스 마케팅은 서로 분리해서 접근할 수 없다. 브랜드 마케팅에 치우치게 되면 비효율적인 마케팅으로 전락할 수 있고, 퍼포먼스 마케팅에만 집중한다면 장기적인 성과는 바라보지 못한 채 숫사에만 연연하게 된다. 이는 성공적인 마케팅을 위해 다수의 기업이 퍼포먼스 마케팅과 브랜드 마케팅 사이의 벽을 허물고 새롭게 균형을 잡기 위해 노력하는 이유이기도 하다. 이제 우리는 장기적 브랜드 구축과 단기적 마케팅 성과 사이에서 새롭게 균형을 맞추고 시너지를 내야 하는 도전에 직면해 있다.

퍼포먼스 마케팅과 브랜드 마케팅 간의 균형

브랜드 마케팅이 씨앗을 심는 것이라면 퍼포먼스 마케팅은 수확에 비유할 수 있다. 뿌린 게 있어야 거둘 수 있는 법이다. 퍼포먼스 마케팅은 단기 성과 중심으로 비용 대비 효과에 치중할 뿐, 장기적인 성장을 내

퍼포먼스 마케팅과 브랜드 마케팅의 특징 및 장단점

	특징	장점	단점
브랜드 마케팅	• 중장기적 관점 • Pull 마케팅 • 간접적 성과 측정 • ATL 중심	• 폭넓은 도달률 • 메시지 영향력 • 브랜드 인지도 획득 • 브랜드 충성도 제고 • 감성적 관계 구축	• 높은 비용 • 중장기적 효과로 측정하기 어려움
퍼포먼스 마케팅	• 단기적 관점 • Push 마케팅 • 직접적 성과 측정 • 온라인·디지털 중심	• 타깃 행동 변화 • 다량의 데이터로 측정하고 관리 가능 • 즉각적인 성과 측정 가능	• 단기 성과에 머무름 • 브랜드 자산 구축 어려움

다보는 데는 한계가 있다. 단기 성과에만 몰두하여 브랜드 구축을 소홀히 할 경우, 기본 매출은 감소하고 퍼포먼스 마케팅 의존도는 상승할 수밖에 없다. 이 둘의 균형이 잘 맞아야만 시너지가 발생하고 서로를 보완할 수 있는 것이다. 퍼포먼스 마케팅과 브랜드 마케팅의 균형 효과는 어떻게 조합하느냐에 따라 다르게 나타난다. 첫번째 시나리오는 브랜딩과 퍼포먼스 마케팅의 비율을 6:4로 유지하고 이 둘을 동시에 진행할 때이다. 매출 성과가 시간이 지날수록 우상향하고 브랜딩 효과가 뒷받침되면서 퍼포먼스 마케팅 효과도 향상되는 것을 볼 수 있다. 두번째 시나리오는 브랜딩 활동을 중단하고 퍼포먼스 마케팅에만 집중할 때이다. 단기 효과가 점점 줄어들면서 우하향하고 시계열적으로 세일즈 기반이 무너지는 것을 볼 수 있다. 이처럼 퍼포먼스 마케팅과 브랜드 마케팅은 상호 보완적이다. 숫자 싸움과 인식 싸움에서 모두 승리해야 단기적으로도 중장기적으로도 시장 경쟁력을 높일 수 있다.

퍼포먼스 마케팅과 브랜드 마케팅의 시나리오 효과 (출처: IPA, 「디지털 시대의 마케팅 효과」)

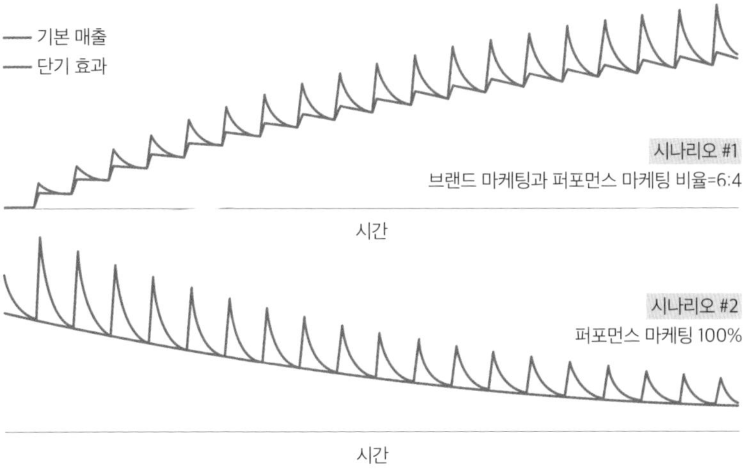

퍼포먼스 마케팅 2.0으로의 진화

퍼포먼스 마케팅에서 퍼포먼스 브랜딩으로

퍼포먼스 마케팅과 브랜드 마케팅의 이분법은 이제 존재하지 않는다. 이 둘 간의 시너지를 만들어내는 것이 전략의 최종 목표가 되어야 한다. 그렇다면 큰 틀에서 퍼포먼스 마케팅도 브랜딩의 관점으로 바라볼 수 있지 않을까? 퍼포먼스 마케팅이 브랜드 구축에 기여할 수 있는 묘책이 필요하다. 이를 위해서는 퍼포먼스 마케팅의 범위와 역할을 검색광고와 타깃 광고에 국한하지 않고 브랜딩 제고까지 확대해야 한다. 이름하여 '퍼포먼스 브랜딩'이 필요하다. 브랜드 이미지를 지키면서도 실제 구매로 이어지도록 브랜딩과 퍼포먼스라는 두 마리 토끼를 다 잡아야 하는 것이다. 이것이 퍼포먼스 마케팅 2.0으로 진화하는 시작점이다.

'다 무신사랑 해' 캠페인으로 패션 성지가 된 무신사는 이를 온·오프라인으로 확장해 '셀럽도 다 무신사랑(#SELF_LOVE)' 캠페인을 진행했다. 퍼포먼스를 위해 패션 아이템의 랜덤 쿠폰을 제공하고 단기 성과를 거두었지만, 이 캠페인은 세일즈 중심이 아니다. 그보다 자신의 스타일과 취향을 사랑하자는 '셀프 러브(SELF_LOVE)' 메시지를 담아서 타깃들이 열망하는 셀럽들과 무신사가 함께하며 대세감을 조성하는 브랜딩에 더 큰 목표를 두었다. 유아인을 시작으로 정호연, 구교환, 조세호, 침착맨 등 새롭게 떠오르는 다양한 분야의 셀럽들이 연이어 등장하여 그들만의 패션 코디를 제안하는 영상이 총 1,300만 회가 넘는 누적 조회수를 기록하며 브랜드의 영향력을 확대했다. 이와 함께 최대 80% 셀럽 쿠폰을 제공하여 퍼포먼스 효과도 동시에 얻었다.

셀럽도 다 무신사랑 캠페인
(출처: 무신사 스토어 홈페이지)

셀럽도 다 무신사랑 캠페인 영상
(출처: 무신사TV 유튜브)

퍼포먼스 마케팅을 디지털 광고로 생각하는 경우가 많다. 하지만 통합적인 시각으로 본다면 퍼포먼스 마케팅은 디지털뿐 아니라 TV, 지면, 옥외 등 다양한 채널을 활용해서 유저 획득과 구매 전환이라는 목표를 달성하는 모든 활동이라 할 수 있다. 2022년 슈퍼볼 광고로 화제가 된 코인베이스(Coinbase) 사례가 이를 극명하게 보여준다. 이들은 퍼포먼스 마케팅 사고를 중심으로 기존 TV 광고의 개념을 완전히 바꾸는 창의적인 시도를 했다. 다른 영상 없이 1분 동안 QR코드만 보여준 것이다. 해당 QR코드를 스캔하면 이벤트 페이지로 이동하는데, 이곳에서 신규 가입자들은 15달러 정도의 비트코인을 공짜로 받을 수 있었다. 이 광고를 보고 1분 만에 2,000만 명 이상이 접속하는 바람에 사이트가 다운되기도 했고, 코인베이스 앱은 앱스토어 순위가 기존 186위에서 2위까지 수직 상승하는 성과를 냈다. 브랜드 관점에서는 폭발적인 인지도 상승과 유명세를 얻었고 밈이 형성되어 자발적인 공유와 확산이 이루어졌다. 이 캠페인은 퍼포먼스 마케팅을 대변하는 '칸 라이언즈 2022' 다이렉트 부문에서 그랑프리를 차지했다.

코인베이스 QR코드 슈퍼볼 광고
(출처: Contagious 유튜브)

세일즈 메시지에서 브랜드 경험으로

또하나의 방법론은 요즘 화두인 '경험'이다. 단기적인 세일즈 메시지를 넘어서서 경험을 중심축으로 퍼포먼스 마케팅 활동을 브랜드 구축의 일환으로 전환하는 것이다. 브랜드만의 핵심 경험을 정의하고 캠페인을 전개하여 이에 대한 소비자 반응을 퍼포먼스 마케팅으로 검증하는 것이다. 퍼포먼스 마케팅도 총체적인 경험 관점으로 적용해본다면 하나의 캠페인으로, 브랜딩과 퍼포먼스 마케팅의 시너지를 만들어낼 수 있다.

LG전자의 오브제컬렉션은 비대면 환경에서도 실재감 있는 사용자 경험을 극대화할 수 있는 증강현실 캠페인을 인스타그램에서 실행했다. '나의 취향에 딱 맞는 컬렉션을 고를 수 있다'는 핵심 경험을 정의하고 AR 효과를 활용해 고객이 직접 제품을 시뮬레이션해보는 경험을 설계한 것이다. 고객은 자신이 실제 거주하는 공간의 원하는 곳에 다양한 제품을 배치해볼 수 있다. 이는 단순히 조회수, 클릭수, 공유수 등의 행동 전환을 넘어서서 브랜드만의 핵심 경험을 체감할 수 있도록 기획된 것으로, 퍼포먼스 마케팅의 진화된 형태라고 할 수 있다.

아이웨어 브랜드 '라운즈'의 경우, 퍼포먼스 마케팅을 집행하면서 단순 세일즈 메시지가 아니라 '세상에 없던 안경 쇼핑'이라는 경험 가치를 중심에 두었다. 다양한 개성과 얼굴형을 가진 모델들이 라운즈 앱으로 안경을 가상 착용해보는 모습을 영상으로 담아 캠페인을 전개했다. 이를 통해 앱 다운로드수와 가상 착용 경험 횟수 증가 등의 성과뿐 아니라 새로운 방식으로 안경을 착용해보고 구매하는 일이 즐거운 체험이 되는 혁신적인 경험 가치까지 명확히 전달했다. 이처럼 퍼포먼스 마케팅도 총체적 체험 관점으로 바라보고 활용한다면 단기 퍼포먼스 효과와 브랜드 가치를 함께 제고하는 시너지를 창출할 수 있다.

LG 오브제컬렉션 AR 캠페인
(출처: 인스타그램 홈페이지)

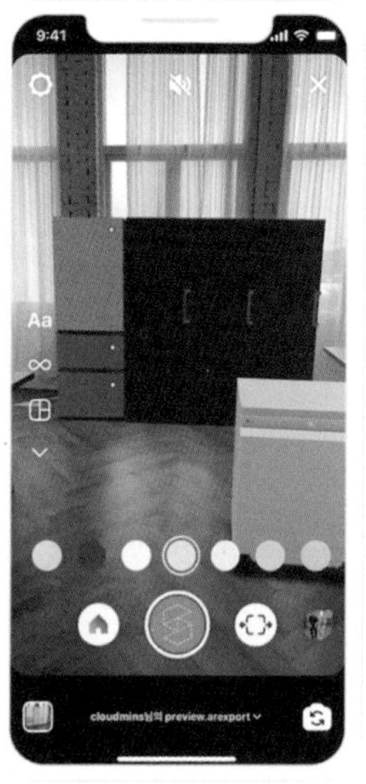

라운즈의 가상 착용 퍼포먼스 마케팅 캠페인
(출처: 모비인사이드 홈페이지)

개인화에서 초개인화로

사람들은 더이상 하나의 개성만으로 존재하지 않는다. 이른바 '부캐'로 설명되며 상황에 따라 다양한 정체성을 가진 복합적인 개성으로 표출된다. 개인의 취향이 상황에 따라 변하기 때문에 과거 행동에 국한된 분석만으로는 최적의 경험을 제공할 수 없다. 이에 따라 퍼포먼스 마케팅의 개인화도 모바일 기술과 데이터 분석을 고도화하여 '초개인화(Hyper-Personalization)'로 발전중에 있다. 초개인화는 하나의 개인 특성에 집중하는 것을 넘어, 그 사람의 온라인 행동 데이터를 기반으로 일상을 좇으며 상황과 맥락에 맞는 맞춤 마케팅을 제안한다. 고객이 바로 지금 구체적으로 원하는 것에 초점을 두고 맥락 데이터를 분석하여, 고객이 인식하지 못한 니즈와 예측하지 못한 경험을 제공하는 것이다.

초개인화 기술은 스팸으로 여겨지는 푸시 알림도 효과적인 퍼포먼스 마케팅 툴로 변화시킬 수 있다. 이 같은 초개인화 기술을 개발하고 퍼포먼스 마케팅을 최적화하는 기업이 '스켈터랩스(Skelter Labs)'다. 그들의 초개인화 타기팅은 모바일의 유저 ID, GPS, 와이파이, 시간과 같은 기본적인 데이터 시그널뿐만 아니라 날씨, 미세먼지 등의 다양한 맥락 데이터 수집에서 시작된다. 인공지능 기술을 기반으로 소비자 취향과 행동 패턴을 지속적으로 파악하고, 타깃 페르소나를 구체화한다.

개인화에 따른 푸시 알림 메시지 / 초개인화에 따른 푸시 알림 메시지

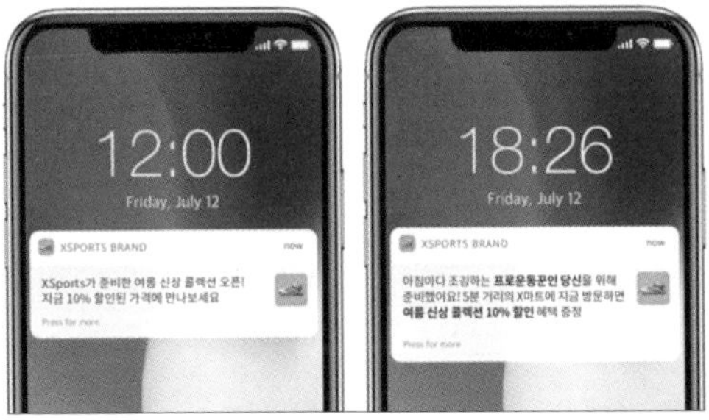

(출처: 스켈터랩스 홈페이지)

예를 들어, 조깅을 위해 새 운동화를 구매하려고 알아보던 고객이 매장을 지나가는 길에 신상 러닝화의 세부 정보와 할인 쿠폰을 받아본다면, 고객은 이를 스팸이 아니라 가치 있는 혜택으로 생각할 수 있는 것이다.

초개인화 퍼포먼스 광고 사례 중 하나로 하기스 맥스드라이 유튜브 캠페인을 들 수 있다. 이 캠페인은 밀레니얼세대 부모들의 콘텍스트에 맞춘 메시지를 전달하기 위해 국내 주요 도시를 16개 지역으로 구분하는 지역 타기팅과 관심사에 기반한 맥락 타기팅을 동시에 실시하였다. 타깃마다 다른 카피 메시지와 비주얼 영상을 즉시 조합해 총 64종의 각기 다른 맞춤형 유튜브 영상이 자동으로 제작된다. 지역에 따라 다른 사투리로 주목을 끌고, 부모들의 다양한 관심사에 따라 다른 영상 광고를 시청할 수 있도록 한 것이다. 소비자들의 삶의 맥락에서 딱 맞는 순간에 말을 걸듯 다가오는 초개인화 광고를 통해 클릭과 사이트 유입이라는 직접적인 성과뿐 아니라 브랜드와 소비자 간 유대감도 동시에 높아지게 된다. 이같이 초개인화를 통해 퍼포먼스 마케팅이 또 한번 새로운 차원으로 진화하고 있다.

하기스 맥스드라이 캠페인
(출처: 싱크 위드 구글 홈페이지)

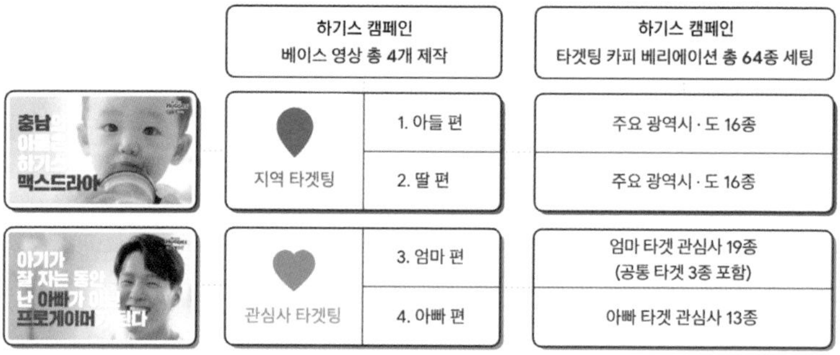

퍼포먼스 마케팅이 주류가 되고 이제는 보편화되면서 문제점이 속속 드러나고 있다. 그 해결책으로 제시되는 것이 퍼포먼스 마케팅과 브랜드 마케팅의 적절한 균형과 새로운 공진화(Co-Evolution)다. 퍼포먼스 마케팅 2.0 시대에는 브랜드 마케팅과 퍼포먼스 마케팅을 서로 따로 놀게 하는 것이 아니라 적재적소에 전략적으로 운용해야 한다. 이제 브랜드 마케팅과 퍼포먼스 마케팅은 각기 다른 두 개념이 아니라 서로 연결되어 있는 하나이다. 따라서 하나의 강점을 활용하여 다른 하나의 약점을 보완해야 한다. 단기 목표를 달성하면서도 중장기적인 브랜드 자산을 구축하기 위해서다.

퍼포먼스 마케팅 2.0 시대의 브랜드 마케팅은 데이터 분석에 기반하여 행동변화를 이끌어내야 하고, 퍼포먼스 마케팅은 단기 성과에서 그치는 것이 아니라 브랜드 가치와의 연계성을 고려해야 한다. 독립적으로 운영되던 퍼포먼스와 브랜드의 개별적인 마케팅을 넘어서서 통합적인 전략 기획이 필요한 시점이다. 앞으로는 이 둘 간에 공통적으로 달성해야 하는 지속 가능한 성장의 더 큰 목표를 설정해야 할 것이다. 이러한 과정 속에서 퍼포먼스와 브랜드 마케팅이 서로를 완벽하게 보완해 시너지를 만들어낼 수 있으리라 기대한다.

에코 시프트:

착함은 기본, 힙하게 달라지다

4

친환경 마케팅이 달라지고 있다. 요즘 인스타그램에 올라오는 친환경 굿즈의 디자인을 보면 참 예쁜 아이템이 많다. 친환경 캠페인들도 재미와 볼거리로 관심과 흥미를 끌어 '한번 참여해볼까?' 하는 생각을 하게 한다. 또한 기업들이 가지고 있는 첨단기술을 적용하거나 다른 연구소와 협업하여 지금까지 본 적 없는 새로운 친환경 기술을 선보임으로써 '이런 것들도 가능하구나' 하는 감탄을 자아내게 하는 경우도 있다.

흔히 '친환경'이라 하면 의무와 책임감이 떠올라 친환경 마케팅 또한 진지하고 무거운 느낌으로 다가오곤 했다. 지구와 인류에게 도움이 되는 것은 알고 있지만, 친환경 마케팅 그 자체에 매력과 차별성을 느끼기는 힘들었다. 하지만 최근 들어 변화의 움직임이 보이고 있다. ESG★ 경영의 확산이 가속화되면서 수동적이고 방어적인 대응에 머무는 것이 아닌, 적극적이고 선제적인 투자의 의미로 ESG를 바라보는 ESG 2.0 단계로 전환됨에 따라 기업들의 친환경 마케팅이 새롭게 변모하고 있다. 친환경 굿즈와 서비스에 매력을 입히고 캠페인 경험 또한 재미와 즐거움을 가져다주면서 '에코그래머블'이라는 신조어도 등장했다. 친환경 마케팅이 지속 가능한 미래를 위한 '착함'만을 강조하지 않고 시대의 트렌드와 스타일을 적극 반영하면서 소비자들은 친환경 마케팅도 충분히 힙할 수 있음을 경험하게 된 것이다.

패턴이 정형화되어 진부하게 여겨지던 친환경 마케팅이 ESG 2.0 시대를 맞이하여 지속 가능성이라는 가치를 유지하면서 향후 어떻게 차별화해나갈지 귀추가 주목된다.

©quokkabottles, Unsplash

★

ESG Environment(환경), Social(사회), Governance(지배구조)의 약자

친환경 마케팅의 변신

에코그래머블의 등장

최근 들어 '에코그래머블(Eco-grammable)'이라는 마케팅 키워드가 주목받고 있다. 에코그래머블은 환경을 의미하는 '에코(Eco)'와 '인스타그래머블(Instagrammable)'을 합친 신조어다. 기업들이 친환경 마케팅을 진행하면서 인스타그램에 올릴 만한 예쁜 굿즈나 새로운 서비스 등을 만들거나 자발적인 공유와 확산을 유도하는 이벤트 등을 진행하고 있는데, 이러한 마케팅 방법을 '에코그래머블 마케팅'이라고 한다. 에코그래머블은 2022년에 처음 등장한 키워드이다. 네이버 데이터랩을 통해 검색량을 분석해보면 7월에 등장한 것으로 나타나며, 향후 친환경 마케팅과 관련하여 지속적으로 사용될 키워드로 예상된다.

'에코그래머블' 검색량 추이 (출처: 네이버 데이터랩)

(단위: 기간 내 최다검색량 대비 비중)

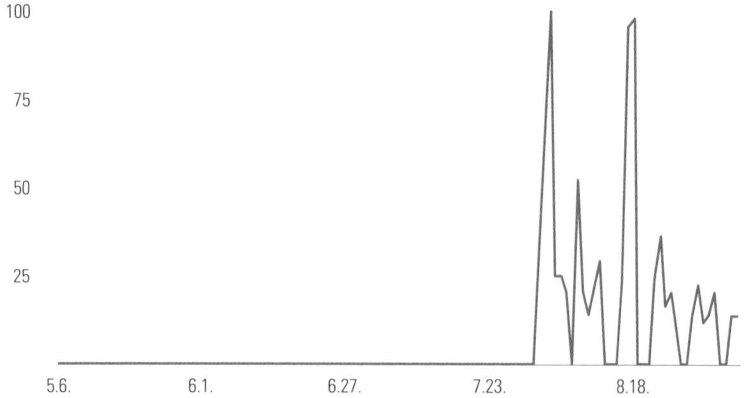

친환경이 그동안 ‘착한’ 또는 ‘올바른’ 이미지 중심으로 인식되어왔기에 친환경 마케팅에 인스타그래머블이라는 단어가 결합되어 주목받는 것은 매우 흥미롭다. 에코그래머블이라는 단어가 부상하고 있다는 것은 친환경 마케팅이 트렌드를 반영한 인기를 얻고 있음을 의미한다. 시각적인 신선함과 색다른 즐거움을 공유하고 싶을 때 망설이지 않고 SNS에 올려서 공유하는 MZ세대는 이제 친환경 마케팅에서도 인스타그래머블한 경험을 하면 그 순간을 다른 이들과 공유하고자 한다.

대표적인 예로 코카콜라는 2022년 5월 자원순환을 위한 ‘원더플 캠페인: 한 번 더 사용되는 플라스틱’을 진행했다. 음료 페트병을 수거한 뒤 새로운 제품으로 업사이클링해주는 캠페인으로, 참가자가 투명 페트병을 코카콜라에 보내면 코카콜라는 이를 활용해 보냉백이 부착된 캠핑 의자를 제작해주는 것이다. 이 캠페인은 참가자들이 코카콜라로부터 받은 의자 사진을 SNS에 올리면서 화제가 되었다. 인스타그램 감성 가득한 예쁜 리사이클 의자가 많은 사람의 시선을 사로잡았기 때문이다. 코카콜라는 이 마케팅으로 환경친화적인 브랜드 이미지를 전달할 수 있었다.

코카콜라의 원더플 캠페인
(출처: 코카콜라 코리아 인스타그램)

힙해지는 친환경

친환경이 '힙하다'는 인식도 높아지고 있다. 친환경에 대한 버즈량 분석 결과, '힙한'이 함께 언급된 버즈량이 최근 몇 년 동안 지속적으로 상승하고 있는 것으로 나타났다. 다양하고 새로운 친환경 마케팅을 경험한 소비자들이 친환경을 기존의 '의무'나 '선한 행동'이라는 이미지를 넘어 매력적인 트렌드에 가까운 개념으로 받아들이기 시작했음을 알 수 있다. 친환경도 타인에게 보여주고 싶은 삶의 멋으로서 매력적인 가치와 의미를 지니게 된 것이다. 이처럼 친환경과 관련된 소비자 인식은 커다란 변곡점을 맞이하고 있다.

친환경에 대한 버즈량 중 '힙한' 키워드 언급량 추이 (출처: 이노션 인사이트그룹)

(단위: 건)

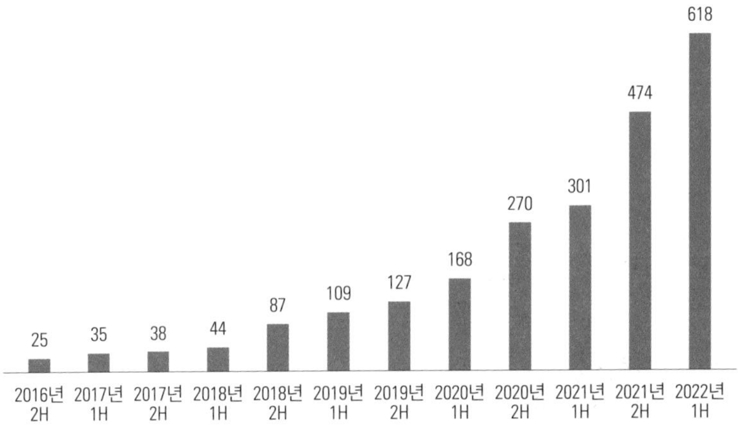

친환경 마케팅의 변화 배경

높아진 기후 문제에 대한 경각심

지구온난화를 비롯한 환경 이슈가 지속적으로 제기되고 최근 들어 세계 곳곳에서 기후 재앙이 나타나면서 기후 문제에 대한 경각심이 더욱 높아지고 있다. 대표적으로, 환경 파괴의 주요 원인으로 지목되는 이산화탄소 배출량은 거듭된 경고에도 계속해서 전 세계적으로 증가하고 있다. 그래프에서 알 수 있듯 2020년에 이산화탄소 배출량이 잠시 주춤하는 것처럼 보이지만 이는 코로나19로 인한 영향으로 보여 팬데믹 이후에는 다시 증가할 것으로 예상된다. 지구온난화 또한 꾸준히 거론되고 있고 이에 대한 대응책을 마련하고 있지만, 지구의 표면 온도는 지속적으로 높아지고 있다.

전 세계 이산화탄소 배출량 추이 (출처: Carbon Brief)

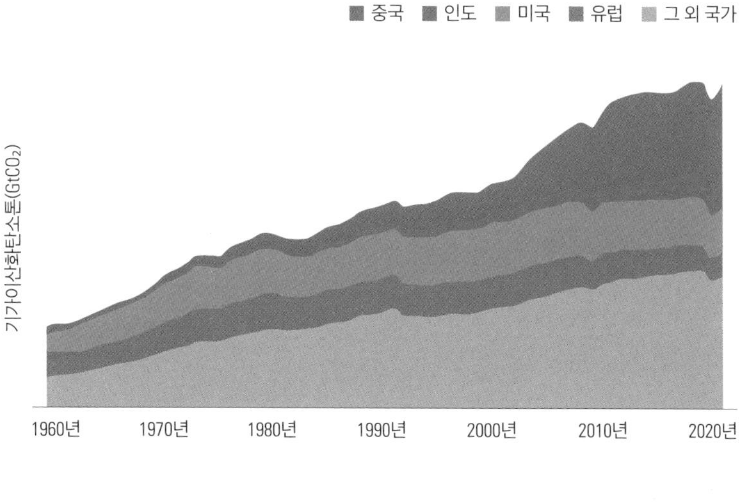

이처럼 지구 환경이 위협받고 있는 가운데 우리는 2022년 들어 예기치 않은 폭우와 태풍으로 기후 재난을 몸소 경험하고 있다. 친환경이라는 주제는 더이상 먼 미래의 이야기가 아니라 당장 나의 삶에 직접적으로 연관되어 있음을 깨닫고 있는 것이다. 지속 가능성과 친환경은 소비자들에게 이제 선택이 아니라 반드시 유념해야 하는 대전세가 되었다.

ESG 경영의 진화: ESG 2.0

기후 변화로 인한 경각심이 고조되면서 지속 가능성과 ESG에 대한 관심이 매우 높아지고 있다. 구글 트렌드 분석 결과 '지속 가능성'과 'ESG'에 대한 검색량은 지속적으로 상승하고 있으며, 특히 코로나19 이후 더욱 높아진 것으로 나타났다.

'지속 가능성'과 'ESG' 검색량 추이 (출처: 구글 트렌드)

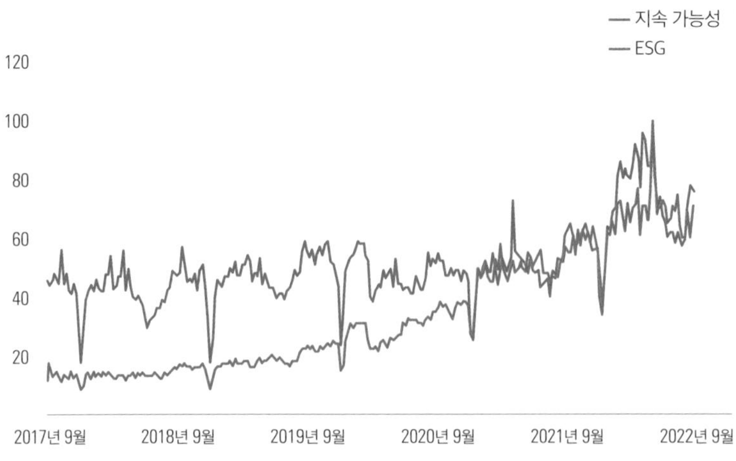

ESG 중 가장 대표적인 환경 분야에 대해 오랫동안 환경단체와 국제기구들이 목소리를 높여왔으며, 투자 펀드들도 기업들에게 구체적인 목표는 물론 달성 방안에 대해서도 요구하고 있다. 세계 최대 자산운용사 블랙록(BlackRock)의 CEO 래리 핑크는 2020년 1월 CEO 연례 서한에서 기후 변화 리스크가 곧 투자 리스크를 의미하기에 기후 변화에 올바로 대응하지 않는 기업에는 투자하지 않겠다고 선언하기도 했다.

그동안 기업들은 ESG 경영을 리스크 관리 혹은 방어 차원에서 접근하고 평가 대응에 집중하는 등 ESG 1.0 단계 수준에 머물렀다. ESG를 하지 않으면 '위기'라고 인식하고 ESG 예산을 '비용'이라고 생각하다 보니 ESG 워싱이 발생하기도 했다. 하지만 최근 기업들은 지속 가능한 비즈니스를 위해 공격적이고 선제적인 ESG 경영인 ESG 2.0을 시작하고 있다. 이전에는 '덜 나쁜' 기업이 되는 것이 목표였다면, 이제는 '더 나은' 기업이 되기 위해 노력하고 있으며, ESG에 드는 예산도 '투자'로 바라보게 된 것이다. 따라서 이제는 보다 적극적인 전략을 수립하고, 장기적으로 지속 가능한 성장을 이루고자 한다.

ESG 2.0 단계의 친환경 마케팅 진화

ESG 1.0 단계의 기업들은 친환경 마케팅에 대해 지속 가능성 관점에서 주어진 과제를 충실히 해나가는 수준에 머물렀기 때문에 그동안 소비자들이 친환경 마케팅에서 신선함과 차별화를 느끼기는 힘들었다. 소비자들이 친환경 제품과 서비스가 매력적이라고 인지하기 시작한 지는 그리 오래되지 않았다. 본격적인 ESG 투자와 비즈니스 전환이 이루어지는 ESG 2.0 단계에서는 기업들이 친환경 요소를 오히려 기회로 여기고 소비자들이 친환경 제품과 서비스에 매력을 느낄 수 있도록 고객 가치에 중심을 둔 창의적인 마케팅활동을 하게 된다.

ESG 2.0 단계에서 친환경 마케팅이 성공하기 위해서는 지속 가능한 행동, 소비자의 니즈, 브랜드 자산이 모두 고려되어야 한다. 최근 들어 기업들은 지속 가능성이라는 가치는 유지하되, 실제 소비자의 니즈를 기대 이상으로 채워줄 수 있는 친환경 제품과 서비스를 기획하는 것은 물론 자사의 브랜드 자산을 고려해 다른 기업이 할 수 없는 차별화된 마케팅을 펼치고 있다. '착함'이라는 덕목은 기본적으로 갖추지만, 경쟁사와 다른 그 기업만의 진정한 고객 가치를 만들어 차별화된 고객 경험을 창조해나가는 것이다. 이러한 친환경 마케팅은 장기적으로 그 기업만의 이미지를 형성하여 브랜드 정체성을 구축해나가는 원동력으로 작용하게 된다.

ESG 2.0 Sweet Spot

(출처: SB Brands For Good 홈페이지)

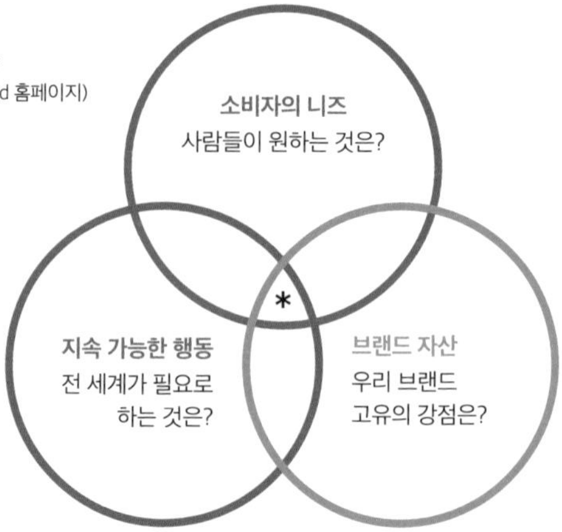

대표적인 예로 H&M의 루프(Looop)를 들 수 있다. H&M은 지속 가능한 패션산업을 위한 프로젝트로 루프라는 시스템을 개발했다. 루프는 컨테이너 사이즈의 기계로 8단계의 프로세스를 통해 오래된 옷을 새 옷으로 새롭게 제작하는 세계 최초의 매장 내 리사이클링 시스템(In-Store Recycling System)이다. 그야말로 '헌 옷 주면 새 옷 주는' 기계인 셈이다. 루프에 들어간 기존의 옷은 깨끗하게 세척된 다음 섬유로 잘게 찢어져 새로운 원사로 만들어지고, 이어서 새로운 옷으로 재탄생하게 된다. 이 시스템은 물과 화학물질을 사용하지 않기에 새로 옷을 만드는 것에 비해 훨씬 더 친환경적이다. 루프는 스웨덴 스톡홀름에 위치한 H&M 매장에 처음 설치되었으며 일정 비용을 내면 오래된 옷이 새롭게 변화하는 것을 직접 경험할 수 있다. 루프는 지속 가능한 패션 철학이 첨단기술을 통해 직관적으로 이해될 수 있도록 구현되어 커다란 주목을 받았다. H&M은 루프를 통해 번거로웠던 리사이클링 과정을 단순화시켜 고객들에게 편익을 제공하는 것은 물론 지속 가능성에 대한 메시지도 전달하여, 패션업계에서 차별화된 친환경 마케팅이 무엇인지를 보여주었다.

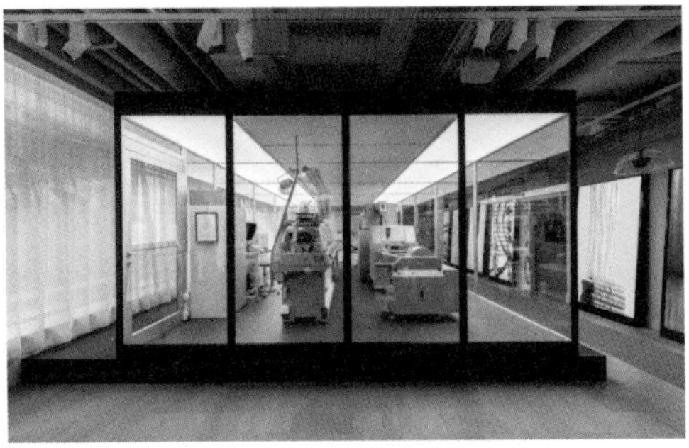

H&M 루프
(출처: H&M Group 홈페이지)

ESG 2.0 시대의 친환경 마케팅 방향성

힙한 비주얼과 임팩트

ESG 2.0 시대, 친환경 마케팅이 다른 기업과 차별화된 방향으로 진화하기 위해서 어떤 요소들이 필요할까? 우선적으로 고려해야 하는 점은 인스타그램에 올릴 만큼 이목을 끄는 요소를 갖추고 있느냐이다. 이제 친환경 마케팅도 제품 형태든 친환경 캠페인 장소든 보기에 힙하고 다른 이에게 공유하고 싶은 매력을 가지고 있어야 한다. 수많은 브랜드 콘텐츠의 홍수 속에서 소비자의 눈에 띄고 관심을 얻기 위해서는 친환경 마케팅 콘텐츠도 눈길을 끌 수 있는 매력과 세련된 이미지로 다가가야 할 것이다.

예를 들어, 화장품 브랜드 록시땅은 2022년 7월 예쁜 디자인의 '업사이클링 숍 트레이'를 선보였다. 이 아이템은 베이킹 기법으로 폐플라스틱을 새로운 디자인의 리빙 오브제로 재탄생시키는 '플라스틱 베이커리'와 콜라보레이션하여 만들어낸 것으로, 인스타그래머블한 디자인의 아이템으로 많은 관심을 받았다. 록시땅은 2018년부터 전국 매장에서 공병을 수거해 다양한 업사이클링 콜라보레이션 마케팅을 진행하며 지속 가능한 뷰티 소비를 알리고 있다.

또한 스타벅스는 2022년 2월 대한항공과 협업하여 '대한항공 버클-업 카드'를 출시하여 인기를 끌었다. 이 카드는 비행기 좌석의 안전벨트 모양으로 디자인되어 실제 안전벨트처럼 버클을 분리할 수 있다는 점이 매력적이다. 함께 제공되는 부속 카드는 대한항공 탑승권과 동일한 디자인으로, 미국 스타벅스 1호점이 있는 시애틀행 항공편명 'KE019'가 적혀 있어 코로나19 기간 동안 해외여행을 갈 수 없었던 소비자들에게 많은 관심을 받았다. 또한 이를 담을 수 있는 파우치는 실제 항공기에서 사용된 구명조끼 2,000여 장을 재활용해 만든 업사이클링 제품으로 친환경 가치를 어필하였다. 이 밖에도 대한항공은 운행을 중단한 노후 항공기 자재로 만든 네임택과 골프 볼마커를 제작하여 완판을 기록하는 등 힙한 디자인의 업사이클링 제품 관련 마케팅을 지속적으로 펼치며 인기몰이를 하고 있다.

롴시땅 업사이클링 솝 트레이
(출처: 록시땅 코리아 인스타그램)

스타벅스 대한항공 버클-업 카드
(출처: 스타벅스 코리아 인스타그램)

참여자를 문화 선도자로

친환경 마케팅은 소비자의 참여와 실천을 유도하는 경우가 많다. 이러한 경우 참가자수를 늘리는 것도 중요하지만 소셜미디어의 파급력을 고려할 때 얼마나 많이 공유되고 확산될 것인지도 고려해야 한다. 이를 위해 친환경 마케팅에 직접 참여하는 참가자들을 바라보는 관점을 새롭게 정비할 필요가 있다. 이들은 이벤트 참가자 혹은 한 명의 소비자로서의 의미를 넘어 친환경 문화를 함께 선도하고 전파하는 역할을 하고 있음에 주목해야 한다. 소비자의 실천을 유도하는 마케팅이 사회에 어떠한 문화를 만들어가려고 하는 것인지 기획 내용을 분명하게 전달하여 그들에게 참여의 즐거움뿐 아니라 자긍심을 가질 수 있도록 해야 한다.

이러한 마케팅 유형으로 먼저 리필 관련 마케팅을 예로 들 수 있다. 코로나19가 장기화되면서 일회용품 사용량이 급증하며 전 세계적으로 우려의 목소리가 높아졌다. 이를 해결하기 위해 많은 기업이 '제로 웨이스트(Zero Waste)'에 관심을 가지고 리필 문화를 권장하는 마케팅을 진행하고 있다. 아모레퍼시픽은 2020년 10월 국내 화장품업계에서 최초로 '리필 스테이션'을 운영해 주목받았다. 아모레퍼시픽을 시작으로 현재까지 LG생활건강, 아로마티카 등 다양한 뷰티 브랜드들이 리필 스테이션에 동참하고 있다. 식품업계에서도 리필 스테이션을 운영중인데, 농심켈로그는 국내 최초 시리얼 에코 리필 스테이션을 롯데마트

켈로그 에코 리필 스테이션
(출처: 켈로그 코리아 인스타그램)

제타플렉스점에서 운영하고 있다. 이러한 리필 스테이션은 세련된 컨셉의 디자인으로 눈길을 끄는 것과 동시에 참여자들에게 친환경 문화를 선도하고 있다는 자부심을 선사한다.

또다른 참여형 마케팅으로는 '플로깅(Plogging)'이 있다. 플로깅은 쓰레기를 주우면서 뛰거나 걷는 활동을 뜻하는데, 국내에서는 '줍깅'으로도 불린다. 최근 많은 기업이나 기관에서 플로깅으로 건강한 지구를 만들자는 메시지를 전하고 있다. 플로깅은 언제 어디서든 실천 가능한 친환경활동이라는 강점이 있기에 하나의 트렌드로 자리잡았다. 플로깅에 참여한 참가자들은 이 활동을 사진으로 찍어서 자신의 SNS에 올리는 경우가 많다. 즉 #플로깅 #1run1waste 등의 해시태그를 달아서 소셜미디어에 공유하는 것이다. 풀무원은 깨끗한 지구, 건강한 지구를 만들기 위해서 일상에서 환경보호를 실천하는 '풀무원 줍깅 캠페인'을 진행했다. 누구든지 자유롭게 줍깅을 실천하면서 줍깅중인 사진 혹은 주운 쓰레기 사진을 개인 인스타그램에 올리는 방식으로 참여할 수 있었다. 이처럼 소비자들이 일상에서 할 수 있는 참여형 마케팅을 통해 일회성 참여가 아닌 지속적인 실천이 될 수 있게 하고, 더 나아가 새로운 문화를 만드는 기회를 마련하고 있다.

진정성 있는 브랜드 스토리

차별적인 친환경 마케팅을 위해서는 기업의 진정성 있는 브랜드 스토리를 전하는 것이 중요하다. 특히 기업의 존재 이유와 연결되고 그 기업이 보유한 기술력을 바탕으로 한 제품이나 서비스의 실체를 경험할 수 있다면 금상첨화다. 이러한 마케팅으로 소비자들은 친환경 관점에서 새롭고 가치 있는 경험을 하게 되고 이를 다른 이들에게 적극적으로 공유하며 전파하게 된다.

대표적인 예로, 현대자동차그룹의 '디어 마이 히어로(Dear My Hero)' 캠페인이 있다. 새로운 기술로 지구 환경과 우리 이웃의 삶까지 개선하는 모습을 담아낸 '디어 마이 히어로'는 그동안 현대자동차그룹이 온라인에서 공개한 영상 중 가장 짧은 시간 동안 최다 조회수를 기록하며 높은 파급력을 일으켰고, 캠페인 취지에 공감한 이들의 응원 댓글도 쏟아졌다. 이 영상은 다양한 장점을 지닌 친환경 수소청소트럭이 환경미화원의 근무 환경을 어떻게 개선하는지 구체적으로 보여주고 있다. 다소 이해하기 어려울 수 있는 친환경 기술을 직접 설명하는 대신, 우리 주변 이웃의 삶을 통해 친환경 기술의 혜택을 자연스럽게 조명하여 잔잔하고도 깊은 감동을 전했다.

소비자에게 진정성과 놀라움을 주는 차별화된 친환경 마케팅을 하려면 그 기업이 속한 산업 영역에서의 전문성을 바탕으로, 보유하고 있는 기술 및 자산을 최대한 동원해야 한다. 이러한 실질적인 노력을 통해 브랜드만의 진정성이 전달되고, 소비자는 해당 기업을 기억할 뿐 아니라 신뢰하며 우호적인 인식을 가지게 될 것이다. 이러한 긍정적 인식을 통해 그 기업의 제품과 서비스를 이용하려는 소비자가 증가하여 기업의 비즈니스에도 커다란 기여를 하게 된다.

'디어 마이 히어로' 캠페인
(출처: 현대자동차그룹 유튜브)

에코그래머블 마케팅이 주목받게 되자, 눈에 보이는 이미지만을 어필하는 일회성 마케팅은 아닌지 우려하는 목소리가 있다. 에코그래머블 마케팅을 단지 최신 SNS 마케팅의 유행을 좇는 방법론 중 하나로 봐서는 안 된다. 오히려 ESG 2.0 단계로 진화하는 경영 흐름 가운데 기업들이 고객의 눈높이를 충족시키는 수준 높은 고객 가치를 만들고 그 기업만의 차별화된 브랜딩을 실현해 나가는 새로운 물결의 시작으로 바라봐야 한다.

결국 친환경 마케팅도 다른 마케팅과 다르지 않다. 단지 '착하게' 보이기 위한 노력에 그치는 것이 아니라 소비자의 마음을 사로잡기 위한 마케팅활동을 펼쳐나가야 한다. 앞으로 친환경 마케팅은 소비자의 주목을 받을 수 있는 힙한 감성을 갖추고, 소비자들을 문화 선도자로 참여시키며, 기업만의 진정한 브랜드 스토리를 만들어가는 노력을 통해 그 기업을 돋보이게 하는 강력한 역할을 담당하게 될 것이다.

친환경 마케팅은 앞으로 점점 더 창의적으로 변화할 것이다. 지금까지와는 달리 우리를 매료시키며 감탄을 자아내는, 기업 고유의 창의적이고도 임팩트 있는 친환경 마케팅이 지속적으로 등장하기를 기대해본다.

스페셜 리포트

비즈니스 현장의 마케팅 전문가들이 주목한
라이프스타일 인사이트

So Far So Cool 2023:

쿨함에 대하여

'시원한, 냉정한'이라는 의미의 영어 단어인 '쿨(Cool)'은 언젠가부터 우리 일상에서 '훌륭한, 유쾌한, 세련된, 멋진' 등의 의미로 자주 사용되고 있다. 『옥스퍼드 영어사전』은 쿨을 '흥분과 열정의 기운을 잃은, 덜 열광적이고 열심인, 열정과 감정에 영향받지 않으며 흥분하지 않고 심사숙고하고 조용한'으로 정의한 반면, 『고려대 한국어대사전』은 '꾸물거리거나 답답하지 않고 거슬리는 것 없이 시원시원함'이라고 정의했다. 이렇듯 쿨을 한 가지 개념으로 명확하게 정의 내릴 수는 없다. 왜냐하면 쿨은 다양한 사회집단과 세대를 넘나들며 변화하고 있으며, 그 사용 주체와 상황에 따라 지극히 주관적인 의미를 담고 있기 때문이다. 하지만 한 가지 분명한 점은, 쿨이라는 단어가 어떤 의미로 사용되든 일관되게 바람직하고 긍정적인 의미로 인식되고 있다는 것이다.

이노션은 사람들의 자율성을 기반으로 다양하게 활용되고 있는 쿨에 주목하여, 올해로 3년째 쿨함의 의미와 브랜드 쿨니스(Coolness)에 대한 조사를 진행했다. 지난 3년 동안 쿨이라는 단어가 사람들에게 어떻게 인식되어왔는지, 이 단어를 세대별로 얼마나 다르게 받아들이고 있는지 확인해보자.

©Jakob Owens, Unsplash

'쿨하다'는 것은 어떤 의미일까?

'쿨하다'의 의미 탐색

사람들은 쿨하다는 말을 어떻게 받아들이고 있으며, 지난 3년 동안 사람들의 인식에는 어떤 변화가 있을까? 2022년 만 15~49세 남녀 1,211명을 대상으로 설문을 진행한 결과, 전체 응답자의 약 83%가 쿨하다라는 단어를 잘 알고 있다고 응답했다. 이는 전년 대비 약 7%p가 증가한 것으로, 대중에게 '쿨하다'라는 단어가 더 친숙하게 확산된 것으로 해석된다.

'쿨하다'라는 단어를 알고 계십니까?

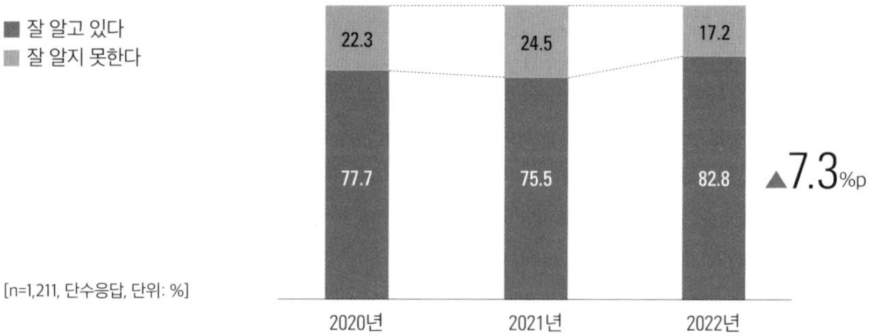

[n=1,211, 단수응답, 단위: %]

그렇다면 사람들은 쿨하다는 말을 어떤 의미로 받아들이고 있을까? 사람들은 '자유로운', '솔직한', '신선한'을 쿨함의 가장 대표적인 의미로 인식하고 있는 것으로 나타났다. 해당 표현들은 지난 3년 동안 지속적으로 높은 응답률을 보여, 쿨함과 연관성이 높은 대표 키워드로 사람들의 인식에 자리잡았다는 사실을 알 수 있다. 뒤를 이어 '가식 없는', '개성적인', '자신 있는' 등에 대한 응답률도 높은 것으로 나타나, 종합적으로 가식 없이 솔직 당당하고 참신한 개성을 자유롭게 발산하는 것을 이 시대의 쿨함으로 정의 내릴 수 있다.

연령대별로 좀더 살펴보면, 전 세대에 걸쳐 공통적으로 자유로움과 신선함을 쿨함과 연관 지어 생각하는 것으로 나타났다. 하지만

다음 중 '쿨하다'의 의미에 포함되어 있다고 생각하는 것을 모두 선택해주세요.

[n=1,211, 복수응답]

	2020		2021		2022		Gap(22-21)	
	%	순위	%	순위	%	순위	%	순위
자유로운	47.6	3	48.3	2	47.9	1	-0.4	▲1
솔직한	50.0	2	48.7	1	47.6	2	-1.1	▼1
신선한	50.4	1	47.3	3	47.1	3	-0.2	–
가식 없는	45.2	4	44.6	4	44.2	4	-0.4	–
개성적인	43.2	5	42.1	5	40.7	5	-1.4	–
자신 있는	42.5	6	41.5	6	39.7	6	-1.8	–
감각 있는	41.5	7	37.7	8	37.1	7	-0.6	▲1
고정관념이 없는	37.3	11	34.7	11	36.0	8	+1.3	▲3
센스 있는	38.8	8	35.7	10	35.3	9	-0.4	▲1
여유 있는	37.7	9	33.4	13	34.4	10	+1.0	▲3

1970~90년대생은 솔직하고 가식 없는 모습에, 2000년대생은 개성적이고 여유 있는 모습에 쿨한 이미지를 좀더 부여하는 것으로 나타나, Z세대의 쿨함에 대한 인식은 다른 세대와 차이가 있는 것을 확인할 수 있다.

연령대별 '쿨하다'의 의미 TOP10

[n=1,211, 복수응답]

순위(TOP10)	1970년대생	1980년대생	1990년대생	2000년대생
1	솔직한	솔직한	자유로운	신선한
2	자유로운	자유로운	가식 없는	개성적인
3	신선한	가식 없는	신선한	여유 있는
4	가식 없는	신선한	솔직한	자유로운
5	감각 있는	자신 있는	트렌디한	트렌디한
6	고정관념이 없는	개성적인	개성적인	솔직한
7	소신 있는	고정관념이 없는	자신 있는	자신 있는
8	개성적인	감각 있는	여유 있는	가식 없는
9	자신 있는	소신 있는	감각 있는	세련된
10	센스 있는	센스 있는	센스 있는	센스 있는

가장 쿨한 유명인

우리는 이상형을 설명할 때 추상적인 단어를 몇 가지 나열하다가 실존하는 유명인에 빗대어 설명하며 상대방의 이해를 돕는 경우가 종종 있다. 사람들이 생각하는 쿨한 유명인이 누구인지를 통해, 쿨함의 정의에 한 발짝 더 다가갈 수 있을 것이다.

쿨한 유명인을 물었을 때, 사람들은 가수·래퍼 등 화려한 무대에서 스포트라이트를 받는 인물을 가장 많이 떠올렸으며, 스포츠 스타, 탤런트·영화배우가 그 뒤를 이었다. 연령대별로 1970년대생은 상대적으로 스포츠 스타나 탤런트·영화배우라고 답하는 비율이 높았던 반면, 2000년대생들은 다양한 플랫폼에서 활동하는 인터넷 방송인을 연상하는 비율이 높아 세대별 차이를 보였다.

쿨한 유명인 직업 분포

[n=1,211, 복수응답, 단위: %]

	전체	1970년대생	1980년대생	1990년대생	2000년대생
가수·래퍼	33.9	25.4	36.9	35.2	37.3
스포츠 스타	20.7	27.9	22.8	18.3	11.5
탤런트·영화배우	16.3	22.5	15.4	13.1	14.8
MC·코미디언	10.6	14.5	9.2	8.1	12.0
인터넷 방송인·유튜버	5.1	1.8	3.4	6.4	10.5
기타	3.8	2.9	3.7	3.5	5.7
모름/없음	13.6	12.7	12.3	18.0	10.0

그렇다면 이 시대의 쿨 아이콘은 과연 누구일까? 2022년 조사에서는 이효리가 1위를 차지했다. 이효리는 2020년 조사에서는 1위, 2021년에는 3위에 올랐다가 2022년 다시 1위를 탈환하며, 쿨함의 아이콘임을 입증했다. 1990년대 말 데뷔 이후 2020년대에 이르기까지, 세기가 바뀌어도 대중의 관심은 늘 그녀를 향하고 있다. 몇 해 전 〈효리네 민박〉을 통해 제주도로 내려간 슈퍼스타의 소탈한 삶에 열광했던 사람들이 2022년에는 〈서울체크인〉을 통해 '제주댁' 이효리의 서울생활을 엿볼 수 있었다. 해당 프로그램은 파일럿으로 편성되었다가 대중의 큰 관심

과 호응을 얻으며 정식 시리즈로 편성되었고, 티빙 유료 가입자 증가에도 큰 기여를 한 것으로 나타나 식지 않는 이효리 파워를 다시금 보여주었다.

공중파 방송과 넷플릭스, 카카오TV, 디즈니+ 등 다양한 OTT 플랫폼을 넘나들며 왕성하게 활동을 이어나가고 있는 유재석이 3년째 2위에 선정되었다. 그는 2022년, 시청자들과 실시간으로 소통하는 인터랙티브 예능 〈플레이유〉를 통해 시대의 변화에 따라 새로운 도전을 이어나가는 모습으로 대중에게 쿨한 이미지를 꾸준히 전달한 것으로 보인다. 특히 2000년대생의 가장 큰 지지를 받는 쿨한 인물로 뽑혀, 다음 세대까지 접수한 '유느님' 파워를 확인할 수 있었다.

3위는 피겨여왕 김연아가 차지했다. 올림픽 챔피언이라는 최고의 커리어를 달성하고 은퇴한 이후에도, 유니세프 친선대사, 디올 하우스 앰배서더로 활약하는 등 쿨한 커리어를 전개해나가며 대중의 지속적인 관심을 받고 있다. 이 밖에는 손흥민, 제시, 김연경 순으로 많이 언급되었고, MZ세대의 대표 아이콘으로 떠오른 이영지가 올해 조사 결과에서 처음으로 상위권에 올라와 눈길을 끌었다.

'쿨한' 유명인(연예인, 스포츠 스타, 유튜버 등)이라고 하면 누가 떠오르십니까?

[n=1,211, 복수응답, 단위: %]

7.9%	6.0%	5.5%
이효리	유재석	김연아

티빙의 〈서울 체크인〉 포스터
(출처: 티빙 인스타그램)

카카오TV의 〈플레이유〉 포스터
(출처: 카카오TV 인스타그램)

디올 하우스 앰배서더 김연아
(출처: 디올 인스타그램)

쿨한 브랜드는 무엇이며, 어떤 특징이 있을까?

올해의 쿨한 산업

가장 쿨한 산업 분야는 3년 연속 패션이 차지했다. 패션산업은 경계를 뛰어넘는 콜라보레이션으로 소비자들에게 신선함을 제공하고 있다. 2022년 6월 명품 브랜드 구찌는 스포츠 브랜드 아디다스와 협업을 진행하였고, 루이비통도 스포츠 브랜드 나이키와 협업하여 나이키 에어포스1 9종을 5월에 출시하였다. 또다른 명품 브랜드 디올은 하이엔드 스포츠 장비 브랜드 '테크노짐'과 협업하여 트레드밀, 짐볼, 아령 등의 홈트레이닝 제품을 내놓기도 했다. 이러한 콜라보레이션 제품들은 한정판으로 출시되어 구매 경쟁도 치열하지만, 리셀가도 수천만 원대를 호가한다. 명품 브랜드 외에도 스트릿 패션 브랜드 커버낫과 오비맥주가 협업하여 커버낫 시그니처 디자인을 패키지로 활용한 커버낫 서퍼맨 라거를 출시했고, 아웃도어 패션 브랜드 아이더와 기아는 장시간 보행에 강한 아이더 하이킹화의 특징과 뛰어난 연비를 자랑하는 기아 니로의 특징을 연결한 하이킹화를 출시하는 등 패션 브랜드의 협업은 다양하고 활발하게 진행중이다. 패션 브랜드는 이처럼 예상을 벗어나는 참신한 콜라보레이션으로 소비자들에게 새로운 브랜드 경험을 제공하고 브랜드 이미지를 환기함으로써 지속적으로 쿨한 이미지를 전달했다.

반면, 지난 2년간 쿨한 산업 TOP3 중 하나였던 IT산업은 2022년에는 순위가 하락했다. IT산업이 밀려난 자리는 엔터테인먼트가 차지하여, 올해 TOP3에는 패션, 엔터테인먼트, 모바일 기기가 선정되었다. 특히 2위를 차지한 엔터테인먼트는 연령대와 관계없이 전반적인 지지를 받아 쿨한 산업 순위의 상위권에 안착하였다. 이 밖에 스포츠도 지속적으로 순위가 상승하고 있다.

최근 조사에 따르면 글로벌 엔터테인먼트산업의 시장 규모가 전년 대비 10.4% 증가했다고 한다. 팬데믹 시기를 지나오면서 콘텐츠 소비가 급증했고, 엔터테인먼트산업도 그 수요에 힘입어 최신 기술을 적극적으로 활용하고 탄탄한 세계관 기반의 스토리텔링을 제공하며 소비자의 욕구를 충족해나가고 있다. 또한 K-콘텐츠가 발전하며 기존의 단

아디다스X구찌 컬렉션 중 일부
(출처: 구찌 홈페이지)

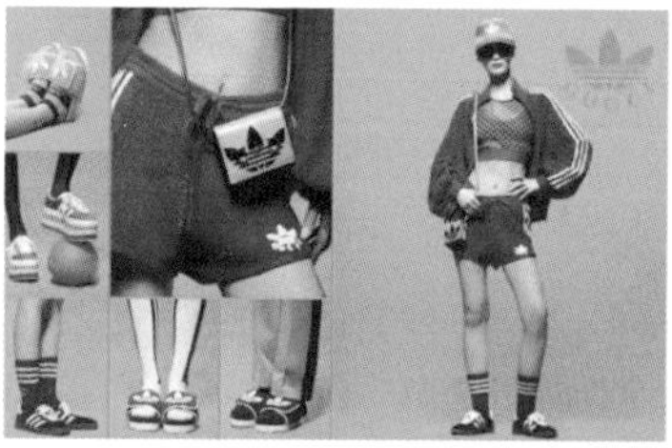

디올X테크노짐 리미티드 에디션 트레드밀
(출처: 디올 홈페이지)

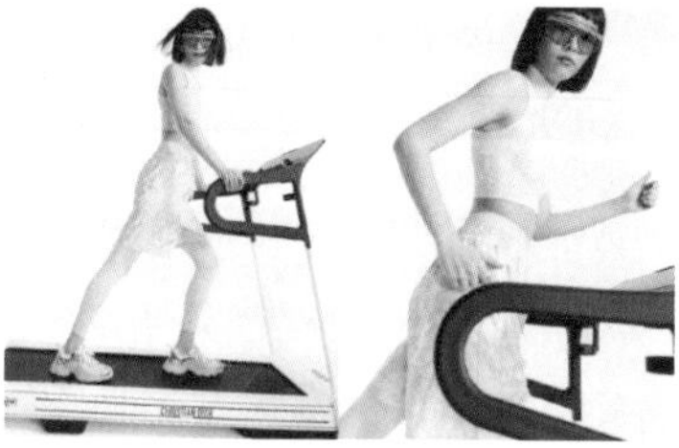

커버낫X오비맥주,
커버낫 서퍼맨 라거
(출처: 오비맥주 홈페이지)

아이더X기아, 퀀텀 니로 에디션 하이킹화
(출처: 아이더 블로그)

순 로맨스, 막장 드라마 위주의 내용에서 액션, 판타지, SF까지 장르와 주제가 다양해졌고, 이러한 새로운 시도가 세계적으로 성공하는 모습을 보여주면서 소비자들에게 쿨한 이미지를 다져나간 것으로 보인다.

스포츠산업의 경우에는 코로나19로 인해 사회적 거리두기를 겪으면서 감염 우려가 적고 사회적 거리두기를 피해 즐길 수 있는 골프가 크게 유행했다. 골프는 소위 귀족 스포츠로 불리며 소수의 사람들이 주로 즐기던 스포츠였으나 MZ세대의 유입으로 진입장벽이 낮아지면서 골프 시장의 트렌드가 바뀌었다. 골프로 스포츠를 플렉스하기 시작한 MZ세대는 최근에는 또다른 귀족 스포츠인 테니스로 눈을 돌리고 있다. 이러한 트렌드가 스포츠 전반에 걸친 관심으로 확대되면서 스포츠산업에서의 쿨니스가 크게 증가한 것이다. 또한 SBS의 〈골 때리

다음 각 분야들 중에서 '쿨하다'고 평가할 수 있는 분야를 모두 선택해주세요.

[n=1,211, 복수응답]

	2020		2021		2022		Gap(22-21)	
	%	순위	%	순위	%	순위	%	순위
패션	54.9	1	52.5	1	49.9	1	-2.6	–
엔터테인먼트	32.9	5	36.3	4	34.6	2	-1.7	▲2
모바일 기기	46.9	2	46.2	2	32.6	3	-13.6	▼1
자동차	34.9	4	35.2	5	32.5	4	-2.7	▲1
스포츠	25.4	9	28.3	6	32.5	5	+4.2	▲1
IT산업	45.2	3	43.9	3	29.4	6	-14.5	▼3
가전제품	30.7	6	26.6	7	24.5	7	-2.1	–
인테리어	26.0	8	25.7	8	21.7	8	-4.0	–
방송	26.7	7	21.7	10	21.1	9	-0.6	▲1
화장품	24.6	10	23.5	9	18.7	10	-4.8	▼1

는 그녀들〉, JTBC의 〈언니들이 뛴다—마녀체력 농구부〉 등 프로 선수가 아닌 연예인이 스포츠에 도전하는 예능 프로그램이 인기를 끌기도 했다. 해당 프로그램 출연진은 실력과 상관없이 포기하지 않고 최선을 다해 끝까지 해내는 모습, 프로 선수에 버금가는 스포츠맨십 등을 보여주며 사람들에게 진정성과 큰 감동을 주었다. 반대로 스포츠 스타들은 방송이나 유튜브를 통해 운동 외의 일상생활을 보여줄 수 있는 기회가 많아졌고, 소비자들은 기존 이미지와 상반된 일상의 서툰 모습에서 신선함과 솔직함을 느낄 수 있었다. 이와 같이 스포츠산업의 대내외적 요인이 긍정적으로 작용하면서 소비자들에게 쿨함을 어필할 수 있었던 것으로 보인다.

〈오징어 게임〉 메인 포스터
(출처: 넷플릭스 홈페이지)

〈지금 우리 학교는〉 메인 포스터
(출처: 넷플릭스 홈페이지)

쿨 브랜드의 기본 조건

쿨한 브랜드를 보기에 앞서, 먼저 쿨한 브랜드가 되려면 어떤 자질을 갖추어야 할까? 지난 3개년간의 쿨한 브랜드 속성을 비교했을 때, 자기만의 색깔이 있고 자신감이 있는 브랜드가 쿨한 브랜드라는 응답이 3년 연속 가장 높게 응답된 속성 두 가지이다. 해당 브랜드만의 고유한 특징과 그에 대한 자신감이 쿨한 브랜드가 갖추어야 하는 기본 자질로 자리잡은 것이다. 반면 트렌드에 맞게 변화할 줄 아는 것, 새로운 트렌드를 이끄는 것과 같은 트렌드와 창의성 관련 속성은 하락 추세이다.

다음 표현을 보시고 동의하는 정도를 점수로 표시해주십시오.

"내가 생각하는 Cool한 브랜드 ____는 ○○하다"

[n=1,211, 5점 척도 평가, 단위: TOP2%]

	2020		2021		2022		Gap(22-21)	
	%	순위	%	순위	%	순위	%	순위
자기만의 색깔이 있는 브랜드이다.	75.0	1	80.6	2	83.0	1	+2.4	▲1
전문성을 갖춘 브랜드이다.	71.1	7	79.9	3	80.7	2	+0.8	▲1
자신감을 가지고 있는 브랜드이다.	74.9	2	81.2	1	80.7	2	-0.5	▼1
업계를 대표하는 브랜드이다.	64.9	21	79.5	4	79.1	4	-0.4	–
특별한 개성을 가진 브랜드이다.	72.0	6	77.5	7	76.1	5	-1.4	▲2
트렌드에 맞게 변화할 줄 아는 브랜드이다.	74.8	3	78.1	6	75.2	6	-2.9	–
새로운 트렌드를 이끄는 브랜드이다.	70.9	8	78.6	5	75.2	6	-3.4	▼1
열정이 있는 브랜드이다.	69.2	11	74.7	12	74.7	8	0.0	▲4
소신 있는 브랜드이다.	68.1	15	73.3	18	74.6	9	+1.3	▲9
창의적인 생각을 가진 브랜드이다.	72.1	5	75.6	9	74.0	10	-1.6	▼1

이제는 단순히 트렌디하다거나 창의성이 있다고 해서 쿨하다고 할 수 없는 것이다. 반대로 전문성을 갖춘 브랜드 응답은 3년 연속 순위가 상승하여 상위 3개 속성 중 하나가 되었다. 또한 업계를 대표하는 브랜드라는 응답은 처음 쿨 브랜드 조사 당시 응답 순위 21위였으나 작년에 4위로 올라섰고 올해에도 그 순위를 유지하였다. 연령대별로 보더라도 전 연령에서 쿨 브랜드의 기본 자질인 자기만의 색깔이 있는, 자신감 또는 전문성을 가진, 업계를 대표하는 속성이 공통적인 상위 응답 속성으로 나타났다. 종합해보면, 쿨한 브랜드는 유행과 상관없이 해당 브랜드만의 정체성이 분명하고 본업을 잘하는 브랜드라고 할 수 있다.

2022년의 쿨 브랜드

그렇다면, 2022년에는 어떤 브랜드가 쿨한 브랜드로 꼽혔을까? 삼성, 애플, 나이키가 2021년에 이어 2022년에도 '없음' 또는 '모름' 응답을 제외하고 순서대로 쿨한 브랜드 TOP3 자리를 유지했다. 이들 브랜드에서 높게 응답된 쿨 브랜드 속성을 보면, 쿨 브랜드로서의 기본적인 속성이 대부분이다.

작년에 처음으로 쿨한 브랜드 TOP10에 진입한 무신사는 올해 한 단계 상승한 8위에 자리했다. 무신사는 2021년 홍대에 처음으로 오프라인 스토어를 선보인 이후로 2022년 성수, 강남에 추가로 오프라인 스토어를 오픈하고, 가상인간 무아인을 브랜드 뮤즈로 선정하는 등 눈에 띄는 마케팅활동을 통해 무신사만의 자신감을 보여주었다. 반면 카

'Cool'하다고 생각하시는 브랜드 1순위를 적어주세요.

순위	2020	2021	2022
1	SAMSUNG	"없음"	"없음"
2	"없음"	SAMSUNG	SAMSUNG
3	Apple	Apple	Apple
4	"모름. 기억 안 남"	Nike	Nike
5	Nike	kakao	LG
6	LG	LG	"모름. 기억 안 남"
7	오뚜기	Google	adidas
8	kakao	adidas	kakao MUSINSA
9	CHANEL Google	MUSINSA	오뚜기
10	CJ GUCCI	Coca-Cola	Google TESLA
	[n=1,000, 자유응답]	[n=1,211, 자유응답]	[n=1,211, 자유응답]

카오와 구글은 전년 대비 순위가 하락하였는데, 이는 쿨한 산업으로서 IT산업의 순위가 하락하면서 나타난 결과로 보인다. 카카오의 경우 문어발식 계열사 확장, 가격 할인을 통한 시장 독점 의혹 제기 등 카카오를 둘러싼 부정적인 인식 확산도 순위 하락에 일부 영향을 미쳤을 것으로 보인다.

무신사의 뮤즈로 선정된
가상인간 무아인
(출처: 무신사 홈페이지)

2022년의 쿨한 브랜드 TOP10에는 테슬라가 새롭게 진입하였다. 테슬라는 글로벌 전기차 시장 1위 브랜드로, 최근 전기차 시장이 확대되고 전기차에 대한 관심이 전반적으로 증가함에 따라 일반 소비자들의 전기차에 대한 인식 수준이 높아지면서 쿨 브랜드 상위권에 신규 진입할 수 있었다. 또한 테슬라는 전기차 외에도 최고경영자인 일론 머스크의 행보가 항상 화제가 된다. 그는 테슬라 외에도 항공우주, 인공지능, 인터넷 위성 등 첨단기술 관련 기업을 운영하며 기술 시장의 트렌드를 이끌고 있으면서도 소셜네트워크상에서는 파격적인 모습을 보여주기 때문이다. 이러한 점은 오너 리스크가 발생할 수 있다는 위험 부담이 있지만, 솔직하고 개성 있는 모습을 보여준다는 점에서 오히려 긍정적으로 인식되기도 한다. 실제로 테슬라 응답자의 90% 이상이 테슬라가 새로운 트렌드를 이끄는, 혁신을 추구하는, 전에 없던 새로움을 제공하는, 고정관념을 벗어나는 브랜드라는 것에 동의했다.

쿨 브랜드 상위 응답을 중심으로 각 브랜드에 해당하는 쿨 브랜드 속성을 조금 더 살펴보면, 대부분 쿨 브랜드 기본 조건을 기반으로 하지만 한두 가지 속성에서 해당 브랜드만의 특성이 드러나는 것을 확인할 수 있었다. 예를 들어 삼성, 애플, LG와 같이 제조업을 기반으로 역사가 오래되었고 해당 산업 분야에서 입지가 분명한 브랜드는 전문성 속성이 다른 브랜드에 비해 높게 나타났다. 특히 애플은 전문성 속성이 92%로 매우 높은 편이었다. 기본 속성 외에 삼성은 스마트함, 애플은 미적 감각을 보유함, LG는 소신 있는 브랜드라는 응답이 상대적으로 높아, 각 브랜드에 대한 소비자 인식에 차이가 있음을 확인할 수 있었다. 반대로 카카오, 무신사, 구글, 테슬라와 같이 최신 기술을 기반으로 플랫폼을 넘나드는 서비스를 제공하는 브랜드는 새로움, 혁신과 같은 속성이 상대적으로 높게 나타나고 있다. 스포츠 브랜드인 나이키와 아디다스는 스포츠에 걸맞은 열정, 자유로움, 활기 관련 속성이 상대적으로 높게 나타났으며, 마지막으로 '갓뚜기'라 불릴 정도로 소비자들에게 착한 기업으로 사랑받는 오뚜기는 가식 없이 투명한 브랜드라는 평가가 눈길을 끈다.

브랜드별 쿨 브랜드 속성

[n=1,211, 5점 척도 평가]

순위 (TOP10)	삼성	애플	나이키	LG	아디다스
1	전문성을 갖춘 브랜드이다.	전문성을 갖춘 브랜드이다.	자기만의 색깔이 있는 브랜드이다.	전문성을 갖춘 브랜드이다.	전문성을 갖춘 브랜드이다.
2	스마트함이 느껴지는 브랜드이다.	자기만의 색깔이 있는 브랜드이다.	업계를 대표하는 브랜드이다.	업계를 대표하는 브랜드이다.	자신감을 가지고 있는 브랜드이다.
3	자신감을 가지고 있는 브랜드이다.	미적인 감각이 있는 브랜드이다.	열정이 있는 브랜드이다.	소신 있는 브랜드이다.	열정이 있는 브랜드이다.
4	업계를 대표하는 브랜드이다.	업계를 대표하는 브랜드이다.	자신감을 가지고 있는 브랜드이다.	자기만의 색깔이 있는 브랜드이다.	자기만의 색깔이 있는 브랜드이다.
5	새로운 트렌드를 이끄는 브랜드이다.	새로운 트렌드를 이끄는 브랜드이다.	자유로움이 느껴지는 브랜드이다.	자신감을 가지고 있는 브랜드이다.	업계를 대표하는 브랜드이다.
6	트렌드에 맞게 변화할 줄 아는 브랜드이다.	자신감을 가지고 있는 브랜드이다.	미적인 감각이 있는 브랜드이다.	트렌드에 맞게 변화할 줄 아는 브랜드이다.	특별한 개성을 가진 브랜드이다.
7	자기만의 색깔이 있는 브랜드이다.	특별한 개성을 가진 브랜드이다.	활기가 느껴지는 브랜드이다.	소비자에게 친절한 브랜드이다.	트렌드에 맞게 변화할 줄 아는 브랜드이다.
8	혁신을 추구하는 브랜드이다.	세련됨이 느껴지는 브랜드이다.	전문성을 갖춘 브랜드이다.	스마트함이 느껴지는 브랜드이다.	여유 있는 태도가 느껴지는 브랜드이다.
9	열정이 있는 브랜드이다.	스마트함이 느껴지는 브랜드이다.	트렌드에 맞게 변화할 줄 아는 브랜드이다.	사회적 책임감을 가진 브랜드이다.	창의적인 생각을 가진 브랜드이다.
10	전에 없던 새로운 제품이나 서비스를 만드는 브랜드이다.	창의적인 생각을 가진 브랜드이다.	특별한 개성을 가진 브랜드이다.	미적인 감각이 있는 브랜드이다.	자유로움이 느껴지는 브랜드이다.

[n=1,211, 5점 척도 평가]

순위 (TOP10)	카카오	무신사	오뚜기	구글	테슬라
1	자유로움이 느껴지는 브랜드이다.	자기만의 색깔이 있는 브랜드이다.	소신 있는 브랜드이다.	업계를 대표하는 브랜드이다.	자기만의 색깔이 있는 브랜드이다.
2	자기만의 색깔이 있는 브랜드이다.	트렌드에 맞게 변화할 줄 아는 브랜드이다.	전문성을 갖춘 브랜드이다.	자기만의 색깔이 있는 브랜드이다.	새로운 트렌드를 이끄는 브랜드이다.
3	새로운 트렌드를 이끄는 브랜드이다.	새로운 트렌드를 이끄는 브랜드이다.	자신감을 가지고 있는 브랜드이다.	새로운 트렌드를 이끄는 브랜드이다.	특별한 개성을 가진 브랜드이다.
4	특별한 개성을 가진 브랜드이다.	자신감을 가지고 있는 브랜드이다.	업계를 대표하는 브랜드이다.	전문성을 갖춘 브랜드이다.	혁신을 추구하는 브랜드이다.
5	트렌드에 맞게 변화할 줄 아는 브랜드이다.	열정이 있는 브랜드이다.	자기만의 색깔이 있는 브랜드이다.	창의적인 생각을 가진 브랜드이다.	자신감을 가지고 있는 브랜드이다.
6	전에 없던 새로운 제품이나 서비스를 만드는 브랜드이다.	미적인 감각이 있는 브랜드이다.	가식 없이 투명한 브랜드이다.	트렌드에 맞게 변화할 줄 아는 브랜드이다.	전에 없던 새로운 제품이나 서비스를 만드는 브랜드이다.
7	위트 있는 감각을 가진 브랜드이다.	자유로움이 느껴지는 브랜드이다.	과장하지 않는 브랜드이다.	스마트함이 느껴지는 브랜드이다.	열정이 있는 브랜드이다.
8	창의적인 생각을 가진 브랜드이다.	활기가 느껴지는 브랜드이다.	소비자를 세심하게 배려할 줄 아는 브랜드이다.	전에 없던 새로운 제품이나 서비스를 만드는 브랜드이다.	고정관념을 벗어날 줄 아는 브랜드이다.
9	혁신을 추구하는 브랜드이다.	창의적인 생각을 가진 브랜드이다.	소비자를 잘 이해하는 브랜드이다.	자유로움이 느껴지는 브랜드이다.	업계를 대표하는 브랜드이다.
10	스마트함이 느껴지는 브랜드이다.	특별한 개성을 가진 브랜드이다.	행동과 실천으로 보여주는 브랜드이다.	특별한 개성을 가진 브랜드이다.	스마트함이 느껴지는 브랜드이다.

연령대별 쿨 브랜드

[n=1,211, 자유응답]

순위(TOP10)	1970년대생	1980년대생	1990년대생	2000년대생
1	"없음"	"없음"	"없음"	"없음"
2	삼성	삼성	애플	삼성
3	애플	애플	삼성	나이키
4	LG	나이키	나이키	애플
5	나이키	"모름. 기억 안 남"	"모름. 기억 안 남"	"모름. 기억 안 남"
6	"모름. 기억 안 남"	LG	구글, LG, 아디다스	아디다스
7	카카오, 테슬라	무신사	오뚜기	무신사
8	네이버, 아디다스	카카오	-	신세계, LG, 넷플릭스, 샤넬
9	-	오뚜기	-	CJ, 네이버, 롯데칠성음료, 아모레퍼시픽, 카카오
10	-	마켓컬리, 아디다스, 테슬라	-	-

*TOP10 중 응답한 비율이 1% 이하인 브랜드는 분석 내용에서 제외하였음

쿨한 브랜드 인식은 연령대별로도 조금씩 차이가 있는데, 특히 2000년대생의 쿨한 브랜드가 다른 양상을 보였다. 2000년대생을 제외한 1970~1990년대생의 쿨한 브랜드 순위에서는 삼성과 애플이 근소한 차이로 1, 2위를 다투고 있으나, 2000년대생의 경우 애플 대신 나이키가 삼성과 함께 가장 쿨한 브랜드로 응답되었고 애플은 그다음이다. 아디다스 또한 다른 연령대 대비 높은 순위에 있다. 나이키와 아디다스가 상대적으로 높게 나타난 것은 스포츠산업이 2000년대생의 쿨한 산업 2순위인 것에서 나온 결과로 보인다.

쿨 브랜드 상위 10개 내에 신세계와 넷플릭스가 있는 점도 2000년대생만의 특징이다. 신세계의 경우 정용진 신세계그룹 부회장이 인스타그램에서 활발하게 활동하며 어린 소비자들에게 친근한 이미지로 다가가고 있다. 정용진 부회장의 인스타그램 팔로워수는 약 77만 명으로 웬만한 인플루언서보다 많은 수준이다. 그는 인스타그램에 주로 일상을 공유하고 특유의 위트 있는 문구로 사람들에게 재미를 주기도 한다. 과거 성인물 광고 댓글에 정용진 부회장이 "난 아니다 이 빙신아"라는 답댓글을 달아 큰 화제가 된 적이 있는데, 이와 같은 솔직하고 가감 없는 모습이 소비자들에게 긍정적인 이미지를 제공하는 것으로 보인다. 또한 다른 연령대 대비 쿨 브랜드 속성으로 세련됨을 중요하게 생각하는 2000년대생에게 정용진 부회장의 SNS활동은 기존의 재벌들과는 차별화된 소통 방식으로 오히려 더 젊고 세련된 느낌을 주고 있다.

한편 전 세계의 다양한 콘텐츠를 시청할 수 있는 OTT 영상 콘텐츠 플랫폼인 넷플릭스는 2000년대생에게 매우 익숙한 서비스 플랫폼이다. 넷플릭스에서는 기성 방송국에서는 크게 다루지 않았던 동성애, 장애 등과 같은 주제를 자유롭게 다루는 콘텐츠를 쉽게 찾아볼 수 있다. 사회적 문제에 관심을 가지고 자신의 목소리를 내는 데에 거리낌이 없는 2000년대생들은 넷플릭스의 이러한 콘텐츠 구성에서 쿨함을 느낄 수밖에 없을 것이다. 또한 우리나라에서 만든 넷플릭스 오리지널 콘텐츠들이 전 세계적인 인기를 끌면서 전문성과 업계를 대표하는 이미지가 더욱 강화된다는 점에서도 쿨한 브랜드로서 인식되기에 충분하다.

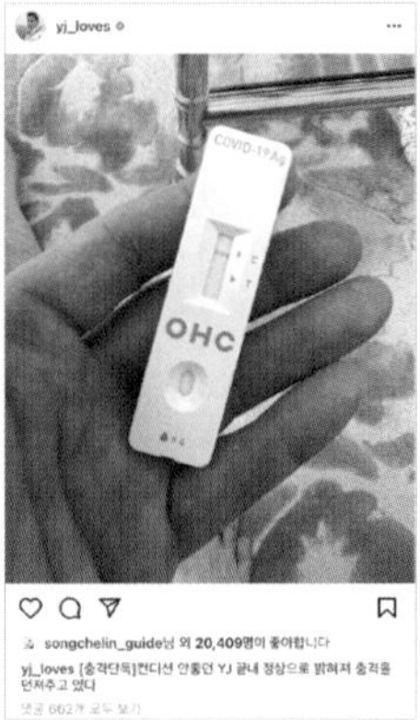

위트 있게 일상을 공유하는 정용진 신세계그룹 부회장
(출처: 정용진 부회장 인스타그램)

쿨 브랜드 정의

예년과 동일하게 소비자들은 쿨한 브랜드를 매력적인 브랜드로 정의했다. 연령대별로 보더라도 순위에 다소 차이는 있지만 쿨한 브랜드는 매력적인 브랜드, 신뢰가 가는 브랜드, 주목을 받는 브랜드, 계속 구입하고 싶은 브랜드라는 점에 대부분 동의하고 있다.

다음 표현을 보시고 동의하는 정도를 점수로 표시해주십시오.

"내가 생각하는 Cool한 브랜드 ____는 ○○하다"

[n=1,211, 5점 척도 평가, 단위: TOP2%]

	2020		2021		2022		Gap(22-21)	
	%	순위	%	순위	%	순위	%	순위
매력적인 브랜드이다.	74.0	1	79.4	1	74.0	1	-5.4	–
주목을 받는 브랜드이다.	66.5	3	76.5	2	72.7	2	-3.8	–
신뢰가 가는 브랜드이다.	65.4	4	74.1	4	70.5	3	-3.6	▲1
계속 구입하고 사용하고 싶은 브랜드이다.	67.8	2	76.0	3	70.3	4	-5.7	▼1
다른 브랜드보다 조금 더 비싸더라도 구입하고 싶은 브랜드이다.	60.5	7	68.7	6	58.7	5	-10.0	▲1
내가 선망하는 브랜드이다.	62.3	5	68.9	5	58.7	6	-10.2	▼1
나에게 어울리는 브랜드이다.	57.5	8	64.7	8	58.5	7	-6.2	▲1
남들에게 자랑하고 싶은 브랜드이다.	60.8	6	65.6	7	58.0	8	-7.6	▼1
해당 브랜드의 제품이나 서비스를 가진 사람이 부러운 브랜드이다.	56.4	9	63.0	9	56.7	9	-6.3	–
나를 표현해주는 브랜드이다.	53.3	10	56.2	10	52.3	10	-3.9	–

1970~1980년대생에서는 나에게 어울리는 브랜드라는 것에 대한 동의도가 다른 연령대 대비 높았고, 1990년대생에서는 남들에게 자랑하고 싶은 브랜드, 2000년대생에서는 해당 브랜드의 제품이나 서비스를 가진 사람이 부러운 브랜드라는 것에 대한 동의도가 상대적으로 높게 나타났다. 1970~1980년대생은 쿨 브랜드를 자신에게 어울리는 브랜드로 정의한 반면, 1990~2000년대생은 자신보다는 타인을 기준으로 쿨한 브랜드를 정의한다는 점이 가장 큰 차이점으로 보인다.

쿨 브랜드를 어떻게 정의하느냐에 따라서 떠올리는 브랜드에도 조금씩 차이가 있었다. 쿨 브랜드를 신뢰 가는 브랜드로 정의한 응답자들은 삼성과 LG를, 주목받는 브랜드·매력적인 브랜드로 생각한 응답자들은 애플, 구글, 카카오, 테슬라를 해당 브랜드로 많이 언급했다. 애플의 경우 쿨 브랜드 속성 측면에서는 삼성 및 LG와 유사하였으나, 정의 측면에서는 최신 기술 관련 브랜드와 유사하다는 점이 특징적이다. 또한 계속 구입하고 싶은 브랜드를 쿨 브랜드라고 정의한 응답자들은 나이키와 아디다스를 상대적으로 많이 언급했는데, 이는 두 브랜드의 주력 판매 제품군이 소비재여서 재구매가 쉽기 때문인 것으로 보인다.

이와 같은 결과는 쿨하다는 것이 여전히 소비자들에게 매력적으로 느껴지고 있으며, 신뢰 기반의 브랜드 재구매 및 충성도 제고로도 이어질 수 있다는 점에서 관리가 필요한 부분임을 시사한다.

연령대별 쿨 브랜드 정의

[n=1,211, 5점 척도 평가]

순위(TOP10)	1970년대생	1980년대생	1990년대생	2000년대생
1	매력적인 브랜드이다.	매력적인 브랜드이다.	주목을 받는 브랜드이다.	주목을 받는 브랜드이다.
2	신뢰가 가는 브랜드이다.	주목을 받는 브랜드이다.	매력적인 브랜드이다.	매력적인 브랜드이다.
3	주목을 받는 브랜드이다.	계속 구입하고 사용하고 싶은 브랜드이다.	계속 구입하고 사용하고 싶은 브랜드이다.	신뢰가 가는 브랜드이다.
4	계속 구입하고 사용하고 싶은 브랜드이다.	신뢰가 가는 브랜드이다.	신뢰가 가는 브랜드이다.	계속 구입하고 사용하고 싶은 브랜드이다.
5	나에게 어울리는 브랜드이다.	나에게 어울리는 브랜드이다.	남들에게 자랑하고 싶은 브랜드이다.	해당 브랜드의 제품이나 서비스를 가진 사람이 부러운 브랜드이다.
6	내가 선망하는 브랜드이다.	다른 브랜드보다 조금 더 비싸더라도 구입하고 싶은 브랜드이다.	다른 브랜드보다 조금 더 비싸더라도 구입하고 싶은 브랜드이다.	남들에게 자랑하고 싶은 브랜드이다.
7	다른 브랜드보다 조금 더 비싸더라도 구입하고 싶은 브랜드이다.	내가 선망하는 브랜드이다.	내가 선망하는 브랜드이다.	내가 선망하는 브랜드이다.
8	남들에게 자랑하고 싶은 브랜드이다.	남들에게 자랑하고 싶은 브랜드이다.	해당 브랜드의 제품이나 서비스를 가진 사람이 부러운 브랜드이다.	다른 브랜드보다 조금 더 비싸더라도 구입하고 싶은 브랜드이다.
9	해당 브랜드의 제품이나 서비스를 가진 사람이 부러운 브랜드이다.	나를 표현해주는 브랜드이다.	나에게 어울리는 브랜드이다.	나에게 어울리는 브랜드이다.
10	나를 표현해주는 브랜드이다.	해당 브랜드의 제품이나 서비스를 가진 사람이 부러운 브랜드이다.	나를 표현해주는 브랜드이다.	나를 표현해주는 브랜드이다.

우리나라에서 '쿨하다'라는 말을 쓰기 시작한 것은 언제부터일까? '쿨하다'는 영어 단어 'Cool'과 한국어 접미사 '-하다'가 결합된 형태로, 온전한 한국어가 아님에도 언제부터 사용해왔는지 기억조차 나지 않을 정도로 우리 생활에서 자연스럽게 쓰이고 있다.

2003년에 방영된 드라마 〈보디가드〉의 OST 중 〈쿨하게〉라는 노래가 있다. 해당 곡의 가사를 보면 '눈치만 보며 그렇게 사느니 차라리 죽고 말지', '그래 나 원래 그렇고 그런 놈 너와는 달라'라는 내용이 있다. 그리고 최근 3년간 매년 진행해온 쿨 브랜드 조사에서도 '쿨하다'의 의미는 '개성이 뚜렷하고 솔직하고 당당하게 자신을 표현할 줄 아는 것'으로 나왔다. 물론 세대별 차이를 고려하고 주변 의미까지도 생각한다면 미묘한 차이가 있을 수 있겠지만 어쨌든 핵심 의미가 변하지 않은 것은 확실하다.

이러한 쿨함은 브랜드 평가 지표로 삼기에 충분한 가치가 있기에 이노션은 2020년부터 쿨함을 기준으로 브랜드의 한 해 활동을 평가하고 앞으로 나아가야 할 방향을 살펴보고 있다. 쿨 브랜드로서 계속 자리를 유지하는 브랜드도 있지만 갑자기 떠오르거나 사라지는 브랜드도 있다. 그만큼 쿨함은 지키기 어려운 것처럼 보이지만, 한편으로는 누구에게나 열려 있다고 볼 수 있다. 따라서 이노션은 앞으로도 쿨함을 지켜보며 브랜드 비즈니스 측면에서 유용하고 의미 있는 인사이트를 제안하기 위해 노력할 것이다.

친절한 트렌드 뒷담화 2023

마케팅 전문가들이 주목한 라이프스타일 인사이트

초판 1쇄 발행 2022년 10월 21일
초판 2쇄 발행 2022년 11월 11일

지은이 김나연 김태원 이상길 류현준 황선영 천민철 전준석 정승철 윤현중
정다운 김효상 김유영 박창기 신채영 김우리 이우빈 정원선

편집 정소리 김윤하 이희연 **디자인** 디자인판 **마케팅** 김선진 배희주
브랜딩 함유지 함근아 김희숙 고보미 박민재 박진희 정승민 **저작권** 박지영 형소진 이영은 김하림
제작 강신은 김동욱 임현식 **제작처** 천광인쇄사

펴낸곳 (주)교유당 **펴낸이** 신정민
출판등록 2019년 5월 24일 제406-2019-000052호

주소 10881 경기도 파주시 회동길 210
전화 031.955.8891(마케팅) 031.955.2692(편집) 031.955.8855(팩스)
전자우편 gyoyudang@munhak.com

인스타그램 @thinkgoods **트위터** @thinkgoods **페이스북** @thinkgoods

ISBN 979-11-92247-47-2 03320